군무원 차량직 · 전차직 FINAL 실전 봉투모의고사

KB084299

차량직 · 전차직

제1과목	국어	제2과목	자동차공학
제3과목	자동차정비	제4과목	

응시번호		성 명	

〈 안내 사항 〉

1. 답안지의 모든 기재 및 표기사항은 반드시 『컴퓨터용 흑색사인펜』으로만 작성하여야 합니다.
   (사인펜에 "컴퓨터용"으로 표시되어 있음) (사인펜 본인 지참)
   * 매년 지정된 펜을 사용하지 않아 답안지가 무효처리 되는 상황이 빈발하고 있으므로, 답안지
   는 반드시 『컴퓨터용 흑색사인펜』으로만 표기하시기 바랍니다.

2. 답안은 매 문항마다 반드시 하나의 답만 골라 그 숫자에 "●"로 표기해야 하며, 표기한 내용은 수정
   테이프를 이용하여 정정할 수 있습니다. 단, 시험시행본부에서 수정테이프를 제공하지 않습니다.
   (표기한 부분을 긁는 경우 오답처리 될 수 있으며, 수정스티커 또는 수정액은 사용 불가)
   * 답안지는 훼손·오염되거나 구겨지지 않도록 주의해야 하며, 특히 답안지 상단의 타이밍마크
   (│ │ │ │ │)를 절대로 훼손해서는 안 됩니다.

3. 필기시험 문제 관련 의견제시 기간 : 시험 당일을 포함한 5일간
   * 국방부 군무원채용관리홈페이지(http://recruit.mnd.go.kr) - 시험안내 - 시험묻고답하기

제1회 모의고사

제1과목: 국어

QR코드 접속을 통해 풀이시간 측정, 자동 채점
그리고 결과 분석까지!

01 안긴문장이 없는 것은?

① 영하는 부산에 살고 민주는 대전에 산다.
② 나는 형이 취직하기를 고대한다.
③ 예쁜 지혜는 자주 거울을 본다.
④ 어머니께서 나에게 다음 주에 가족 여행을 가자고 말씀하셨다.

02 다음 밑줄 친 부분의 예로 적절한 것은?

> 국어의 높임법에는 말하는 이가 듣는 이에 대하여 높이거나 낮추어 말하는 상대 높임법, 서술어의 주체를 높이는 주체 높임법, 서술어의 객체를 높이는 객체 높임법 등이 있다.

① 충무공은 훌륭한 장군이셨다.
② 선생님께서 숙제를 내 주셨다.
③ 철수는 선생님께 책을 드렸다.
④ 아버지께서는 진지를 잡수시고 계신다.

03 다음 중 문학 갈래의 예로 적절한 것은?

① 서정 양식: 향가, 몽유록, 고대 가요
② 서사 양식: 전설, 사설시조, 판소리
③ 극 양식: 탈춤, 인형극, 경기체가
④ 교술 양식: 수필, 편지, 기행문

04 다음 문장에 대한 설명으로 가장 적절한 것은?

> 눈이 녹으면 남은 발자국 자리마다 꽃이 피리니.

① 의존 형태소는 9개이다.
② 자립 형태소는 6개이다.
③ 7개의 어절, 16개의 음절로 이루어진 문장이다.
④ 실질 형태소는 8개이다.

[05~06] 다음 글을 읽고 물음에 답하시오.

> 손(客)이 주옹(舟翁)에게 묻기를,
> "그대가 배에서 사는데, 고기를 잡는다 하자니 낚시가 없고, 장사를 한다 하자니 돈이 없고, 진리(津吏) 노릇을 한다 하자니 물 가운데만 있어 왕래(往來)가 없구려. 변화불측(不測)한 물에 조각배 하나를 띄워 가없는 만경(萬頃)을 헤매다가, 바람 미치고 물결 놀라 돛대는 기울고 노까지 부러지면, 정신과 혼백(魂魄)이 흩어지고 두려움에 싸여 명(命)이 지척(咫尺)에 있게 될 것이로다. 이는 지극히 험한 데서 위태로움을 무릅쓰는 일이거늘, 그대는 도리어 이를 즐겨 오래오래 물에 떠가기만 하고 돌아오지 않으니 무슨 재미인가?"
> 하니, 주옹이 말하기를,
> "아아, 손은 생각하지 못하는가? 대개 사람의 마음이란 다잡기와 느슨해짐이 무상(無常)하니, 평탄한 땅을 디디면 태연하여 느긋해지고, 험한 지경에 처하면 두려워 서두르는 법이다. 두려워 서두르면 조심하여 든든하게 살지만, 태연하여 느긋하면 반드시 흐트러져 위태로이 죽나니, 내 차라리 위험을 딛고서 항상 조심할지언정, 편안한 데 살아 스스로 쓸모없게 되지 않으려 한다. 하물며 내 배는 정해진 꼴이 없이 떠도는 것이니, 혹시 무게가 한쪽으로 치우치면 그 모습이 반드시 기울어지지도 뒤집히지도 않아 내 배의 평온을 지키게 되나니,

비록 풍랑이 거세게 인다 한들 편안한 내 마음을 어찌 흔들 수 있겠는가? 또, 무릇 인간 세상이란 한 거대한 물결이요, 인심이란 한바탕 큰 바람이니, 하잘것없는 내 한 몸이 아득한 그 가운데 떴다 잠겼다 하는 것보다는, 오히려 한 잎 조각배로 만 리의 부슬비 속에 떠 있는 것이 낫지 않은가? 내가 배에서 사는 것으로 사람 한세상 사는 것을 보건대, 안전할 때는 후환(後患)을 생각지 못하고, 욕심을 부리느라 나중을 돌보지 못하다가, 마침내는 빠지고 뒤집혀 죽는 자가 많다. 손은 어찌 이로서 두려움을 삼지 않고 도리어 나를 위태하다 하는가?”

하고, 주옹은 뱃전을 두들기며 노래하기를,

[A] “아득한 강바다여, 유유하여라. 빈 배를 띄웠네, 물 한가운데. 밝은 달 실어라, 홀로 떠가리. 한가로이 지내다 세월 마치리.”

하고는 손과 작별하고 간 뒤, 더는 말이 없었다.

－ 권근, 「주옹설(舟翁說)」

05 다음 중 윗글에 대한 설명으로 적절하지 않은 것은?

① 역설적 발상을 통해 일반적인 삶의 태도를 비판하고 있다.
② 질문을 하고 답하는 형식을 취하고 있다.
③ 경전을 인용하여 주장을 강조하고 있다.
④ 노래를 통해 주장을 암시하고 있다.

06 다음 중 [A]와 유사한 삶의 태도를 보여 주고 있는 작품은?

① 秋江(추강)애 밤이 드니 물결이 추노미라.
　낙시 드리치니 고기 아니 무노미라.
　無心(무심)흔 둘빗만 싯고 븬 비 저어 오노미라

② 어져 내 일이야 그릴 줄을 모로두냐.
　이시라 ㅎ더면 가랴마는 제 구투여
　보니고 그리는 정(情)은 나도 몰라 ㅎ노라

③ 눈 마주 휘여진 딕를 뉘라서 굽다턴고
　구블 節(절)이면 눈 속에 프를소냐
　아마도 歲寒孤節(세한고절)은 너뿐인가 ㅎ노라

④ 靑山(청산)은 엇뎨ㅎ야 萬古(만고)애 프르르며,
　流水(유수)는 엇뎨ㅎ야 晝夜(주야)애 긋디 아니는고.
　우리도 그치디 마라 萬古常靑(만고상청)호리라

07 다음 시에 대한 감상으로 적절하지 않은 것은?

네 집에서 그 샘으로 가는 길은 한 길이었습니다. 그래서 새벽이면 물 길러 가는 인기척을 들을 수 있었지요. 서로 짠 일도 아닌데 새벽 제일 맑게 고인 물은 네 집이 돌아가며 길어 먹었지요. 순번이 된 집에서 물 길어 간 후에야 똬리끈 입에 물고 삽짝 들어서시는 어머니나 물지게 진 아버지 모습을 볼 수 있었지요. 집안에 일이 있으면 그 순번이 자연스럽게 양보되기도 했었구요. 넉넉하지 못한 물로 사람들 마음을 넉넉하게 만들던 그 샘가 미나리꽝에서는 미나리가 푸르고 앙금 내리는 감자는 잘도 썩어 구린내 훅 풍겼지요.

－ 함민복, 「그 샘」

① ‘샘’을 매개로 공동체의 삶을 표현했다.
② 공감각적 이미지로 이웃 간의 배려를 표현했다.
③ 구어체로 이웃 간의 정감 어린 분위기를 표현했다.
④ 과거 시제로 회상의 분위기를 표현했다.

08 다음 〈보기〉는 어떤 자음에 대한 설명이다. 〈보기〉의 설명에 알맞은 단어는?

〈보 기〉
- 예사소리이다.
- 공기를 막았다가 터트리면서 내는 소리이다.
- 여린입천장에서 나는 소리이다.

① 해장　　　　　　② 사탕
③ 낭만　　　　　　④ 국밥

09 밑줄 친 부분과 다의 관계에 있는 '쓰다'의 용례로 가장 알맞은 것은?

이런 증세에는 이 약을 <u>쓰면</u> 바로 효과를 볼 수 있다.

① 아이가 자신이 좋아하는 반찬만 먹겠다고 생떼를 쓴다.
② 선산에 자신의 묘를 써 달라는 것이 그의 유언이었다.
③ 아이는 추운지 이불을 머리끝까지 쓰고 누웠다.
④ 그가 말하는 것을 들어보니 아예 소설을 쓰고 있었다.

10 다음 중 밑줄 친 단어의 표준 발음이 옳은 것으로만 묶인 것은?

ㄱ. <u>동원령[동월령]</u>이 선포되었다.
ㄴ. 오늘 떠나는 직원의 <u>송별연[송벼련]</u>이 있다.
ㄷ. 남의 <u>삯일[사길]</u>을 해야 할 만큼 고생이 심했다.
ㄹ. 부모가 남긴 유산을 자식들은 <u>야금야금[야그먀금]</u> 까 먹었다.

① ㄱ, ㄴ
② ㄱ, ㄷ
③ ㄴ, ㄹ
④ ㄷ, ㄹ

11 〈보기〉에 대한 설명으로 가장 옳은 것은?

〈보 기〉
　화랑도(花郎道)란, 신라 때의 청소년들이 자신의 마음과 몸을 닦고 목숨을 바쳐 나라를 지키려는 우리 고유의 정신적 흐름을 말한다. 그리고 이를 실천하기 위하여 조직된 단체를 화랑도(花郎徒)라 한다. 그 사회의 중심인물이 되기 위하여 마음과 몸을 단련하고, 올바른 사회생활의 규범을 익히며, 나라가 어려운 시기에 처할 때 싸움터에서 목숨을 바치려는 기풍은 고구려나 백제에도 있었지만, 특히 신라에서 가장 활발하였다.

– 변태섭, 「화랑도」

① 반론을 위한 전제를 제시하여 독자의 이해를 돕고 있다.
② 자신의 체험담을 제시하여 독자의 이해를 돕고 있다.
③ 용어 정의를 통해 독자의 이해를 돕고 있다.
④ 통계적 사실이나 사례 제시를 통해 독자의 이해를 돕고 있다.

12 다음 시조의 밑줄 친 ㉠에 대한 설명으로 적절한 것은?

梨花雨(이화우) 훗쑤릴 제 울며 잡고 離別(이별)ᄒᆞᆫ 님
秋風落葉(추풍낙엽)에 저도 날 싱각는가
千里(천 리)에 외로온 ㉠ 꿈만 오락가락 ᄒᆞ노매.

– 계랑의 시조

① 임과의 재회에 대한 소망이 드러나 있다.
② 대립적인 상황을 해소하는 계기가 된다.
③ 인물의 과거 행적을 요약적으로 드러낸다.
④ 장면을 전환하여 긴박한 분위기를 이완하고 있다.

13 다음 중 제시된 글의 내용과 입장이 다른 하나는?

최근 교육과학기술부가 내놓은 '학교폭력 가해사실에 대한 학교생활기록부 기록 방침'은 환영할 만하다. 학생부에 가해사실을 기록하게 되면, 입시를 앞둔 학생들에게 경각심을 일으켜 자연스럽게 학교폭력을 예방할 수 있기 때문이다. 학부모들에게 학교폭력의 심각성을 알리는 데도 효과적이다.

그런데 일부 지방교육청에서 가해학생의 '인권'이 침해된다는 이유를 들어 이런 조처를 보류하고 있다는 사실에 통탄을 금할 길이 없다. 한 번의 실수로 남은 인생에 불이익을 받게 되는 것이 두렵다면, 평생을 학교폭력으로 고통받고, 학업까지 포기하며 살아야 하는 피해학생과 그 가족의 아픔은 무엇이란 말인가. 지속적인 폭력으로 몸과 마음에 상처를 입은 학생이 받은 고통을 생각한다면, 과연 학교폭력의 학교생활기록부 기재를 재고한다는 방침을 논할 수가 있는지 묻고 싶다.

더욱이 상급학교 진학 때 우려되는 불이익에서 가해학생을 보호하기 위하여 학생의 행동이나 태도에 긍정적인 변화가 있는 경우, 이를 학교생활기록부의 '행동특성 및 종합의견란'등에 구체적으로 기록하도록 하여 '낙인 효과'를 방지하도록 하고 있다. 이렇게 가해학생을 보호할 수 있는 안전판이 마련돼 있는데도 학생부 기재를 반대하는 것은 위험한 발상이 아닐 수 없다.

가해학생의 인권도 물론 중요하지만 피해자와 가해자의 인권이 대립했을 때는 약자의 권리가 우선돼야 한다. 그것이 인권의 본질적인 측면에 부합하는 것이다. 예컨대 성범죄자의 인권을 제한하거나, 가정폭력의 경우 남성에게 '접근 제한' 명령 등을 내리는 것은 이런 이유에서다. 학교폭력 학생부 기재로 가해학생이 받는 불이익보다, 학교폭력으로 고통 받고 괴로워하는 피해학생의 인권 보호가 더 중요하다.

학교폭력에 관해 우리 사회는 가해자에게 온정적이다. 피해자가 평생 시달릴 고통에 대해서는 전혀 배려가 없다. 피해자와 그 가족의 고통은 외면한 채 가해자의 인권을 외치는 사람들은 과연 학교폭력의 시퍼런 서슬 앞에 자유로울 수 있단 말인가? 가해학생에겐, 죄를 지으면 반드시 처벌받는다는 것을 깨우쳐 주어야 한다. 또 진정한 반성의 기회를 통해 새로운 사회·도덕적 인간으로 거듭날 수 있게 해주는 것 역시 교육의 한 부분이

다. 더 이상 가해자에게 변명과 발뺌의 기회를 주어서는 안 된다. 그로 인해 더욱 고통받는 피해자와 그 가족들이 있다는 것을 명심해야 할 것이다.

① 경각심을 일으켜 학교폭력을 예방할 수 있다.
② 한 번의 실수로 지나친 불이익을 받는 것을 방지해야 한다.
③ 피해자의 인권이 우선돼야 한다.
④ 새로운 사회·도덕적 인간으로 거듭날 수 있게 해준다.

14 다음 글의 내용과 가장 부합하는 것은?

세잔이, 사라졌다고 느낀 것은 균형과 질서의 감각이다. 인상주의자들은 순간순간의 감각에만 너무 사로잡힌 나머지 자연의 굳건하고 지속적인 형태는 소홀히 했다고 느꼈던 것이다. 반 고흐는 인상주의가 시각적 인상에만 집착하여 빛과 색의 광학적 성질만을 탐구한 나머지 미술의 강렬한 정열을 상실하게 될 위험에 처했다고 느꼈다. 마지막으로 고갱은 그가 본 인생과 예술 전부에 대해 철저하게 불만을 느꼈다. 그는 더 단순하고 더 솔직한 어떤 것을 열망했고 그것을 원시인들 속에서 발견할 수 있으리라고 기대했다. 이 세 사람의 화가가 모색했던 제각의 해법은 세 가지 현대 미술 운동의 이념적 바탕이 되었다. 세잔의 해결 방법은 프랑스에 기원을 둔 입체주의(Cubism)를 일으켰고, 반 고흐의 방법은 독일 중심의 표현주의(Expressionism)를 일으켰다. 고갱의 해결 방법은 다양한 형태의 프리미티비즘(Primitivism)을 이끌어 냈다.

① 세잔은 인상주의가 균형과 질서의 감각을 너무 강조한다고 생각했다.
② 고흐는 인상주의가 빛과 색의 광학적 성질을 탐구하는 것을 간과하고 있다고 생각했다.
③ 고갱은 인상주의가 충분히 솔직하고 단순했다고 생각했다.
④ 세잔, 고흐, 고갱은 인상주의의 문제를 극복하고자 각자 새로운 해결 방법을 모색했다.

15 다음 작품과 같은 갈래에 대한 설명으로 옳지 않은 것은?

> 십 년(十年)을 경영하여 초려 삼간(草廬三間) 지어 내니
> 나 한 간 달 한 간에 청풍(淸風) 한 간 맡겨 두고
> 강산(江山)은 들일 데 없으니 둘러 두고 보리라.
>
> — 송순, 「십 년(十年)을 경영하여」

① 4음보의 규칙적인 율격을 지닌다.
② 초장, 중장, 종장으로 구성되었다.
③ 4구체, 8구체, 10구체로 분류할 수 있다.
④ 우리 민족이 만든 독특한 정형시라고 볼 수 있다.

16 밑줄 친 어휘의 쓰임이 적절하지 않은 것은?

① 푸른 연기가 감실감실 피어오른다.
② 날씨가 더워 모시로 만든 핫옷을 꺼내 입었다.
③ 강아지는 머뭇거리지 않고 넝큼넝큼 받아먹었다.
④ 아침 햇빛을 받아 반짝거리는 호수는 다붓하기만 했다.

17 다음 중 밑줄 친 ㉠과 어울리는 한자성어는?

> 초승달이나 보름달은 보는 이가 많지마는, 그믐달은 보는 이가 적어 그만큼 외로운 달이다. 객창한등(客窓寒燈)에 ㉠ 정든 님 그리워 잠 못 들어 하는 분이나, 못 견디게 쓰린 가슴을 움켜잡은 무슨 한(恨) 있는 사람 아니면, 그 달을 보아 주는 이가 별로 없는 것이다.

① 寤寐不忘
② 靑出於藍
③ 刻骨難忘
④ 不問曲直

18 다음 글의 ㉠~㉣에 대해 잘못 설명한 것은?

> 열무 삼십 단을 이고
> 시장에 간 우리 엄마
> 안 오시네, ㉠ 해는 시든 지 오래
> 나는 ㉡ 찬밥처럼 방에 담겨
> 아무리 천천히 숙제를 해도
> 엄마 안 오시네, ㉢ 배추잎 같은 발소리 타박타박
> 안 들리네, 어둡고 무서워
> ㉣ 금간 창 틈으로 고요한 빗소리
> 빈 방에 혼자 엎드려 훌쩍거리던
>
> 아주 먼 옛날
> 지금도 내 눈시울을 뜨겁게 하는
> 그 시절, 내 유년의 윗목
>
> — 기형도, 「엄마 걱정」

① ㉠: 시간의 경과가 나타나 있다.
② ㉡: 홀로 방치된 화자의 외로운 상황이 드러난다.
③ ㉢: '찬밥처럼 방에 담겨'와 같은 표현 방법이 사용되었다.
④ ㉣: 힘든 현실을 극복하고자 하는 의지가 드러나는 표현이다.

19 〈보기〉는 중세국어의 표기법에 대한 설명이다. 이에 따른 표기로 가장 옳지 않은 것은?

> ─〈보 기〉─
> 중세국어 표기법의 일반적 원칙은 표음적 표기법으로, 이는 음운의 기본 형태를 밝혀 적지 않고 소리 나는 대로 적는 표기를 말한다. 이어적기는 이러한 원리에 따른 것으로 받침이 있는 체언이나 받침이 있는 용언 어간에 모음으로 시작하는 조사나 어미가 붙을 때 소리 나는 대로 이어 적는 표기를 말한다.

① 불휘 기픈
② ㅂㄹ매 아니 뮐씨
③ 쟝긔판늘 밍글어늘
④ 바룰래 가ᄂᆞ니

20 다음 중 ㉠~㉣에 대한 수정 방안으로 옳지 않은 것은?

> 봄이면 어김없이 나타나 우리를 괴롭히는 황사가 본래 나쁘기만 한 것은 아니었다. ㉠ 황사의 이동 경로는 매우 다양하다. 황사는 탄산칼슘, 마그네슘, 칼륨 등을 포함하고 있어 봄철의 산성비를 중화시켜 토양의 산성화를 막는 역할을 했다. 또 황사는 무기물을 포함하고 있어 해양 생물에게도 도움을 줬다. ㉡ 그리고 지금의 황사는 생태계에 심각한 해를 끼치는 애물단지가 되어 버렸다. 이처럼 황사가 재앙의 주범이 된 것은 인간의 환경 파괴 ㉢ 덕분이다.
>
> 현대의 황사는 각종 중금속을 포함하고 있는 독성 황사이다. 황사에 포함된 독성 물질 중 대표적인 것으로 다이옥신을 들 수 있다. 다이옥신은 발암 물질이며 기형아 출산을 일으킬 수도 있는 것이다. 이러한 ㉣ 독성 물질이 다수 포함하고 있는 황사가 과거보다 자주 발생하고 정도도 훨씬 심해지고 있어 문제이다.

① ㉠은 글의 논리적인 흐름을 방해하고 있으므로 삭제한다.
② ㉡은 앞뒤 내용을 자연스럽게 연결해 주지 못하므로 '그래서'로 바꾼다.
③ ㉢은 어휘가 잘못 사용된 것이므로 '때문이다'로 고친다.
④ ㉣은 서술어와 호응하지 않으므로 '독성 물질을'로 고친다.

21 다음 시에 대한 설명으로 적절하지 않은 것은?

> 산이 날 에워싸고
> 씨나 뿌리며 살아라 한다.
> 밭이나 갈며 살아라 한다.
>
> 어느 짧은 산자락에 집을 모아
> 아들 낳고 딸을 낳고
> 흙담 안팎에 호박 심고
> 들찔레처럼 살아라 한다.
> 쑥대밭처럼 살아라 한다.
>
> 산이 날 에워싸고
> 그믐달처럼 사위어지는 목숨
> 그믐달처럼 살아라 한다.
> 그믐달처럼 살아라 한다.
>
> — 박목월, 「산이 날 에워싸고」

① 화자는 순수하고도 탈속적인 세계를 지향하고 있다.
② 유사한 통사 구조의 반복을 통해 주제를 강조하고 있다.
③ 화자는 자신의 소망을 '산'이 자신에게 말하는 것처럼 표현하고 있다.
④ 화자는 절제된 감정으로 '산'과의 일정한 거리를 유지하려 하고 있다.

22 다음 밑줄 친 부분의 표준어 표기가 옳은 것은?

① 온가지 정성을 기울였다.
② 머루치 한 마리 주는 것도 아깝다.
③ 천정에서 쥐들이 달리는 소리가 요란하다.
④ 그는 나를 꼭두각시처럼 조종해 오고 있었다.

23 다음 글의 ㉠에 해당하는 작품이 아닌 것은?

> 역사적으로 볼 때 우리나라의 극 갈래는 가면극, 인형극, 판소리 등을 거쳐 신파극, 근대극, 현대극으로 발전해 왔다. 가면극은 신라의 오기, 검무, 처용무에서 시작하여 고려의 나례, 조선의 산대희와 탈춤으로 발전하였다. 인형극은 삼국 시대의 목우희에서 나무인형으로 노는 인형극, 고려 시대의 꼭두각시놀음과 그림자극인 망석중 놀이로 이어졌다. 조선 후기에 발생한 판소리는 신재효가 ㉠ 여섯 마당으로 정리하면서 전환기를 맞이하였다.

① 「만분가」
② 「적벽가」
③ 「심청가」
④ 「춘향가」

24 〈보기〉의 ㉠~㉢에 들어갈 알맞은 낱말끼리 짝 지은 것은?

──〈보 기〉──

> 물속에 잠긴 막대기는 굽어 보이지만 실제로 굽은 것은 아니다. 이때 나무가 굽어 보이는 것은 우리의 착각 때문도 아니고 눈에 이상이 있기 때문도 아니다. 나무는 정말 굽어 보이는 것이다. 분명히 굽어 보인다는 점과 사실은 굽지 않았다는 점 사이의 (㉠)은 빛의 굴절 이론을 통해서 해명된다.
> 굽어 보이는 나무도 우리의 직접적 경험을 통해서 주어지는 하나의 현실이고, 실제로는 굽지 않은 나무도 하나의 현실이다. 전자를 우리는 사물이나 사태의 보임새, 즉 (㉡)이라고 부르고, 후자를 사물이나 사태의 참모습, 즉 (㉢)이라고 부른다.

	㉠	㉡	㉢
①	葛藤	現象	本質
②	矛盾	現象	本質
③	矛盾	假象	根本
④	矛盾	現象	本質

25 글의 제목으로 가장 적절한 것은?

> 평화로운 시대에 시인의 존재는 문화의 비싼 장식일 수 있다. 그러나 시인의 조국이 비운에 빠졌거나 통일을 잃었을 때 시인은 장식의 의미를 떠나 민족의 예언가가 될 수 있고, 민족혼을 불러일으키는 선구자적 지위에 놓일 수도 있다. 예를 들면 스스로 군대를 가지지 못한 채 제정 러시아의 가혹한 탄압 아래 있던 폴란드 사람들은 시인의 존재를 민족의 재생을 예언하고 굴욕스러운 현실을 탈피하도록 격려하는 예언자로 여겼다. 또한 통일된 국가를 가지지 못하고 이산되어 있던 이탈리아 사람들은 시성 단테를 유일한 '이탈리아'로 숭앙했고, 제1차 세계대전 때 독일군의 잔혹한 압제하에 있었던 벨기에 사람들은 베르하렌을 조국을 상징하는 시인으로 추앙하였다.

① 시인의 운명
② 시인의 사명
③ 시인의 혁명
④ 시인의 생명

01 디젤기관의 연소실 형식에서 직접분사식의 장점이 아닌 것은?

① 연소실 구조가 간단하다.
② 엔진의 최고 회전수가 높다.
③ 냉시동이 용이하다.
④ 열효율이 좋다.

02 맥퍼슨형 현가장치의 특징이 아닌 것은?

① 접지성이 우수하고 승차감이 좋다.
② 엔진룸의 유효공간을 넓게 할 수 있다.
③ 스프링 아래 질량을 가볍게 할 수 있다.
④ 위시본형에 비하여 구조가 복잡하다.

03 다음 중 전기자동차에 사용되는 BLDC 모터의 특징이 아닌 것은?

① 기계적 접촉구조인 정류자와 브러시를 전자적인 정류로 대체하여 기계적 내구성과 신뢰성을 향상시켰다.
② 저속회전형으로 구동력이 크며, 소형화가 가능하다.
③ 불꽃의 발생이 없으며, 모터의 수명이 길다.
④ 일정속도제어 및 가변속제어가 가능하며, 유지보수가 필요 없다.

04 가솔린기관의 노킹을 방지하는 방법으로 틀린 것은?

① 화염 진행거리를 단축시킨다.
② 자연착화 온도가 높은 연료를 사용한다.
③ 화염전파 속도를 빠르게 하고 와류를 증가시킨다.
④ 냉각수의 온도와 흡기온도를 높인다.

05 라디에이터의 구비조건으로 옳지 않은 것은?

① 가볍고 소형이며 강도가 커야 한다.
② 공기 흐름의 저항이 작아야 한다.
③ 단위 면적당 방열량이 커야 한다.
④ 냉각수 흐름의 저항이 커야 한다.

06 다음 저항 중 자동차의 총 중량과 관계없는 것은?

① 가속저항
② 구배저항
③ 공기저항
④ 구름저항

07 LPG 기관에서 액체 LPG를 기체 LPG로 전환시키는 장치는?

① 믹서
② 봄베
③ 솔레노이드 밸브
④ 베이퍼라이저

08 과급장치에서 인터쿨러의 작동에 대한 설명으로 옳은 것은?

① 배기가스의 압력을 변화시킨다.
② 과급공기의 냉각을 통해 정미열효율을 향상시킨다.
③ 온도에 따른 공기 밀도의 변화로 충전효율을 향상시킨다.
④ 흡입공기의 예열을 통해 연소효율을 향상시킨다.

09 가솔린의 성분 중 이소옥탄이 85%이고, 노멀헵탄이 15%일 때 옥탄가는?

① 85
② 80
③ 75
④ 70

10 공차상태의 자동차에 접지부분 외의 부분은 지면으로부터 최소 몇 센티미터 이상의 간격이 있어야 하는가?

① 10cm
② 12cm
③ 15cm
④ 20cm

11 유압식 밸브 리프터의 특징으로 옳지 않은 것은?

① 완충작용을 하는 오일로 인해 밸브기구의 내구성이 향상된다.
② 윤활회로가 고장이 나면 엔진의 작동이 불량해진다.
③ 밸브 개폐시기가 정확히 유지되나 작동 시 소음이 크게 발생한다.
④ 밸브 간극을 조정할 필요가 없다.

12 다음 중 피스톤 간극이 클 때의 영향으로 옳지 않은 것은?

① 압축행정 시 블로바이 현상이 발생하고 압축압력이 떨어진다.
② 폭발행정 시 엔진출력이 떨어지고 블로바이 가스가 희석되어 엔진오일을 오염시킨다.
③ 실린더 벽에 형성된 오일 유막의 파괴로 마찰이 증대된다.
④ 피스톤의 슬랩 현상이 발생하고 피스톤링과 링 홈의 마멸을 촉진시킨다.

13 조향핸들을 6회전할 때 피트먼 암이 180° 움직였다면 조향 기어비는 얼마인가?

① 6 : 1
② 8 : 1
③ 10 : 1
④ 12 : 1

14 2Ω, 3Ω, 6Ω의 저항을 병렬로 연결하여 24V의 전압을 가하면 흐르는 전류는?

① 1A
② 8A
③ 12A
④ 24A

15 하이브리드 자동차에 적용되는 시스템으로 감속효과와 제동 시 운동에너지의 일부를 전기에너지로 변환하여 회수하는 것은?

① 회생제동장치
② 아이들 기어
③ 모터 컨트롤 유닛(MCU)
④ 고전압 배터리 제어 시스템(BMS)

16 ABS가 장착된 차량에서 휠스피드센서의 역할은?

① 휠의 회전속도를 감지하여 이를 전기적 신호로 바꾸어 ABS 컨트롤 유닛으로 보낸다.
② 휠의 회전속도를 감지하여 이를 기계적 신호로 바꾸어 ABS 컨트롤 유닛으로 보낸다.
③ 휠의 회전속도를 감지하여 이를 전기적 신호로 바꾸어 계기판으로 보낸다.
④ 휠의 회전속도를 감지하여 이를 기계적 신호로 바꾸어 계기판으로 보낸다.

17 다음 중 배기가스 재순환장치(EGR)를 설치하는 것은 무엇을 줄이기 위해서인가?

① 매연
② CO
③ HC
④ NO_x

18 자동변속기 차량의 토크 컨버터 내부에서 고속회전 시 터빈과 펌프를 기계적으로 직결시켜 슬립을 방지하는 것은?

① 스테이터
② 댐퍼 클러치
③ 일방향 클러치
④ 가이드 링

19 주행 시 일정속도 이상에서 차선을 밟거나 이탈할 경우 클러스터 및 경보음을 통하여 알려주는 안전장치는?

① LKAS
② LDWS
③ AEB
④ SCR

20 엔진의 냉각장치에서 엔진온도가 과열되면 냉각수가 보조탱크로 배출되고 온도가 내려가면 진공밸브가 열려 보조탱크의 냉각수를 유입시키는 작용을 하는 것은?

① 방열핀
② 서모스탯
③ 라디에이터
④ 압력식 캡

21 전자제어 디젤 엔진의 연료 분사과정에서 주 분사량을 결정하는 요소로 가장 거리가 먼 것은?

① 엔진 토크
② 엔진 회전수
③ 배기가스 온도
④ 엔진 냉각수 온도

22 터보차저의 설명으로 옳은 것은?

① 엔진의 동력을 이용하여 작동되며 저·중속 디젤기관에 주로 사용된다.
② 배기가스의 압력을 이용하는 방식으로 가솔린 기관 또는 고속 디젤기관에 주로 사용된다.
③ 과급된 공기를 냉각시켜 충진 효율을 향상시킨다.
④ 기관의 출력을 이용하여 기계적으로 펌프를 구동시킨다.

23 기관의 체적효율이 떨어지는 원인과 관계있는 것은?

① 흡입공기가 열을 받았을 때
② 과급기를 설치할 때
③ 흡입공기를 냉각할 때
④ 배기밸브보다 흡기밸브가 클 때

24 디젤 엔진의 연소과정 순서로 옳은 것은?

① 착화 지연기간 → 화염 전파기간 → 직접 연소기간 → 후기 연소기간
② 착화 지연기간 → 화염 전파기간 → 후기 연소기간 → 직접 연소기간
③ 착화 지연기간 → 직접 연소기간 → 화염 전파기간 → 후기 연소기간
④ 착화 지연기간 → 직접 연소기간 → 후기 연소기간 → 화염 전파기간

25 점화순서가 1-3-4-2인 직렬 4기통 기관에서 1번 실린더가 흡입 중일 때 4번 실린더는?

① 배기행정
② 동력행정
③ 압축행정
④ 흡입행정

제3과목: 자동차정비

QR코드 접속을 통해 풀이시간 측정, 자동 채점
그리고 결과 분석까지!

01 다음 중 자동차 부동액으로 사용되는 종류로 가장 적절하게 짝 지은 것은?

① 에틸렌글리콜 – 메탄올
② 에틸렌글리콜 – 윤활유
③ 글리세린 – 윤활유
④ 윤활유 – 메탄올

02 가솔린기관에서 MPI 시스템의 인젝터 점검방법으로 가장 거리가 먼 것은?

① 인젝터의 작동음
② 인젝터의 리턴 연료량 점검
③ 솔레노이드 코일의 저항 점검
④ 인젝터의 연료 분사량

03 실린더 헤드에서 실린더 헤드 개스킷의 구비조건으로 옳지 않은 것은?

① 내열성과 내마멸성이 작을 것
② 냉각수가 누출되지 않을 것
③ 기밀성과 유밀성의 성능이 클 것
④ 엔진오일이 누출되지 않을 것

04 실린더 헤드를 떼어낼 때 볼트를 푸는 방법으로 옳은 것은?

① 풀기 쉬운 곳부터 푼다.
② 중앙에서 바깥을 향하여 대각선으로 푼다.
③ 바깥에서 중앙을 향하여 대각선으로 푼다.
④ 실린더 보어를 먼저 제거하고 나서 실린더 헤드를 떼어 낸다.

05 다음 〈보기〉 중에서 엔진 ECU의 직접 제어 항목을 모두 고른 것은?

─〈보 기〉─

㉠ 공전 속도 제어
㉡ 연료 분사량 제어
㉢ 분사 시기 제어
㉣ 변속 시기 제어

① ㉠, ㉡
② ㉠, ㉡, ㉢
③ ㉡, ㉢
④ ㉡, ㉢, ㉣

06 그림에서 $I_1=3A$, $I_2=4A$, $I_3=5A$, $I_4=2A$라고 하면 I_5에 흐르는 전류[A]는 얼마인가?

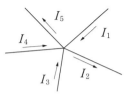

① 6
② 8
③ 4
④ 10

07 운전 중 조향핸들이 무거워지는 이유는 무엇인가?

① 타이어 공기압이 낮기 때문이다.
② 부의 캐스터가 심하기 때문이다.
③ 드래그 링크 볼이음 스프링이 강하기 때문이다.
④ 앞바퀴에 캠버가 어떤 각도로 장착되어 있기 때문이다.

08 다음 중 자동변속기에서 가속 페달을 크게 밟아 기어 변속을 한 단 낮추어 가속력을 높이는 기법은?

① 롤링
② 요잉
③ 킥다운
④ 트램핑

09 수동변속기에서 싱크로나이저 링은 언제 작동하는가?

① 변속기 내에서 기어가 빠질 때
② 변속기 내에서 기어가 물릴 때
③ 클러치 페달을 놓을 때
④ 클러치 페달을 밟을 때

10 에어클리너(공기청정기)가 정상적으로 작동하는 경우에 배기가스의 색깔로 가장 알맞은 것은?

① 백색
② 무색
③ 흑색
④ 붉은색

11 전자제어 연료분사장치의 제어방식에 의한 분류 중 흡입공기량을 직접 계측하여 연료 분사량을 제어하는 것은?

① K-제트로닉(K Jetronic Type)
② D-제트로닉(D Jetronic Type)
③ L-제트로닉(L Jetronic Type)
④ 칼만와류식(Karman Vortex Type)

12 A 기관의 크랭크 축 회전수가 2,700rpm이고, 회전 반경이 45mm인 경우 피스톤의 평균속도로 옳은 것은?

① 4.1m/s
② 6.4m/s
③ 8.1m/s
④ 9.6m/s

13 전조등으로 사용하는 할로겐 램프에 비해 HID의 특징으로 틀린 것은?

① 광도 및 조사거리가 향상되었다.
② 빛을 반사하는 범위가 좁다.
③ 발광량이 많고, 수명이 길다.
④ 전력 소비가 적고 점등이 빠르다.

14 기동전동기에 대한 설명으로 옳지 않은 것은?

① 복권전동기는 전기자 코일과 계자 코일이 직렬로 연결되어 있다.

② 직권전동기는 전기자 코일과 계자 코일이 직렬로 연결되어 있다.

③ 마그네틱 스위치 내 풀인 코일의 단선 시 기동전동기가 회전하지 않는다.

④ 계자 철심은 계자 코일에 전기가 흐르면 전자석이 되며 계자 코일을 고정하는 역할을 한다.

15 다음 중 오버러닝 클러치형 기동전동기의 피니언이 링 기어와 물리는 원인에 대한 설명으로 옳은 것은?

① 피니언의 관성 때문이다.

② 피니언 속의 슬리브가 회전하기 때문이다.

③ 시프트 레버가 밀기 때문이다.

④ 오버러닝 클러치가 회전하기 때문이다.

16 엔진오일의 구비조건으로 옳지 않은 것은?

① 인화점 및 자연 발화점이 높을 것

② 응고점이 높을 것

③ 점도지수가 커서 엔진 온도에 따른 점성의 변화가 적을 것

④ 기포 발생 및 카본 생성에 대한 저항력이 클 것

17 냉매의 구비조건으로 옳지 않은 것은?

① 냉매의 증발 잠열이 클 것

② 비체적이 클 것

③ 응고점이 낮을 것

④ 가연성 및 폭발성이 없을 것

18 다음의 타이어 호칭 치수 표기 중 밑줄 친 H가 의미하는 것은?

P195/60R14 85H

① 타이어 폭

② 편평비

③ 타이어 종류

④ 속도기호

19 자동변속기의 유압 시험을 하는 방법으로 거리가 먼 것은?

① 오일온도가 약 70~80℃가 되도록 워밍업시킨다.

② 타이어의 회전을 위해 리프트를 상승시켜 놓는다.

③ 특수공구 오일입력 게이지 및 어댑터를 누유가 없도록 유압 측정구에 장착한다.

④ 선택 레버를 'D' 위치에 놓고 가속페달을 완전히 밟은 상태에서 엔진의 최대 회전수를 측정한다.

20 다음 중 점화코일의 2차 쪽에서 발생하는 불꽃 전압의 크기에 영향을 미치는 요소가 아닌 것은?

① 오일 압력
② 전극의 간극
③ 혼합기 압력
④ 점화플러그의 전극형상

21 다음 〈조건〉에서 타이어의 높이로 옳은 것은?

─────〈조 건〉─────
• 타이어 폭: 215mm
• 편평비: 60%

① 102mm
② 123mm
③ 129mm
④ 342mm

22 신품 방열기의 용량이 3.6이고, 사용 중인 방열기의 용량이 2.7일 때 코어 막힘률로 옳은 것은?

① 25%
② 30%
③ 35%
④ 40%

23 타이어의 뼈대가 되는 부분으로 견고하며 주행 중 충격이나 변화를 흡수하기 위해 유연한 부분의 명칭은?

① 비드
② 트레드
③ 사이드 월
④ 카커스

24 에어백 장치를 점검·정비하는 경우에 안전하지 못한 행동에 해당하는 것은?

① 조향휠을 탈거할 때 에어백 모듈 인플레이터 단자는 반드시 분리한다.
② 조향휠을 장착할 때 클록 스프링의 중립 위치를 확인한다.
③ 인플레이터의 저항은 아날로그 테스터기로 측정하지 않는다.
④ 에어백 장치는 축전지 전원을 차단하고 일정 시간이 지난 후 정비한다.

25 다음 작업 중에서 보안경을 반드시 착용해야 하는 작업으로 옳은 것은?

① 인젝터 파형 점검 작업
② 전조등 점검 작업
③ 클러치 탈착 작업
④ 스로틀포지션센서 점검 작업

군무원 차량직 · 전차직 FINAL 실전 봉투모의고사
제2회 모의고사

차량직 · 전차직

제1과목	국어	제2과목	자동차공학
제3과목	자동차정비	제4과목	

응시번호		성 명	

〈 안내 사항 〉

1. 답안지의 모든 기재 및 표기사항은 반드시 『컴퓨터용 흑색사인펜』으로만 작성하여야 합니다.
   (사인펜에 "컴퓨터용"으로 표시되어 있음) (사인펜 본인 지참)
   * 매년 지정된 펜을 사용하지 않아 답안지가 무효처리 되는 상황이 빈발하고 있으므로, 답안지
   는 반드시 『컴퓨터용 흑색사인펜』으로만 표기하시기 바랍니다.

2. 답안은 매 문항마다 반드시 하나의 답만 골라 그 숫자에 "●"로 표기해야 하며, 표기한 내용은 수정
   테이프를 이용하여 정정할 수 있습니다. 단, 시험시행본부에서 수정테이프를 제공하지 않습니다.
   (표기한 부분을 긁는 경우 오답처리 될 수 있으며, 수정스티커 또는 수정액은 사용 불가)
   * 답안지는 훼손·오염되거나 구겨지지 않도록 주의해야 하며, 특히 답안지 상단의 타이밍마크
   (┃┃┃┃┃)를 절대로 훼손해서는 안 됩니다.

3. 필기시험 문제 관련 의견제시 기간 : 시험 당일을 포함한 5일간
   * 국방부 군무원채용관리홈페이지(http://recruit.mnd.go.kr) - 시험안내 - 시험문고답하기

제2회 모의고사

01 맞춤법에 맞는 것은?

① 희생을 치뤄야 대가를 얻을 수 있다.
② 내로라하는 선수들이 뒤쳐진 이유가 있겠지.
③ 방과 후 고모 댁에 들른 후 저녁에 갈 거여요.
④ 가스 밸브를 안 잠궈 화를 입으리라고는 전혀 생각지 못했다.

02 다음 글의 내용을 잘못 이해한 사람은?

심리학에서는 동조(同調)가 일어나는 이유를 크게 두 가지로 설명한다. 첫째는, 사람들은 자기가 확실히 알지 못하는 일에 대해 남이 하는 대로 따라 하면 적어도 손해를 보지는 않는다고 생각한다는 것이다. 둘째는, 어떤 집단이 그 구성원들을 이끌어 나가는 질서나 규범 같은 힘을 가지고 있을 때, 그러한 집단의 압력 때문에 동조 현상이 일어난다는 것이다. 만약 어떤 개인이 그 힘을 인정하지 않는다면 그는 집단에서 배척당하기 쉽다. 이런 사정 때문에 사람들은 집단으로부터 소외되지 않기 위해서 동조를 하게 된다. 여기서 주목할 것은 자신이 믿지 않거나 옳지 않다고 생각하는 문제에 대해서도 동조의 입장을 취하게 된다는 것이다.

동조는 개인의 심리 작용에 영향을 미치는 요인이 무엇이냐에 따라 그 강도가 다르게 나타난다. 가지고 있는 정보가 부족하여 어떤 판단을 내리기 어려운 상황일수록, 자신의 판단에 대한 확신이 들지 않을수록 동조 현상은 강하게 나타난다. 또한 집단의 구성원 수가 많거나 그 결속력이 강할 때, 특정 정보를 제공하는 사람의 권위와 지위, 그에 대한 신뢰도가 높을 때도 동조 현상은 강하게 나타난다. 그리고 어떤 문제에 대한 집단 구성원들의 만장일치 여부도 동조에 큰 영향을 미치게 되는데, 만약 이때 단 한 명이라도 이탈자가 생기면 동조의 정도는 급격히 약화된다.

① 태영: 집단으로부터 배척당하는 것이 두려워 동조하는 사람이 생기기도 하는 것 같아.
② 수희: 동조 현상에 영향을 미치는 요인은 우매한 조직의 결속력보다 개인의 신념이라고 볼 수 있겠군.
③ 지석: 응집력이 강한 집단일수록 항거하는 것이 더 어려워지지. 이런 경우, 동조 압력은 더 강할 수밖에 없겠지.
④ 영지: 아침에 수많은 정류장 중 어디에서 공항버스를 타야 할지 몰랐는데 스튜어디스 차림의 여성이 향하는 정류장 쪽으로 따라갔었어. 이 경우, 그 스튜어디스 복장이 신뢰도를 높였다고 할 수 있겠네.

03 다음 밑줄 친 ㉠과 ㉡에서 '-의'의 쓰임을 바르게 설명한 것은?

> 吾等(오등)은 玆(자)에 我(아) ㉠ <u>朝鮮(조선)의</u> 獨立國(독립국)임과 ㉡ <u>朝鮮人(조선인)의</u> 自主民(자주민)임을 宣言(선언)하노라. 此(차)로써 世界萬邦(세계만방)에 告(고)하야 人類平等(인류평등)의 大義(대의)를 克明(극명)하며 此(차)로써 子孫萬代(자손만대)에 誥(고)하야 民族自存(민족자존)의 正權(정권)을 永有(영유)케 하노라.

① ㉠에서 '-의'는 앞 체언이 뒤 체언에 대하여 비유의 대상임을 나타내고, ㉡에서 '-의'는 앞 체언이 뒤 체언이 나타내는 행동이나 작용의 주체임을 나타낸다.
② ㉠에서 '-의'는 앞 체언이 뒤 체언이 나타내는 행동이나 작용의 주체임을 나타내고, ㉡에서 '-의'는 앞 체언이 뒤 체언에 대하여 비유의 대상임을 나타낸다.
③ ㉠과 ㉡에서 '-의'는 앞 체언이 뒤 체언에 대하여 비유의 대상임을 나타낸다.
④ ㉠과 ㉡에서 '-의'는 앞 체언이 뒤 체언이 나타내는 행동이나 작용의 주체임을 나타낸다.

04 〈보기〉에서 설명한 시의 표현 방법이 적용된 시구로 가장 옳은 것은?

> ─〈보 기〉─
> 본래의 의미와 의도를 더욱 효과적으로 강조하기 위해 그것을 가장하거나 위장하는 것이다. 즉 본래의 의도를 숨기고 반대되는 말로 표현하는 것으로, 표면의미(표현)와 이면의미(의도) 사이에 괴리와 모순을 통해 시적 진실을 전달하는 표현 방법이다.

① 돌담에 속삭이는 햇발같이 / 풀 아래 웃음 짓는 샘물 같이
　　　　　　　　　 – 김영랑, 「돌담에 속삭이는 햇발같이」
② 내가 그의 이름을 불러 주었을 때 / 그는 나에게로 와서 / 꽃이 되었다
　　　　　　　　　 – 김춘수, 「꽃」
③ 산은 나무를 기르는 법으로 / 벼랑에 오르지 못하는 법으로 / 사람을 다스린다
　　　　　　　　　 – 김광섭, 「산」
④ 나보기가 역겨워 / 가실 때에는 / 죽어도 아니 눈물 / 흘리오리다
　　　　　　　　　 – 김소월, 「진달래꽃」

05 다음 중 〈보기〉의 시에 대한 감상으로 가장 적절한 것은?

〈보 기〉

계절이 지나가는 하늘에는
가을로 가득 차 있습니다.

나는 아무 걱정도 없이
가을 속의 별들을 다 헤일 듯합니다.

가슴 속에 하나 둘 새겨지는 별을
이제 다 못 헤는 것은
쉬이 아침이 오는 까닭이요,
내일 밤이 남은 까닭이요,
아직 나의 청춘이 다하지 않은 까닭입니다.

별 하나에 추억과
별 하나에 사랑과
별 하나에 쓸쓸함과
별 하나에 동경과
별 하나에 시와
별 하나에 어머니, 어머니

① 화자의 내면과 갈등 관계에 있는 현실에 비판적 시각을 드러내고 있다.
② 화자는 어린 시절 친구들을 청자로 설정하여 내면을 고백하고 있다.
③ 별은 시적 화자가 지향하는 내적 세계를 나타낸다.
④ 별은 현실 상황의 변화를 바라는 화자의 현실적 욕망을 상징한다.

06 〈보기〉의 ㉠~㉣ 중 띄어쓰기가 옳은 것은?

〈보 기〉

㉠ <u>창 밖은</u> 가을이다. 남쪽으로 난 창으로 햇빛은 하루하루 깊이 안을 넘본다. 창가에 놓인 우단 의자는 부드러운 잿빛이다. 그러나 손으로 ㉡ <u>우단천을</u> 결과 반대 방향으로 쓸면 슬쩍 녹둣빛이 돈다. 처음엔 짙은 쑥색이었다. 그 의자는 아무짝에도 쓸모가 없다. ㉢ <u>30년 동안</u>을 같은 자리에서 움직이지 않은 채 하는 일이라곤 햇볕에 자신의 몸을 잿빛으로 바래는 ㉣ <u>일 밖에</u> 없다.

① ㉠   ② ㉡
③ ㉢   ④ ㉣

07 다음 중 〈보기〉와 관련된 언어의 특성은?

〈보 기〉

㉠ '줄기나 가지가 목질로 된 여러해살이 식물'을 한국어로는 '나무[namu]'라고 하지만 영어로는 'tree[triː]', 중국어로는 '樹[shù]'라고 한다.
㉡ '배'는 소리는 같지만 문장에서 '가슴과 엉덩이 사이의 부위', '물 위로 떠다니도록 나무나 쇠 따위로 만든 물건', '배나무의 열매' 등의 다양한 의미로 쓰인다.
㉢ '어리다'는 중세 국어에서는 '어리석다'의 의미로 쓰였지만, 현대 국어에서는 '나이가 적다'의 의미로 쓰이고 있다.

① 내용과 형식의 결합에 필연적 관련성이 없다.
② 물리적으로 연속된 실체를 분절하여 표현한다.
③ 기본적인 어순이 정해져 있어 이를 어기면 비문이 된다.
④ 한정된 기호만으로 무수히 많은 문장을 만들어 사용할 수 있다.

08 다음 중 우리말 어법에 맞고 가장 자연스러운 문장은?

① 뜰에 핀 꽃이 여간 탐스러웠다.
② 안내서 및 과업 지시서 교부는 참가 신청자에게만 교부한다.
③ 졸업한 형도 못 푸는 문제인데, 하물며 네가 풀겠다고 덤비느냐.
④ 한국 정부는 독도 영유권 문제에 대하여 일본에게 강력히 항의하였다.

09 다음 표준어 규정 중 〈보기〉에 부합하는 단어들로 이루어진 것은?

─〈보 기〉─
[제22항] 고유어 계열의 단어가 생명력을 잃고 그에 대응하는 한자어 계열의 단어가 널리 쓰이면, 한자어 계열의 단어를 표준어로 삼는다.

① 성냥, 겸상
② 어질병, 총각무
③ 개다리소반, 푼돈
④ 칫솔, 구들장

10 ㉠~㉢에 들어갈 적절한 접속어를 순서대로 나열한 것은?

역사의 연구는 개별성을 추구하는 것이라고 할 수가 있다. (㉠) 구체적인 과거의 사실 자체에 대해 구명(究明)을 꾀하는 것이 역사학인 것이다. (㉡) 고구려가 한족과 투쟁한 일을 고구려라든가 한족이라든가 하는 구체적인 요소들을 빼 버리고, 단지 "자주적 대제국이 침략자와 투쟁하였다."라고만 진술해 버리는 것은 한국사일 수가 없다. (㉢) 일정한 시대에 활약하던 특정한 인간 집단의 구체적인 활동을 서술하지 않는다면 그것을 역사라고 말할 수 없는 것이다.

	㉠	㉡	㉢
①	가령	한편	역시
②	다시 말해	만약	그런데
③	이를테면	역시	결국
④	즉	가령	요컨대

11 다음 중 국어 로마자 표기법 규정에 어긋나는 것은?

① 독도 Docdo
② 선릉 Seolleung
③ 한라산 Hallasan
④ 학여울 Hangnyeoul

12 다음 중 〈보기〉에 따라 ㉠~㉣에 들어갈 단어가 바르게 배열된 것은?

〈보 기〉

어휘의 의미는 몇 가지 의미 자질로 분석할 수 있다. 예컨대 '바지'의 의미는 [+옷], [−위]의 자질로 나눌 수 있다. 이에 반해 '저고리'의 의미 자질은 [+옷]이라는 점에서 '바지'와 같지만, [+위]라는 점에서 '바지'와 다르다.

구분	㉠	㉡	㉢	㉣
어른	+	−	+	−
남성	+	+	−	−

	㉠	㉡	㉢	㉣
①	아저씨	소년	아주머니	소녀
②	아저씨	아주머니	소녀	소년
③	아주머니	소년	아저씨	소녀
④	소년	소녀	아주머니	아저씨

13 다음에 제시된 의미와 가장 가까운 속담은?

가난한 사람이 남에게 업신여김을 당하기 싫어서 허세를 부리려는 심리를 비유적으로 이르는 말

① 가난할수록 기와집 짓는다
② 가난한 집 신주 굶듯
③ 가난한 집에 자식이 많다
④ 가난한 집 제사 돌아오듯

14 다음 중 나이와 한자어가 바르게 연결된 것은?

① 고희(古稀): 일흔 살
② 이순(耳順): 마흔 살
③ 미수(米壽): 여든 살
④ 백수(白壽): 아흔 살

[15~16] 다음 시를 읽고 물음에 답하시오.

(가) 나무토막으로 조그마한 당닭을 새겨
젓가락으로 집어다가 벽에 앉히고
이 닭이 꼬기오 하고 때를 알리면
그제사 어머님 얼굴 늙으시옵소서.

(나) 삭삭기 셰몰애 별헤 나ᄂᆞᆫ
삭삭기 셰몰애 별헤 나ᄂᆞᆫ
구은 밤 닷 되를 심고이다
그 바미 우미 도다 삭나거시아
그 바미 우미 도다 삭나거시아
유덕(有德)ᄒᆞ신 니믈 여희ᄋᆞ와지이다

(다) 三冬(삼동)에 뵈옷 닙고 巖穴(암혈)에 눈비 마자
구름 낀 볏뉘도 쬔 적이 업건마난
西山(서산)에 해지다 하니 눈물겨워 하노라.

(라) 四海(ᄉᆞ히) 바닷 기픠ᄂᆞᆫ 닫줄로 자히리어니와
님의 德澤(덕ᄐᆡᆨ) 기픠ᄂᆞᆫ 어ᄂᆡ 줄로 자하리잇고
享福無彊(향복무강) ᄒᆞ샤 萬歲(만셰)ᄅᆞᆯ 누리쇼서
享福無彊(향복무강) ᄒᆞ샤 萬歲(만셰)ᄅᆞᆯ 누리쇼서
一竿明月(일간명월)이 亦君恩(역군은)이샷다.

(마) 철령 노픈 봉에 쉬여 넘는 저 구름아
고신원루를 비 삼아 띄어다가
님 계신 구중심처에 뿌려본들 엇더리.

(바) 마음이 어린 後(후)ㅣ니 하는 일이 다 어리다.
萬重雲山(만중운산)에 어내 님 오리마는
지는 닙 부는 바람에 행여 귄가 하노라.

15 위 작품의 밑줄 친 부분에서 서로 유사한 의미의 시어끼리 바르게 연결된 것은?

① 눈비 – 비
② 당닭 – 님
③ 별뉘 – 덕퇵
④ 구중심처 – 만중운산

16 위 작품 중 역설적 표현이 사용된 것으로만 묶인 것은?

① (가), (나)
② (가), (다)
③ (다), (라)
④ (마), (바)

17 다음 중 밑줄 친 부분이 주체가 제3의 대상에게 동작이나 행동을 하도록 시키는 표현인 것은?

① 철수가 옷을 입었다.
② 장난감이 그로부터 잊혔다.
③ 따스한 햇살이 고드름을 녹였다.
④ 내 책이 친구 책과 섞여서 찾느라 애를 썼다.

18 다음 시에 대한 감상으로 적절하지 않은 것은?

> 매운 계절(季節)의 챗죽에 갈겨
> 마츰내 북방(北方)으로 휩쓸려 오다
>
> 하늘도 그만 지쳐 끝난 고원(高原)
> 서리빨 칼날진 그우에 서다.
>
> 어데다 무릎을 꾸러야하나?
> 한발 재겨디딜 곳조차 없다
>
> 이러매 눈깜아 생각해볼밖에
> 겨울은 강철로된 무지갠가 보다
>
> – 이육사, 「절정」

① 1연과 2연은 화자가 처한 현실의 상황을 암시하고 있다.
② 1연의 극한적 상황이 2연에서 중첩되어 나타나 극한의 정도가 점층되고 있다.
③ 3연은 1연과 2연의 상황으로 인해 화자가 맞이한 절박함이 드러나 있다.
④ 3연과 4연은 화자의 심화된 내적 갈등을 단계적으로 보여 주고 있다.

19 다음 중 글의 전개 방식에 묘사를 사용한 것은?

① 지구와 화성은 비슷한 점이 많다. 둘은 태양계의 행성으로, 태양으로부터 거리가 비슷하고, 태양을 중심으로 공전(公轉), 자전(自轉)하고 있는 점이 같다. 그런데 지구에는 물과 공기가 있고, 생물이 있다. 그러므로 화성에도 물과 공기가 있고, 생물이 존재할 가능성이 있다.

② 거대한 기계에서 일부분만 분리되면 아무 쓸모없는 고철이 될 수도 있다. 기계의 일부분은 전체의 체계 속에서만 진정한 기능을 발휘하게 되는 것이다. 우리가 독서를 할 때에는, 이와 같이 어느 한 부분의 내용도 한 편의 글이라는 전체의 구조 속에서 파악하여야만 그 바른 의미를 이해할 수 있게 된다.

③ 이마에서 뒷머리까지는 갈색의 양털 모양 솜털이 있고, 눈앞과 뒤, 덮깃과 턱밑과 뺨에는 갈색을 띤 짧은 솜털과 어두운 갈색 털 모양의 깃털이 있다. 눈 주위에는 푸른색을 띤 흰색의 솜털과 어두운 갈색 털이 나 있다.

④ 이 사회의 경제는 모두가 제로섬 요소로 구성되어 있다. 제로섬(Zero-sum)이란 어떤 수를 합해서 제로가 된다는 뜻이다. 어떤 운동 경기를 한다고 할 때, 이기는 사람이 있으면 반드시 지는 사람이 있게 마련이다. 어느 한쪽 팀이 점수를 얻게 되면 다른 팀은 점수를 잃는다. 이 승리자와 패배자의 점수를 합치면 전체로서는 제로가 된다.

20 〈보기〉의 ㉠~㉣ 중 명사절이 동일한 문장 성분으로 사용된 것끼리 묶인 것은?

─〈보 기〉─
㉠ 농부들은 비가 오기를 기다린다.
㉡ 지금은 집에 가기에 이른 시간이다.
㉢ 그는 1년 후에 돌아오기로 결심했다.
㉣ 어린 아이들은 병원에 가기 싫어한다.

① ㉠, ㉡ / ㉢, ㉣
② ㉠, ㉢ / ㉡, ㉣
③ ㉠, ㉣ / ㉡, ㉢
④ ㉠ / ㉡, ㉢, ㉣

21 다음 중 ㉠~㉢의 예를 바르게 연결한 것은?

국어 단어는 그 형성 방식에 따라 크게 두 가지로 구성된다. 하나는 '바다, 겨우'처럼 단일한 요소가 곧 한 단어가 되는 경우이다. '바다, 겨우'와 같은 단어들은 더 이상 나뉠 수 없는 단일한 구성을 보이는 예들로서 이들은 ㉠ 단일어라고 한다.

다른 하나는 다양한 요소들이 결합하여 한 단어가 되는 경우이다. 이들은 단일어와 구별하여 복합어라고 한다. 복합어는 다시 두 가지 종류로 나뉜다. '샛노랗다, 잠'은 어휘 형태소인 '노랗다, 자-'에 각각 '샛-, -ㅁ'과 같은 접사가 덧붙어서 파생된 단어들이다. 이처럼 어휘 형태소에 접사가 결합하여 형성된 단어들을 ㉡ 파생어라고 한다. '손목, 날짐승'과 같은 단어는 각각 '손-목, 날-짐승'으로 분석된다. 이들은 각각 어근인 어휘 형태소끼리 결합하여 한 단어가 된 경우로 이를 ㉢ 합성어라고 한다.

	㉠	㉡	㉢
①	구름	무덤	빛나다
②	지우개	헛웃음	덮밥
③	맑다	고무신	선생님
④	웃음	곁눈	시나브로

22 다음 밑줄 친 단어 중 '종성부용초성'에 의한 표기가 사용된 것은?

> 불휘 기픈 남ᄀ ᄇᄅ매 아니 뮐씨 곶 됴코 여름 하ᄂ니
> 시미 기픈 므른 ᄀᄆ래 아니 그츨씨 내히 이러 바ᄅ래 가ᄂ니
>
> – 「용비어천가」 제2장

① 곶
② 시미
③ 내히
④ 바ᄅ래

23 문맥상 ㉠에 들어갈 문장으로 가장 적절한 것은?

> 인간의 역사가 발전과 변화의 가능성을 내포하고 있는 반면, 자연사는 무한한 반복 속에서 반복을 반복할 뿐이다. 그런데 마르크스는 「1844년의 경제학 철학 수고」 말미에, "역사는 인간의 진정한 자연사이다"라고 적은 바 있다. 또한 인간의 활동에 대립과 통일이 있듯이, 자연의 내부에서도 대립과 통일은 존재한다. (㉠) 마르크스의 진의(眞意) 또한 인간의 역사와 자연사의 변증법적 지양과 일여(一如)한 합일을 지향했다는 것에 있을 것이다.

① 즉 인간과 자연은 상호 간에 필연적으로 경쟁할 수밖에 없다.
② 따라서 인간의 역사와 자연의 역사를 이분법적 대립구도로 파악하는 것은 위험하다.
③ 즉 자연이 인간의 세계에 흡수·통합됨으로써 인간의 역사가 시작된다.
④ 그러나 인간사를 연구하는 일은 자연사를 연구하는 일보다 많은 노력이 요구된다.

24 다음 중 밑줄 친 말의 기본형이 옳지 않은 것은?

① 시장에 들러 배추와 무를 샀다. (기본형: 들르다)
② 북어포가 물에 불어 부드러워졌다. (기본형: 붓다)
③ 지나가는 사람에게 길을 물어 본다. (기본형: 묻다)
④ 기계로 옥돌을 가니 반들반들해졌다. (기본형: 갈다)

25 다음 글을 통해 도출할 수 있는 내용으로 적절하지 않은 것은?

미생물은 오늘날 흔히 질병과 연관된 것으로 여겨진다. 1762년 마르쿠스 플렌치즈는 미생물이 체내에서 증식함으로써 질병을 일으키고, 이는 공기를 통해 전염될 수 있다고 주장했으며, 모든 질병은 각자 고유의 미생물을 갖고 있다고 말했다. 그러나 유감스럽게도 그 주장에 대한 증거가 없었으므로 플렌치즈는 외견상 하찮아 보이는 미생물들도 사실은 중요하다는 점을 다른 사람들에게 납득시킬 수가 없었다. 심지어 한 비평가는 그처럼 어처구니없는 가설에 반박하느라 시간을 허비할 생각이 없다며 대꾸했다.

그런데 19세기 중반 들어 프랑스의 화학자 루이 파스퇴르에 의해 상황이 바뀌기 시작했다. 파스퇴르는 세균이 술을 식초로 만들고 고기를 썩게 한다는 사실을 연달아 증명한 뒤 만약 세균이 발효와 부패의 주범이라면 질병도 일으킬 수 있을 것이라고 주장했다. 이러한 배종설은 오랫동안 이어져 내려온 자연발생설에 반박하는 이론으로서 플렌치즈 등에 의해 옹호되었지만 아직 논란이 많았다. 사람들은 흔히 썩어가는 물질이 내뿜는 나쁜 공기, 즉 독기가 질병을 일으킨다고 생각했다. 1865년 파스퇴르는 이런 생각이 틀렸음을 증명했다. 그는 미생물이 누에에게 두 가지 질병을 일으킨다는 사실을 입증한 뒤, 감염된 알을 분리하여 질병이 전염되는 것을 막음으로써 프랑스의 잠사업을 위기에서 구했다.

한편 독일에서는 로베르트 코흐라는 내과 의사가 지역농장의 사육동물을 휩쓸던 탄저병을 연구하고 있었다. 때마침 다른 과학자들이 동물의 시체에서 탄저균을 발견하자, 1876년 코흐는 이 미생물을 쥐에게 주입한 뒤 쥐가 죽은 것을 확인했다. 그는 이 암울한 과정을 스무 세대에 걸쳐 집요하게 반복하여 번번이 똑같은 현상이 반복되는 것을 확인했고, 마침내 세균이 탄저병을 일으킨다는 결론을 내렸다. 배종설이 옳았던 것이다.

파스퇴르와 코흐가 미생물을 효과적으로 재발견하자 미생물은 곧 죽음의 아바타로 캐스팅되어 전염병을 옮기는 주범으로 여겨지기 시작했다. 탄저병이 연구된 뒤 20년에 걸쳐 코흐를 비롯한 과학자들은 한센병, 임질, 장티푸스, 결핵 등의 질병 뒤에 도사리고 있는 세균들을 속속 발견했다. 이러한 발견을 견인한 것은 새로운 도구였다. 이전에 있었던 렌즈를 능가하는 렌즈가 나왔고, 젤리 비슷한 배양액이 깔린 접시에서 순수한 미생물을 배양하는 방법이 개발되었으며, 새로운 염색제가 등장하여 세균의 발견과 확인을 도왔다.

세균을 확인하자 과학자들은 거두절미하고 세균을 제거하는 작업에 착수했다. 조지프 리스터는 파스퇴르에게서 영감을 얻어 소독 기법을 실무에 도입했다. 그는 자신의 스태프들에게 손과 의료 장비와 수술실을 화학적으로 소독하라고 지시함으로써 수많은 환자들을 극심한 감염으로부터 구해냈다. 또, 다른 과학자들은 질병 치료, 위생 개선, 식품 보존이라는 명분으로 세균 차단 방법을 궁리했다. 그리고 세균학은 응용과학이 되어 미생물을 쫓아내거나 파괴하는 데 동원되었다. 과학자들은 미생물과의 전쟁을 선포하고, 병든 개인과 사회에서 미생물을 몰아내는 것을 목표로 삼은 것이다. 이렇게 미생물에 대한 인식이 형성되었으며 그 부정적 태도는 오늘날에도 지속되고 있다.

① 세균은 미생물의 일종이다.
② 세균은 화학적인 방법으로 제거할 수 있다.
③ 미생물과 질병의 연관성에 대한 인식은 통시적으로 변화해 왔다.
④ 코흐는 새로운 도구의 개발 이전에 질병을 유발하는 미생물들을 발견했다.

01 수랭식 냉각장치에 대한 설명으로 옳지 않은 것은?

① 압축비가 높다.
② 균일 냉각이 가능하다.
③ 저온에서는 마멸의 가능성이 있다.
④ 냉각팬 및 핀에 의한 소음이 크다.

02 타이어의 스탠딩 웨이브 현상에 대한 내용으로 옳은 것은?

① 스탠딩 웨이브는 타이어가 견뎌야 할 하중과는 상관이 없다.
② 스탠딩 웨이브가 심하면 타이어 박리현상이 발생할 수 있다.
③ 스탠딩 웨이브는 레이디얼 타이어에서 많이 발생한다.
④ 스탠딩 웨이브 현상을 줄이려면 고속 주행 시 공기압을 평소보다 줄여야 한다.

03 다음 중 지르코니아 형식의 산소센서에 대한 설명으로 옳지 않은 것은?

① 이온 전도성을 활용한다.
② 산소의 분압차이로 고분압에서 저분압으로 산소가 이동한다.
③ 산소 분압과 비례하는 기전력을 측정하여 배기가스의 산소량을 측정한다.
④ 저항값 변화를 통해 산소량을 측정한다.

04 전자제어 엔진에서 MAP 센서에 대한 설명으로 틀린 것은?

① 흡기 매니폴드의 압력변화를 감지하여 공기량을 직접 질량 계측한다.
② 흡입공기 통로의 설계가 자유로우며, 공기밀도 등에 대한 고려가 필요 없다.
③ 고온에 의한 영향이 작고 진동과 압력 변화가 심한 곳에서도 사용 가능하다.
④ 고장이 발생하면 엔진 부조 또는 가동이 정지된다.

05 앞바퀴 구동(FF) 방식의 특징이 아닌 것은?

① 추진축이 불필요해 탑승과 적재 공간이 넓은 편이다.
② 험한 도로에서 차량을 주행할 때도 조종성이 양호하다.
③ 고속 주행 시 안정적인 코너링으로 피쉬테일 현상을 방지한다.
④ 생산 단가 및 유지 보수 등의 경제성이 좋다.

06 다음 중 밸브 오버랩에 대한 설명으로 옳은 것은?

① 압축행정과 폭발행정 시 피스톤과 실린더 사이에서 혼합가스가 누출되는 현상이다.
② 배기행정 초기에 배기밸브가 열려 배기가스가 자체 압력에 의해 배출되는 현상이다.
③ 배기행정 말에 흡기밸브와 배기밸브가 동시에 열려 잔류 가스를 배출시키는 현상이다.
④ 압축행정과 폭발행정 시 밸브와 밸브시트 사이에서 가스가 누출되는 현상이다.

07 연소실 체적, 행정체적, 압축비, 배기량 공식 중 틀린 것은?

① 압축비 $=\dfrac{총\ 체적}{연소실\ 체적}$

② 압축비 $=\dfrac{연소실\ 체적+행정체적}{연소실\ 체적}$

③ 총 배기량 $=$ 실린더 단면적 $\times$ 실린더 높이

④ 행정체적 $=\dfrac{\pi\times(실린더\ 안지름)^2}{4}\times$ 행정

08 유체클러치에 대한 설명으로 옳지 않은 것은?

① 유체클러치의 속도비는 1을 넘지 않는다.

② 스테이터가 추가되어 전달토크를 증가시킨다.

③ 유체클러치에서 가이드 링은 유체의 와류를 감소시키는 역할을 한다.

④ 유체클러치에 사용하는 오일은 응고점이 낮아야 한다.

09 엔진 회전수가 3,580rpm, 회전력이 52m·kg일 때 축마력은?

① 160PS

② 220PS

③ 260PS

④ 320PS

10 친환경 전기자동차(EV)의 특징이 아닌 것은?

① 주행 시에 유해 배기가스가 발생하지 않는다.

② 부품 수가 많고 시스템이 복잡하다.

③ 고가의 리튬이온 배터리는 차체보다 수명이 짧다.

④ 충전 시간이 오래 걸린다.

11 다음의 엔진 성능곡선에서 A, B, C가 가리키는 것을 옳게 연결한 것은?

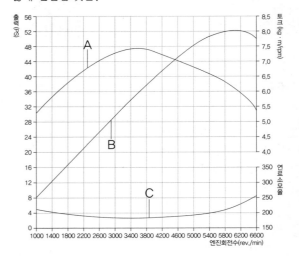

	A	B	C
①	축 토크	축 출력	연료 소비율
②	축 출력	연료 소비율	축 토크
③	연료 소비율	축 출력	축 토크
④	축 출력	축 토크	연료 소비율

12 전자제어 연료분사 장치(MPI) 기관에 대한 설명으로 옳지 않은 것은?

① 온도 변화에 따라 공연비 보상을 할 수 있다.

② 대기압의 변화에 따라 공연비 보상을 할 수 있다.

③ 가속 및 감속 시 응답성이 느리다.

④ 유해 배출가스를 줄일 수 있다.

13 다음 중 공기식 배력장치의 특징에 대한 설명으로 옳은 것은?

① 압축공기의 압력과 대기압력의 차이를 이용한다.
② 구조가 간단하고 무게가 가벼우며, 설치 위치에 제한이 있다.
③ 페달 조작력을 약 8배 증가시켜 제동성능을 향상시킨다.
④ 배력장치에 이상이 발생하여도 일반적인 유압 브레이크로 작동할 수 있다.

14 계속된 브레이크 사용으로 라이닝과 드럼 등의 마찰계수가 낮아져 제동력이 감소되어 브레이크가 미끄러지는 현상은?

① 페이드 현상
② 슬립 현상
③ 스탠딩 웨이브 현상
④ 베이퍼 록 현상

15 다음 〈보기〉는 내연기관의 기본 용어를 설명하고 있다. ㉠~㉤의 설명이 옳은 것을 모두 고른 것은?

─〈보 기〉─
㉠ 상사점: 피스톤이 실린더 가장 높은 곳에 있을 때의 위치
㉡ 하사점: 피스톤이 실린더 가장 낮은 곳에 내려왔을 때의 위치
㉢ 실린더 체적: 피스톤이 하사점에 있을 때의 체적
㉣ 행정: 상사점과 하사점의 거리
㉤ 행정체적: 피스톤이 상사점에 있을 때의 체적

① ㉠, ㉡
② ㉠, ㉡, ㉢
③ ㉠, ㉡, ㉢, ㉣
④ ㉠, ㉡, ㉢, ㉣, ㉤

16 직류 직권전동기의 회전수를 $\frac{1}{2}$로 줄이면 토크는 몇 배가 되는가?

① $\frac{1}{4}$
② $\frac{1}{2}$
③ 3
④ 4

17 전기회로에서 접촉저항을 감소시키는 방법으로 옳지 않은 것은?

① 접촉면적과 접촉압력을 크게 한다.
② 배선 수리 시 좀 더 굵은 전선을 사용한다.
③ 전선을 연결할 경우 납땜을 한다.
④ 접점을 깨끗이 청소한다.

18 종감속 및 차동장치에서 구동피니언의 잇수가 6이고 링기어의 잇수가 60일 때, 링기어가 3회전하면 구동피니언은 몇 회전하는가?

① 20회전
② 25회전
③ 30회전
④ 35회전

19 서보모터(Servomotor)가 갖추어야 할 조건으로 옳지 않은 것은?

① 기동토크가 커야 한다.
② 시정수가 길고, 속응성 및 기계적 응답성이 좋아야 한다.
③ 회전자의 관성 모멘트가 작아야 한다.
④ 제어권선 전압이 0이 되었을 때는 신속하게 정지하여야 한다.

20 전자제어 가솔린 분사장치의 연료펌프에서 체크밸브의 역할은?

① 잔압 유지와 재시동성을 용이하게 한다.
② 연료 압력의 맥동을 감소시킨다.
③ 연료펌프 내 압력 과대 시 연료 누설을 방지한다.
④ 연료를 분사한다.

21 하이브리드 자동차용 모터에 적용된 레졸버 센서(Resolver Sensor)에 대한 설명으로 틀린 것은?

① 회전자가 회전하면 1차·2차 측 상호 쇄교 자속이 주기적으로 변화된다.
② 출력신호를 RDC(Resolver to Digital Converter)를 거쳐 위치각으로 변환시킨다.
③ 스테이터 2상의 검출 권선의 출력전압 진폭이 회전각에 반비례하여 변화된다.
④ 고정자 여자권선에 고주파 여자신호 인가 시 외부 구동회로가 필요하다.

22 산소(O_2) 센서 점검과 관련한 사항으로 적절하지 않은 것은?

① 기관을 워밍업한 후 점검한다.
② 출력전압을 쇼트시키지 않는다.
③ 출력전압 측정은 아날로그 시험기로 측정한다.
④ 산소(O_2) 센서의 출력전압이 규정을 벗어나면 공연비 조정계통에 점검이 필요하다.

23 다음 중 옥탄가에 대한 설명으로 옳지 않은 것은?

① 가솔린 연료에서 노크를 일으키기 어려운 성질인 내폭성을 나타내는 수치로, 저옥탄가의 가솔린을 사용할 때 노킹이 발생한다.
② 옥탄가를 측정할 수 있는 엔진으로 CFR 기관이 있다.
③ 디젤연료의 착화성을 나타내는 수치로 안티 노크성의 척도이다.
④ 벤젠, 4-에틸납, 에틸 알코올 등이 내폭성을 향상시킨다.

24 기관의 회전력이 143.2kgf·m에서 500PS의 축출력을 냈다면 이 기관의 회전속도는?

① 1,500rpm
② 1,800rpm
③ 2,000rpm
④ 2,500rpm

25 TCS(Traction Control System)의 특징으로 옳지 않은 것은?

① TCS가 제어하는 항목으로는 슬립 제어와 트레이스 제어가 있다.
② 구동바퀴가 헛돌지 않고 최적의 구동력을 얻기 위해서는 슬립율이 약 15~20%가 되어야 한다.
③ 휠스피드 센서와 차고 센서 등은 트레이스 제어를 위해 컴퓨터(TCU)에 입력된다.
④ TCS의 종류 중 BTCS는 ABS 하이드롤릭 유닛 내부의 모터펌프에서 발생되는 유압을 제어한다.

제3과목: 자동차정비

QR코드 접속을 통해 풀이시간 측정, 자동 채점
그리고 결과 분석까지!

01 다음 중 조향장치가 갖추어야 할 조건으로 적합하지 않은 것은?

① 적당한 회전 감각이 있을 것
② 고속 주행에서도 조향핸들이 안정될 것
③ 조향휠의 회전과 구동휠의 선회차가 클 것
④ 선회 후 복원성이 있을 것

02 기관의 습식 라이너방식에 대한 설명으로 옳지 않은 것은?

① 냉각 효과가 커 열에 의한 실린더 변형이 적다.
② 습식 라이너를 끼울 때에는 라이너 바깥둘레에 비눗물을 바른다.
③ 실링이 파손 · 변형되면 크랭크 케이스로 냉각수가 들어간다.
④ 라이너가 냉각수와 간접적으로 접촉하는 형태이다.

03 다음 중 피스톤 평균속도를 높이지 않고 엔진 회전속도를 높이는 방법으로 가장 적합한 것은?

① 행정을 작게 한다.
② 행정을 크게 한다.
③ 실린더 지름을 작게 한다.
④ 실린더 지름을 크게 한다.

04 수동변속기에서 클러치가 미끄러지는 이유로 옳지 않은 것은?

① 클러치 디스크에 오일이나 이물질이 묻었다.
② 플라이 휠 및 압력판이 손상되었다.
③ 클러치 페달의 자유간극이 크다.
④ 클러치 스프링의 장력이 약화되었다.

05 냉각수 온도 센서가 고장난 경우 엔진에 미치는 영향에 대한 설명으로 옳지 않은 것은?

① 공회전상태가 불안정하게 된다.
② 워밍업 시기에 검은 연기가 배출될 수 있다.
③ 배기가스 중에 CO 및 HC가 증가된다.
④ 냉간 시동성이 양호하다.

06 전자제어식 자동변속기 차량에서 변속시점은 기본적으로 무엇에 의해 결정되는가?

① 엔진 회전속도와 크랭크 각도
② 엔진 스로틀밸브의 개도와 변속기 오일온도
③ 차량의 주행속도와 엔진 스로틀밸브의 개도
④ 차량의 주행속도와 크랭크 각도

07 다음 〈보기〉 중에서 타이어 편마모의 원인을 모두 고른 것은?

──〈보 기〉──
㉠ 디스크 런 아웃 불량
㉡ 휠 얼라이먼트의 밸런스 불량
㉢ 토인 불량
㉣ 공기압의 부족 또는 과다

① ㉠, ㉡
② ㉠, ㉡, ㉢
③ ㉡, ㉢, ㉣
④ ㉢, ㉣

08 다음 중 유압식 브레이크의 장점이 아닌 것은?

① 마찰손실이 적다.
② 베이퍼 록의 우려가 없다.
③ 조작력이 작아도 된다.
④ 제동력이 모든 바퀴에 균일하게 전달된다.

09 자동차용 발전기 중 교류발전기의 특징에 대한 설명으로 옳지 않은 것은?

① 실리콘 다이오드로 정류하므로 대체로 전기적 용량이 크다.
② 전류 제한기를 사용하지 않고 전압 조정기만 사용한다.
③ 속도 변화에 따른 적용 범위가 좁다.
④ 소형·경량이며 저속에서도 충전이 가능한 출력 전압이 발생한다.

10 쿨롱의 법칙에 대한 설명으로 옳지 않은 것은?

① 2개의 자극 사이에 작용하는 힘은 거리의 제곱에 비례하고 두 자극의 곱에는 반비례한다.
② 2개의 대전체 사이에 작용하는 힘은 거리의 제곱에 반비례하고 대전체가 가지고 있는 전하량의 곱에는 비례한다.
③ 쿨롱은 전기력 및 자기력에 관한 법칙이다.
④ 두 자극의 거리가 가까우면 자극의 세기는 강해지고 거리가 멀면 자극의 세기는 약해진다.

11 내연기관 자동차의 에어컨 작동 시 냉매의 순환 경로를 차례대로 바르게 나열한 것은?

① 압축기 → 응축기 → 팽창밸브 → 리시버 드라이어 → 증발기
② 압축기 → 응축기 → 리시버 드라이어 → 팽창밸브 → 증발기
③ 압축기 → 응축기 → 팽창밸브 → 증발기 → 리시버드라이어
④ 압축기 → 응축기 → 리시버 드라이어 → 증발기 → 팽창밸브

12 타이어의 폭이 200mm이고 타이어의 단면 높이가 110mm인 경우 편평비(%)는?

① 45%
② 55%
③ 100%
④ 150%

13 기동전동기에서 오버러닝 클러치의 종류로 볼 수 없는 것은?

① 스프래그
② 다판 클러치
③ 롤러
④ 전기자

14 유압식 동력조향장치와 비교하여 전동식 동력조향장치의 특징에 대한 설명으로 옳지 않은 것은?

① 유압제어를 하지 않으므로 오일이 필요 없다.
② 유압제어 방식에 비해 연비를 향상시킬 수 없다.
③ 유압제어 방식의 전자제어 조향장치보다 부품 수가 적다.
④ 전기에너지를 이용하므로 친환경적이다.

15 다음 중 실린더의 지름이 100mm이고 행정이 200mm인 1기통 기관의 배기량으로 옳은 것은?

① 157cc
② 785cc
③ 1,570cc
④ 3,140cc

16 하이브리드 자동차의 고전압 배터리 취급 시 안전한 방법이 아닌 것은?

① 고전압 배터리 점검 · 정비 시 절연 장갑을 착용한다.
② 고전압 배터리 점검 · 정비 시 점화 스위치는 OFF한다.
③ 고전압 배터리 점검 · 정비 시 12V 배터리 접지선을 분리한다.
④ 고전압 배터리 점검 · 정비 시 반드시 세이프티 플러그를 연결한다.

17 주행 시 혹은 제동 시 핸들이 한쪽으로 쏠리는 원인으로 거리가 가장 먼 것은?

① 앞바퀴의 정렬이 불량하다.
② 좌우 타이어의 공기 압력이 같지 않다.
③ 조향핸들축의 축 방향 유격이 크다.
④ 한쪽 브레이크 라이닝 간격 조정이 불량하다.

18 다음 중 점화 플러그의 구비조건에 대한 설명으로 옳지 않은 것은?

① 내열성이 크고 기계적 강도가 클 것
② 내 부식 성능이 크고 기밀 유지 성능이 양호할 것
③ 강력한 불꽃이 발생하고 점화 성능이 좋을 것
④ 자기 청정 온도를 900℃ 이상 유지하고 전기적 절연 성능이 양호할 것

19 어떤 기관의 열효율을 측정하는데 열정산에서 냉각에 의한 손실이 30%, 배기와 복사에 의한 손실이 32%이고, 기계효율이 85%일 때, 정미 열효율은 약 몇 %인가? (단, 소수점 아래 첫째 자리에서 반올림하시오.)

① 31%
② 32%
③ 34%
④ 35%

20 하이브리드 자동차의 동력전달 방식 중 직렬형의 동력전달 순서로 가장 옳은 것은?

① 기관 → 변속기 → 축전지 → 발전기 → 전동기 → 구동바퀴

② 기관 → 축전지 → 발전기 → 전동기 → 변속기 → 구동바퀴

③ 기관 → 전동기 → 축전지 → 변속기 → 발전기 → 구동바퀴

④ 기관 → 발전기 → 축전지 → 전동기 → 변속기 → 구동바퀴

21 자동차 냉각장치에 대한 설명으로 옳지 않은 것은?

① 냉각핀의 표면적이 클수록 공기의 접촉이 많아 냉각작용이 잘된다.

② 부동액으로는 에탄올을 사용한다.

③ 펌프는 원심펌프를 사용한다.

④ 라디에이터는 엔진에서 가열된 냉각수를 냉각하는 열교환장치이다.

22 엔진의 부하 및 회전속도 등의 변화에 따라 연료 분사량을 조절하는 장치는?

① 타이머
② 조속기
③ 분사 노즐
④ 공급 펌프

23 타이어 트레드 패턴의 필요성으로 틀린 것은?

① 타이어 내부에서 발생되는 열을 흡수한다.

② 사용목적에 따라 구동력, 선회 성능을 향상시킨다.

③ 트레드에 발생한 절상 등의 확산을 방지한다.

④ 타이어의 옆 방향 슬립이나 전진 방향의 슬립을 방지한다.

24 공기압축기의 점검사항으로 옳은 것은?

① 매일 윤활유량을 점검하고 2년에 1회 간격으로 교환한다.

② 연 1회 공기여과기를 점검하고 세정한다.

③ 1개월마다 공기탱크의 수분을 배출시킨다.

④ 월 1회 구동벨트의 상태를 점검하고 필요시에 교환한다.

25 맵(MAP) 센서의 점검 조건에 해당되지 않는 것은?

① 냉각 수온을 약 80~90℃로 유지한다.

② 각종 램프, 전기 냉각 팬, 부장품 모두를 ON 상태로 유지한다.

③ 스티어링 휠을 중립 상태로 유지한다.

④ 변속기의 경우 N 또는 P 위치로 트랜스 액슬을 중립으로 유지한다.

www.sdedu.co.kr

군무원 차량직 · 전차직 FINAL 실전 봉투모의고사
제3회 모의고사

차량직 · 전차직

제1과목	국어	제2과목	자동차공학
제3과목	자동차정비	제4과목	

응시번호		성 명	

〈 안 내 사 항 〉

1. 답안지의 모든 기재 및 표기사항은 반드시 『컴퓨터용 흑색사인펜』으로만 작성하여야 합니다.
   (사인펜에 "컴퓨터용"으로 표시되어 있음) (사인펜 본인 지참)
   * 매년 지정된 펜을 사용하지 않아 답안지가 무효처리 되는 상황이 빈발하고 있으므로, 답안지
     는 반드시 『컴퓨터용 흑색사인펜』으로만 표기하시기 바랍니다.

2. 답안은 매 문항마다 반드시 하나의 답만 골라 그 숫자에 "●"로 표기해야 하며, 표기한 내용은 수정
   테이프를 이용하여 정정할 수 있습니다. 단, 시험시행본부에서 수정테이프를 제공하지 않습니다.
   (표기한 부분을 긁는 경우 오답처리 될 수 있으며, 수정스티커 또는 수정액은 사용 불가)
   * 답안지는 훼손·오염되거나 구겨지지 않도록 주의해야 하며, 특히 답안지 상단의 타이밍마크
     (ⅠⅠⅠⅠⅠ)를 절대로 훼손해서는 안 됩니다.

3. 필기시험 문제 관련 의견제시 기간 : 시험 당일을 포함한 5일간
   * 국방부 군무원채용관리홈페이지(http://recruit.mnd.go.kr) - 시험안내 - 시험묻고답하기

제3회 모의고사

QR코드 접속을 통해 풀이시간 측정, 자동 채점
그리고 결과 분석까지!

01 밑줄 친 한자어를 쉬운 표현으로 바꾼 것으로 적절하지 않은 것은?

① 재산 관리인을 <u>개임</u>하는 처분을 하다.
　→ 재산 관리인을 교체 임명하는 처분을 하다.
② 일반 회계와 구분하여 <u>계리</u>하였다.
　→ 일반 회계와 구분하여 회계처리하였다.
③ 변경 사항을 <u>주말</u>하였다.
　→ 변경 사항을 붉은 선으로 표시했다.
④ 목록에 <u>게기</u>된 서류를 붙인다.
　→ 목록에 기재된 서류를 붙인다.

02 밑줄 친 단어의 품사가 다른 것은?

① 네가 <u>바로</u> 말하면 용서해 주겠다.
② 혼자 내버려 둔 것이 후회가 된다.
③ 이것은 <u>갖은</u> 노력을 다한 결과이다.
④ 초등학교, 중학교, 고등학교 <u>그리고</u> 대학교

03 다음 글의 사례로 적절하지 않은 것은?

> 인간은 언어를 사용하며 언어는 인간의 사고, 사회, 문화를 반영한다. 인간의 지적 능력이 발달하게 된 것은 바로 언어를 사용하기 때문이다.
> 언어와 사고는 기본적으로 상호작용을 한다. 둘 중 어느 것이 먼저 발달하고 어떻게 영향을 주는지는 알 수 없다. 그러나 언어와 사고가 서로 깊은 관계를 맺고 있다는 사실은 여러 가지 근거를 통해서 뒷받침된다.

① 어떤 사람은 산도 파랗다고 하고, 물도 파랗다고 하고, 보행신호의 녹색등도 파랗다고 한다.
② 일상생활에서 어떠한 사물의 개념은 머릿속에서 맴도는데도 그 명칭을 떠올리지 못할 때가 있다.
③ 우리나라는 수박(watermelon)은 '박'의 일종으로 보지만 어떤 나라는 '멜론(melon)'에 가까운 것으로 파악한다.
④ 영어의 '쌀(rice)'에 해당하는 우리말에는 '모', '벼', '쌀', '밥' 등이 있다.

04 다음 중 불규칙 활용에 대한 예로 적절하지 않은 것은?

① (실을) 잇+어 → 이어
② (소리를) 듣+어 → 들어
③ (물이) 흐르+어 → 흘러
④ (대가를) 치르+어 → 치러

05 다음 중 밑줄 친 관용 표현의 쓰임이 적절하지 않은 것은?

① 버스 안은 발 디딜 틈이 없이 복잡했다.
② 갑작스러운 태풍으로 손님들이 발이 묶였다.
③ 폭력단에 한번 들어서면 발을 빼기 어렵다고 한다.
④ 늦은 밤이 되어도 아이가 돌아오지 않자 어머니는 동동 발을 끊었다.

06 다음 시의 특징에 대한 설명으로 가장 적절한 것은?

> 허공 속에 발이 푹푹 빠진다
> 허공에서 허우적 발을 빼며 걷지만
> 얼마나 힘 드는 일인가
> 기댈 무게가 없다는 것은
> 걸어온 만큼의 거리가 없다는 것은
>
> 그동안 나는 여러 번 넘어졌는지 모른다
> 지금은 쓰러져 있는지도 모른다
> 끊임없이 제자리만 맴돌고 있거나
> 인력(引力)에 끌려 어느 주위를 공전하고 있는지도 모른다
>
> 발자국 발자국이 보고 싶다
> 뒤꿈치에서 퉁겨 오르는
> 발걸음의 힘찬 울림을 듣고 싶다
> 내가 걸어온
> 길고 삐뚤삐뚤한 길이 보고 싶다

① 과거로 돌아가고 싶은 화자의 소망을 전하고 있다.
② 시적 화자의 옛 경험을 사실적으로 묘사하고 있다.
③ 시어의 반복을 통해 화자의 정서를 강조하고 있다.
④ 허구적 상상을 통해 현실의 고난을 극복하고 있다.

[07~08] 다음 글을 읽고 물음에 답하시오.

> (가) A: 너 보고서 다 했어?
>   B: 무슨 보고서?
>   A: 내일까지 과업 달성 보고서 해서 내야 되잖아.
>   B: 맞다! 생각도 안 하고 있었네.
>   A: 버스 온다. 나 먼저 갈게. 내일 보자.
>
> (나) A: 벌써 추석이네.
>   B: 나도 고향에 내려가야 하는데 아직 기차표를 못 구했어.
>   A: 그래? 그럼 버스 타고 가야겠다.
>   B: 그건 그렇고 올해도 우리 할머니가 임진각에 가시려나?
>   A: ㉠ 해마다 가셨지?
>   B: 응.
>   A: 너희 할머니는 실향민이시구나.

07 다음 중 (가)에 대한 설명으로 적절하지 않은 것은?

① 모두 5개의 발화로 이루어져 있다.
② 모두 2개의 담화로 이루어져 있다.
③ 마지막 A의 이야기로 볼 때 버스를 기다리고 있는 상황임을 알 수 있다.
④ 위 대화에서는 특별한 사회·문화적 맥락이 드러나 있다고 보기 어렵다.

08 다음 중 (나)의 밑줄 친 ㉠에 대한 설명으로 가장 적절한 것은?

① B의 할머니와 만난 적이 있음을 보여 주는 발화이다.
② 우리나라의 풍습에 대해 잘 알고 있음을 보여 주는 발화이다.
③ 우리나라 근현대사에 대한 지식이 없으면 이해하기 힘든 발화이다.
④ A의 할머니도 매년 추석마다 임진각에 간다.

09 다음 중 '피동 표현'에서 '능동 표현'으로 바꿀 수 없는 것은?

① 그 문제가 어떤 수학자에 의해 풀렸다.
② 지민이가 감기에 걸렸다.
③ 딸이 아버지에게 안겼다.
④ 그 수필은 많은 사람들에게 읽혔다.

10 다음은 어떤 사전에 제시된 '고르다'의 내용이다. 사전에 대한 설명으로 옳지 않은 것은?

- 고르다¹ [고르다]. 골라[골라], 고르니[고르니].
  「동사」【…에서 …을】여럿 중에서 가려내거나 뽑다.
- 고르다² [고르다]. 골라[골라], 고르니[고르니].
  「동사」【…을】
    「1」울퉁불퉁한 것을 평평하게 하거나 들쭉날쭉한 것을 가지런하게 하다.
    「2」붓이나 악기의 줄 따위가 제 기능을 발휘하도록 다듬거나 손질하다.
- 고르다³ [고르다]. 골라[골라], 고르니[고르니].
  「형용사」「1」여럿이 다 높낮이, 크기, 양 따위의 차이가 없이 한결같다.
    「2」상태가 정상적으로 순조롭다.

① '고르다¹', '고르다²', '고르다³'은 서로 동음이의어이다.
② '고르다¹', '고르다²', '고르다³'은 모두 현재진행형으로 사용할 수 있다.
③ '고르다²'와 '고르다³'은 다의어이지만 '고르다¹'은 다의어가 아니다.
④ '고르다¹', '고르다²', '고르다³'은 모두 불규칙 활용을 한다.

11 다음은 어순 병렬의 원리에 대한 설명이다. 이와 가장 부합하지 않는 어순을 보이는 것은?

> 국어에는 언어 표현이 병렬될 때 일정한 규칙이 반영된다. 시간 용어가 병렬될 때 일반적으로는 자연 시간의 순서를 따르거나 화자가 말하는 때를 기준으로 가까운 쪽이 앞서고 멀어질수록 뒤로 간다. 공간 관련 용어들은 일반적으로 위쪽이나 앞쪽 그리고 왼쪽과 관련된 용어가 앞서고, 아래쪽이나 뒤쪽 그리고 오른쪽과 관련된 용어들이 나중에 온다.

① 꽃이 피고 지고 한다.
② 문 닫고 들어와라.
③ 수입과 지출을 맞추어 보다.
④ 머리끝부터 발끝까지 달라졌다.

12 다음 글을 요약한 것으로 가장 적절한 것은?

> 영어에서 위기를 뜻하는 단어 'crisis'의 어원은 '분리하다'라는 뜻의 그리스어 '크리네인(Krinein)'이다. 크리네인은 본래 회복과 죽음의 분기점이 되는 병세의 변화를 가리키는 의학 용어로 사용되었는데, 서양인들은 위기에 어떻게 대응하느냐에 따라 결과가 달라진다고 보았다. 상황에 위축되지 않고 침착하게 위기의 원인을 분석하여 사리에 맞는 해결 방안을 찾을 수 있다면 긍정적 결과가 나올 수 있다는 것이다. 한편, 동양에서는 위기(危機)를 '위험(危險)'과 '기회(機會)'가 합쳐진 것으로 해석하여, 위기를 통해 새로운 기회를 모색하라고 한다. 동양인들 또한 상황을 바라보는 관점에 따라 위기가 기회로 변모될 수도 있다고 본 것이다.

① 서양인과 동양인은 위기에 처한 상황을 바라보는 관점이 서로 다르다.
② 위기가 아예 다가오지 못하도록 미리 대처해야 새로운 기회가 많이 주어진다.
③ 위기 상황을 냉정하게 판단하고 긍정적으로 받아들여, 위기를 통해 새로운 기회를 모색한다.
④ 위기는 인간의 욕심에서 비롯된 경우가 많으므로, 자신을 반성하고 돌아보는 자세가 필요하다.

13 지명을 로마자로 표기한 것이 옳은 것은?

① 가평군 – Gapyeong-goon
② 갈매봉 – Galmaibong
③ 마천령 – Macheollyeong
④ 백령도 – Baeknyeongdo

14 다음 〈보기〉의 밑줄 친 ㉠과 바꿔 쓰기에 가장 적절한 것은?

<보 기>
간접세는 조세 부담자와 납세자가 ㉠ 다르며, 주로 소비에 기준을 두고 세금을 징수하기 때문에 보통은 자신이 세금을 내고 있는지조차 모르는 경우가 많다. 부가가치세, 특별 소비세, 주세, 전화세 등이 여기에 속한다.

① 상관(相關)하며
② 상이(相異)하며
③ 상응(相應)하며
④ 상충(相衝)하며

15 다음 중 국어 순화가 옳지 않은 것은?

① 팝업 창(pop-up 窓) → 알림창
② 무빙워크(moving walk) → 안전길
③ 컨트롤타워(control tower) → 통제탑, 지휘 본부
④ 스카이 라운지(sky lounge) → 전망쉼터, 하늘쉼터

16 다음 중 ㉠과 의미가 가장 유사한 속담은 무엇인가?

그런데 문제는 정도에 지나친 생활을 하는 사람을 보면 이를 무시하거나 핀잔을 주어야 할 텐데, 오히려 없는 사람들까지도 있는 척하면서 그들을 부러워하고 모방하려고 애쓴다는 사실이다. 이러한 행동은 '모방 본능' 때문에 나타난다.
모방 본능은 필연적으로 '모방 소비'를 부추긴다. 모방 소비란 내게 꼭 필요하지도 않지만 남들이 하니까 나도 무작정 따라 하는 식의 소비이다. 이는 마치 ㉠ 남들이 시장에 가니까 나도 장바구니를 들고 덩달아 나서는 격이다. 이러한 모방 소비는 참여하는 사람들의 수가 대단히 많다는 점에서 과시 소비 못지않게 큰 경제 악이 된다.

① 친구 따라 강남 간다
② 계란으로 바위치기이다
③ 호랑이도 제 말하면 온다
④ 사공이 많으면 배가 산으로 간다

17 문맥에 따른 배열로 가장 적절한 것은?

(가) 그러나 사람들은 소유에서 오는 행복은 소중히 여기면서 정신적 창조와 인격적 성장에서 오는 행복은 모르고 사는 경우가 많다.
(나) 소유에서 오는 행복은 낮은 차원의 것이지만 성장과 창조적 활동에서 얻는 행복은 비교할 수 없이 고상한 것이다.
(다) 부자가 되어야 행복해진다고 생각하는 사람은 스스로 부자라고 만족할 때까지는 행복해지지 못한다.
(라) 하지만 최소한의 경제적 여건에 자족하면서 정신적 창조와 인격적 성장을 꾀하는 사람은 얼마든지 차원 높은 행복을 누릴 수 있다.
(마) 자기보다 더 큰 부자가 있다고 생각될 때는 여전히 불만과 불행에 사로잡히기 때문이다.

① (나) – (가) – (마) – (라) – (다)
② (나) – (라) – (가) – (다) – (마)
③ (다) – (마) – (라) – (나) – (가)
④ (다) – (라) – (마) – (가) – (나)

[18~19] 다음 작품을 읽고 물음에 답하시오.

> 둘하 노피곰 도드샤
> 어긔야 머리곰 비취오시라
> 어긔야 어강됴리
> 아으 다롱디리
> 져재 녀러신고요
> 어긔야 즌 딕를 드딕욜셰라
> 어긔야 어강됴리
> 어느이다 노코시라
> 어긔야 내 가논 딕 졈그룰셰라
> 어긔야 어강됴리
> 아으 다롱디리
>
> — 작자 미상, 「정읍사」

18 다음 중 제시된 작품에 대한 설명으로 가장 적절한 것은?

① 후렴구를 반복하여 주제 의식을 부각하고 있다.

② 반어적 표현을 사용하여 긴장감을 높이고 있다.

③ 성찰적 어조를 통해 엄숙한 분위기를 조성하고 있다.

④ 말을 건네는 방식을 통해 화자의 정서를 드러내고 있다.

19 다음 중 밑줄 친 '둘'에 대한 이해로 적절하지 않은 것은?

① 시적 진술의 시점으로 보아, 시간적 배경을 알려 주는 소재이다.

② 화자가 처한 상황으로 보아, 화자가 겪는 마음의 동요를 완화할 수 있는 존재이다.

③ '둘'과 결합한 조사 '하'의 쓰임으로 보아, 존경의 의미를 함축하고 있는 대상이다.

④ '노피곰'이 상승 이미지를 환기하는 것으로 보아, 초월적 세계에 대한 화자의 동경을 표상하는 존재이다.

20 다음 시에 대한 설명으로 적절하지 않은 것은?

> 가문 섬진강을 따라가며 보라.
> 퍼 가도 퍼 가도 전라도 실핏줄 같은
> 개울물들이 끊기지 않고 모여 흐르며
> 해 저물면 저무는 강변에
> 쌀밥 같은 토끼풀꽃,
> 숯불 같은 자운영꽃 머리에 이어 주며
> 지도에도 없는 동네 강변
> 식물 도감에도 없는 풀에
> 어둠을 끌어다 죽이며
> 그을린 이마 훤하게
> 꽃등도 달아 준다.
> 흐르다 흐르다 목메이면
> 영산강으로 가는 물줄기를 불러
> 뼈 으스러지게 그리워 얼싸안고
> 지리산 뭉툭한 허리를 감고 돌아가는
> 섬진강을 따라가며 보라.
> 섬진강물이 어디 몇 놈이 달려들어
> 퍼낸다고 마를 강물이더냐고,
> 지리산이 저문 강물에 얼굴을 씻고
> 일어서서 껄껄 웃으며
> 무등산을 보며 그렇지 않느냐고 물어 보면
> 노을 띤 무등산이 그렇다고 훤한 이마 끄덕이는
> 고갯짓을 바라보며
> 저무는 섬진강을 따라가며 보라.
> 어디 몇몇 애비 없는 후레자식들이
> 퍼 간다고 마를 강물인가를.
>
> — 김용택, 「섬진강 1」

① 반어적인 어조를 활용하여 현실을 풍자하고 있다.

② 직유를 활용하여 대상을 인상적으로 드러내고 있다.

③ 의인화를 통해 대상의 강한 생명력을 표현하고 있다.

④ 대상이 지닌 속성을 통해 주제 의식을 강화하고 있다.

21 다음 중 밑줄 친 오류의 예를 추가할 때 가장 적절한 것은?

논리학에서 비형식적 오류 유형에는 우연의 오류, 애매어의 오류, 결합의 오류, 분해의 오류 등이 있다.

우선 우연의 오류란 거의 대부분의 경우에 적용되는 일반적인 원리나 규칙을 우연적인 상황으로 인해 생긴 예외적인 특수한 경우에까지도 무차별적으로 적용할 때 생기는 오류이다. 그 예로 "인간은 이성적인 동물이다. 중증 정신 질환자는 인간이다. 그러므로 중증 정신 질환자는 이성적인 동물이다."를 들 수 있다.

애매어의 오류는 동일한 한 단어가 한 논증에서 맥락마다 서로 다른 의미를 지니는 것으로 사용될 때 생기는 오류를 말한다. "김 씨는 성격이 직선적이다. 직선적인 모든 것들은 길이를 지닌다. 고로 김 씨의 성격은 길이를 지닌다."가 그 예이다.

한편 각각의 원소들이 개별적으로 어떤 성질을 지니고 있다는 내용의 전제로부터 그 원소들을 결합한 집합 전체도 역시 그 성질을 지니고 있다는 결론을 도출하는 경우가 결합의 오류이고, 반대로 집합이 어떤 성질을 지니고 있다는 내용의 전제로부터 그 집합의 각각의 원소들 역시 개별적으로 그 성질을 지니고 있다는 결론을 도출하는 경우가 분해의 오류이다. 전자의 예로는 "그 연극단 단원들 하나하나가 다 훌륭하다. 고로 그 연극단은 훌륭하다."를, 후자의 예로는 "그 연극단은 일류급이다. 박 씨는 그 연극단 일원이다. 그러므로 박 씨는 일류급이다."를 들 수 있다.

① 모든 사람은 죽는다. 소크라테스는 사람이다. 그러므로 소크라테스는 죽는다.

② 그 학생의 논술 시험 답안은 탁월하다. 그의 답안에 있는 문장 하나하나가 탁월하기 때문이다.

③ 부패하기 쉬운 것들은 냉동 보관해야 한다. 세상은 부패하기 쉽다. 고로 세상은 냉동 보관해야 한다.

④ 미국 아이스하키 선수단이 이번 올림픽에서 금메달을 차지했다. 그러므로 미국 선수 각자는 세계 최고 기량을 갖고 있다.

22 ㉠~㉢에 대한 이해로 가장 적절한 것은?

막차는 좀처럼 오지 않았다
대합실 밖에는 밤새 송이눈이 쌓이고
㉠ 흰 보라 수숫꽃 눈시린 유리창마다
톱밥난로가 지펴지고 있었다
그믐처럼 몇은 졸고
몇은 감기에 쿨럭이고
그리웠던 순간들을 생각하며 나는
한 줌의 톱밥을 불빛 속에 던져 주었다
내면 깊숙이 할 말들은 가득해도
㉡ 청색의 손바닥을 불빛 속에 적셔 두고
모두들 아무 말도 하지 않았다
산다는 것이 때론 술에 취한 듯
한 두릅의 굴비 한 광주리의 사과를
만지작거리며 귀향하는 기분으로
침묵해야 한다는 것을
모두들 알고 있었다
㉢ 오래 앓은 기침소리와
쓴 약 같은 입술담배 연기 속에서
싸륵싸륵 눈꽃은 쌓이고
그래 지금은 모두들
눈꽃의 화음에 귀를 적신다
자정 넘으면
낯설음도 뼈아픔도 다 설원인데
단풍잎 같은 몇 잎의 차창을 달고
밤열차는 또 어디로 흘러가는지
㉣ 그리웠던 순간들을 호명하며 나는
한 줌의 눈물을 불빛 속에 던져 주었다

– 곽재구, 「사평역에서」

① ㉠: 여러 개의 난로가 지펴져 안온한 대합실의 상황을 비유적으로 표현하였다.

② ㉡: 대조적 색채 이미지를 통해, 눈 오는 겨울 풍경의 서정적 정취를 강조하였다.

③ ㉢: 오랜 병마에 시달린 이들의 비관적 심리와 무례한 행동을 묘사하였다.

④ ㉣: 화자가 그리워하는 지난 때를 떠올리며 느끼는 정서를 화자의 행위에 투영하였다.

23 다음 글에 대한 이해로 적절하지 않은 것은?

> 희극의 발생 조건에 대하여 베르그송은 집단, 지성, 한 개인의 존재 등을 꼽았다. 즉 집단으로 모인 사람들이 자신들의 감성을 침묵하게 하고 지성만을 행사하는 가운데 그들 중 한 개인에게 그들의 모든 주의가 집중되도록 할 때 희극이 발생한다고 보았다. 그러나 그가 말하는 세 가지 사항은 웃음을 유발하는 것이 아니라 그러한 것을 가능케 하는 조건들이다. 웃음을 유발하는 단순한 형태의 직접적인 장치는 대상의 신체적인 결함이나 성격적인 결함을 들 수 있다. 관객은 이러한 결함을 지닌 인물을 통하여 스스로 자기 우월성을 인식하고 즐거워질 수 있게 된다. 이와 관련해 "한 인물이 우리에게 희극적으로 보이는 것은 우리 자신과 비교해서 그 인물이 육체의 활동에는 많은 힘을 소비하면서 정신의 활동에는 힘을 쓰지 않는 경우이다. 어느 경우에나 우리의 웃음이 그 인물에 대하여 우리가 지니는 기분 좋은 우월감을 나타내는 것임은 부정할 수 없다."라는 프로이트의 말은 시사적이다.

① 베르그송에 의하면 집단, 지성, 한 개인의 존재는 희극 발생의 조건이다.
② 베르그송에 의하면 희극은 관객의 감성이 집단적으로 표출된 결과이다.
③ 프로이트에 의하면 상대적으로 정신 활동보다 육체활동에 힘을 쓰는 상대가 희극적인 존재이다.
④ 한 개인의 신체적·성격적 결함은 집단의 웃음을 유발하는 직접적인 장치이다.

24 다음 제시문의 주된 설명 방식과 같은 설명 방식이 적용된 것은?

> 문학이 구축하는 세계는 실제 생활과 다르다. 즉 실제 생활은 허구의 세계를 구축하는 데 필요한 재료가 되지만 이 재료들이 일단 한 구조의 구성 분자가 되면 그 본래의 재료로서의 성질과 모습은 확연히 달라진다. 건축가가 집을 짓는 것을 떠올려 보자. 건축가는 어떤 완성된 구조를 생각하고 거기에 필요한 재료를 모아서 적절하게 집을 짓게 되는데, 이때 건물이라고 하는 하나의 구조를 완성하게 되면 이 완성된 구조의 구성 분자가 된 재료들은 본래의 재료와 전혀 다른 것이 된다.

① 국어 단어는 그 형성 방식에 따라 단일한 요소가 곧 한 단어가 되는 단일어와 다양한 요소들이 결합하여 한 단어가 되는 복합어로 구분할 수 있다.
② 르네상스 시대의 화가들은 원근법을 사용하여 세상을 향한 창과 같은 사실적인 그림을 그렸다. 현대 회화를 출발시켰다고 평가되는 인상주의자들이 의식적으로 추구한 것도 이러한 사실성이었다.
③ 여자는 생각하는 것이 남자와 다른 데가 있다. 남자는 미래를 생각하지만 여자는 현재의 상태를 더 소중하게 여긴다. 남자가 모험, 사업, 성 문제를 중심으로 생각한다면 여자는 가정, 사랑, 안정성에 비중을 두어 생각한다.
④ 목적을 지닌 인생은 의미 있다. 목적 없이 살아가는 사람은 험난한 인생의 노정을 완주하지 못한다. 목적을 갖고 뛰어야 마라톤에서 완주가 가능한 것처럼 우리의 인생에서도 목표를 가지고 꾸준히 노력하는 사람이 성공한다.

25 〈보기〉의 문장이 들어가기에 가장 적절한 곳은?

―――――〈보 기〉―――――
　그동안 3·1 운동에 관한 학자들의 부단한 연구는 3·1 운동의 원인과 배경을 비롯하여, 운동의 형성과 전개 과정, 일제의 통치·지배 정책, 운동의 국내외의 반향, 운동의 검토와 평가 그리고 3·1 운동 이후의 국내외 민족운동 등 각 분야에 걸쳐 수많은 저작을 내놓고 있다.

(가) 일제의 식민지 통치 밑에서 천도교가 주도하여 일으킨 3·1 독립운동은 우리나라 민족사에서 가장 빛나는 위치를 차지하는 거족적인 해방 독립 투쟁이다.

(나) 그 뿐만 아니라 1918년 11월 제1차 세계 대전이 끝나자 미국 대통령 윌슨(Woodrow Wilson)이 전후 처리 방안인 14개조의 기본 원칙으로 민족자결주의를 이행한다고 발표한 후 최초이자 최대 규모로 일어난 제국주의에 대항한 비폭력 투쟁으로써 세계 여러 약소 민족 국가와 피압박 민족의 해방 운동에 끼친 영향은 실로 지대한 세계사적인 의의를 갖는다고 하겠다.

(다) 또한 '최후의 一人까지, 최후의 一刻까지'를 부르짖은 3·1 독립운동이 비록 민족 해방을 쟁취하는 투쟁으로서는 실패는 하였으나 평화적인 수단으로 지배자에게 청원(請願)을 하거나 외세에 의존하는 사대주의적 방법으로는 자주독립이 불가능하다는 교훈을 남겼다는 점에서도 그 의의는 크다고 할 것이다.

(라) 언론 분야는 3·1 운동이 일어나자 독립 선언서와 함께 천도교의 보성사에서 인쇄하여 발행한 지하신문인 「조선독립신문」이 나오자, 이를 계기로 국내에서는 다양한 신문이 쏟아져 나왔기 때문에 이들 자료를 통해 많은 연구가 이루어져 있다.

① (가)의 뒤
② (나)의 뒤
③ (다)의 뒤
④ (라)의 뒤

01 전기자동차의 구성품 중에서 교류 전기를 직류 전기로 변환하는 장치는 무엇인가?

① BMS
② ECU
③ 컨버터
④ 인버터

02 다음 중 전자제어 엔진에서 MAP 센서가 하는 역할로 옳은 것은?

① 매니폴드 절대압력을 측정하는 센서
② 크랭크축의 각도 및 피스톤의 위치, 엔진의 회전속도 등을 감지하는 센서
③ 배기가스 중의 산소의 농도를 측정하는 센서
④ 흡입공기량을 직접적으로 측정하는 센서

03 다음 중 일률의 단위가 아닌 것은?

① W
② N · m
③ HP
④ J/s

04 에어컨 시스템에서 냉매를 일시적으로 저장하고 수분을 제거하여 기포를 분리하는 기능을 하는 것은?

① 압축기(Compressor)
② 응축기(Condenser)
③ 증발기(Evaporator)
④ 리시버 드라이어(Receiver Drier)

05 연소실 체적이 250cc이고, 행정체적이 4,750cc인 디젤 6기통 기관의 압축비는 얼마인가?

① 17 : 1
② 18 : 1
③ 19 : 1
④ 20 : 1

06 다음 ㉠, ㉡, ㉢에 들어갈 말을 옳게 연결한 것은?

> • ㉠: 윤활 회로 내의 유압이 일정 이상 상승하는 것을 방지하는 역할을 한다.
> • ㉡: 운전자가 조작하는 시프트 레버의 위치에 따라 작동하는 수동용 밸브이다.
> • ㉢: 유압 회로 내의 압력이 상승되는 것을 방지하고 일정하게 유지하여 회로를 보호하는 역할을 한다.

	㉠	㉡	㉢
①	유압조절 밸브	시프트 밸브	유량제어 밸브
②	매뉴얼 밸브	시프트 밸브	유압조절 밸브
③	유압조절 밸브	매뉴얼 밸브	유량제어 밸브
④	시프트 밸브	매뉴얼 밸브	유압조절 밸브

07 축전지 격리판의 구비조건으로 옳지 않은 것은?

① 전해액의 확산이 잘 이루어지지 않도록 설계되어야 한다.

② 기계적인 강도와 내산성이 커야한다.

③ 비전도성이어야 한다.

④ 진동에 견딜 수 있어야 한다.

08 4행정 엔진과 대비하여 2행정 엔진의 장점으로 옳지 않은 것은?

① 비출력과 출력밀도가 크고, 출력(마력)당 무게는 적다.

② 밸브기구의 생략으로 조밀하고, 가볍고 단순한 저비용 구조로 설계할 수 있다.

③ 상대적으로 질소산화물이 적게 발생되며, 평균유효압력이 높다.

④ 실린더 수가 적어도 엔진구동이 원활하고, 회전력이 균일하다.

09 베어링의 구비조건이 아닌 것은?

① 마찰계수가 작아야 한다.

② 내피로성이 작아야 한다.

③ 내식성과 내마멸성이 좋아야 한다.

④ 폭발압력에 견딜 수 있어야 한다.

10 커넥팅로드의 길이가 300mm, 피스톤의 행정이 150mm라면 커넥팅로드의 길이는 크랭크 회전반지름의 몇 배가 되는가?

① 2배

② 3배

③ 4배

④ 5배

11 차륜 정렬에서 캐스터에 대한 설명으로 옳지 않은 것은?

① 바퀴를 옆에서 바라보았을 때 앞바퀴의 조향축이 지면의 수직선에 대하여 앞으로 또는 뒤로 기운 각도이다.

② 휠 얼라인먼트 항목 중 고속 시 차량의 안정성과 조향핸들에 복원성을 주어 주행 직진성을 향상시킨다.

③ 정(+)의 캐스터는 주행할 때 직진성이 유지되며 시미 현상을 감소시킨다.

④ 일체식 차축의 현가 스프링이 피로해지면 바퀴의 캐스터는 부(−)가 된다.

12 배기밸브가 하사점 전 50°에서 열리고 상사점 후 20°에서 닫힌다면 배기밸브의 열림각은?

① 240°

② 250°

③ 260°

④ 270°

13 다음 중 엔진오일의 작용에 해당하지 않는 것은?

① 밀봉 및 냉각작용
② 청정 및 세척작용
③ 마멸 및 희석작용
④ 방청 및 부식방지작용

14 다음과 같은 회로에 흐르는 전류의 양은?

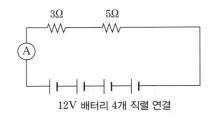

12V 배터리 4개 직렬 연결

① 2A ② 4A
③ 6A ④ 8A

15 전자제어 제동장치에서 제동안전장치가 아닌 것은?

① ABS(Anti-lock Brake System)
② BAS(Brake Assist System)
③ EBD(Electronic Brake force Distribution)
④ TCS(Traction Control System)

16 디젤기관에 사용되는 경유의 구비조건으로 옳지 않은 것은?

① 착화성이 좋을 것
② 점도가 적당할 것
③ 세탄가가 낮을 것
④ 황 성분이 적을 것

17 내구성이 커 대형차에 적용하며 적당히 구부린 스프링강을 여러 장 겹쳐 탄성효과로 충격 흡수 작용을 하는 스프링은?

① 에어 스프링
② 판 스프링
③ 코일 스프링
④ 토션 바 스프링

18 드럼 브레이크에 대한 설명으로 틀린 것은?

① 라이닝 수명이 길다.
② 패드의 교환이 용이하다.
③ 외부로부터 오물 등이 내부로 들어오기 어렵다.
④ 제동 시 각 바퀴마다 동적 평형이 깨지기 쉽다.

19 전자제어 현가장치의 기능이 아닌 것은?

① 급커브 시 차체의 기울기를 방지한다.
② 급제동 시 노스다운을 방지한다.
③ 타이어의 편마모를 방지한다.
④ 노면에 따라 차량의 높이를 조정하여 차체를 보호한다.

20 전자제어 가솔린 연료분사장치에서 인젝터 분사량을 결정하는 것은?

① 연료펌프 공급 압력

② 인젝터 분사 압력

③ 인젝터 니들밸브의 유효 행정

④ 인젝터 솔레노이드 코일 통전 시간

21 소구 엔진에 대한 설명으로 틀린 것은?

① 디젤 엔진보다 압축비가 높다.

② 공기만 흡입하여 압축한다.

③ 표면 점화 엔진이다.

④ 경유부터 등유까지 다양한 연료를 사용할 수 있다.

22 클러치에 대한 설명으로 옳지 않은 것은?

① 클러치는 회전 관성이 크고 회전 부분의 평형이 좋아야 한다.

② 클러치의 종류에는 마찰클러치, 전자클러치, 유체클러치가 있다.

③ 쿠션 스프링은 클러치 판의 편 마모 및 파손을 방지한다.

④ 페달의 유격이 작으면 클러치가 미끄러지고 동력전달이 되지 않는다.

23 전자제어 점화장치에서 신호를 기초로 엔진 회전속도를 계측하고 점화시기를 결정하는 센서는?

① 스로틀 위치 센서

② 흡기 온도 센서

③ 산소센서

④ 크랭크각 센서

24 자동변속기의 전진 기어 중 가장 작은 토크를 발생시키는 변속 단은?

① 오버드라이브

② 1단

③ 2단

④ 3단

25 구동 피니언의 잇수가 8, 링 기어의 잇수가 40, 프로펠러 샤프트의 회전수가 1,250rpm일 때, 오른쪽 바퀴의 회전수가 80rpm이라면 왼쪽 바퀴의 회전수는?

① 300rpm

② 360rpm

③ 420rpm

④ 500rpm

QR코드 접속을 통해 풀이시간 측정, 자동 채점
그리고 결과 분석까지!

01 기동전동기에서 고정되어 있는 부분이 아닌 것은?

① 마그네틱 스위치
② 계자코일
③ 정류자
④ 계철

02 자동변속기의 유성기어 장치의 장점에 대한 설명 중 틀린 것은?

① 기어에 하중이 균등하게 분배된다.
② 작은 전달 동력이 전달됐을 때 일반 변속기어보다 비용이 저렴하다.
③ 동력의 차단 없이도 변속 조작이 가능하다.
④ 한 세트의 유성기어 장치에서 다양한 변속비를 만들 수 있다.

03 캠축의 운동에 따라 작동되는 밸브스프링이 가지고 있는 고유 진동수와 캠의 회전수가 일치할 경우 밸브스프링이 공진하는 현상은?

① 시미 현상
② 서징 현상
③ 베이퍼 록 현상
④ 헤지테이션

04 다음 중 커먼레일 엔진(CRDI; Common Rail Direct Injection engine)의 특징으로 옳지 않은 것은?

① 엔진의 고속 회전으로 소음과 진동이 증가한다.
② 초고압에 의한 연소효율이 증대된다.
③ 유해 배기가스가 현저히 감소한다.
④ 연료 분사량의 정밀제어로 디젤 엔진의 출력이 향상된다.

05 다음 중 디젤 엔진과 가솔린 엔진의 비교로 옳지 않은 것은?

① 디젤 엔진이 가솔린 엔진보다 열효율이 낮다.
② 디젤 엔진이 가솔린 엔진보다 연료소비량이 적다.
③ 디젤 엔진이 가솔린 엔진보다 제작비가 비싸다.
④ 디젤 엔진이 가솔린 엔진보다 회전속도 범위가 좁다.

06 전자제어 현가장치(Electronic Control Suspension System)의 특징 중 옳지 않은 것은?

① 선회 시 감쇠력을 조절하여 자동차의 롤링을 방지한다.
② 급출발 시 감쇠력을 조정하여 자동차의 스쿼트를 방지한다.
③ 고속 주행 시 자동차의 주행 안정성을 향상시킨다.
④ 정차 시 뒷좌석에 다수의 인원이 탑승한 경우 감쇠력을 조절하여 자동차의 주행 안정성을 향상한다.

07 전자제어 연료분사 가솔린기관에서 ECU로 입력되지 않는 것은?

① 흡기온도
② 외기온도
③ 냉각수 온도
④ 흡입 공기유량

08 파워스티어링 장착차량이 급커브 길에서 엔진 시동이 꺼지는 주요 원인은?

① 엔진오일의 부족
② 파워스티어링 오일 과다
③ 스티어링 휠의 가벼운 조작력
④ 파워스티어링 오일 압력 스위치의 단선

09 클러치 페달 유격 및 디스크에 대한 설명으로 옳지 않은 것은?

① 페달 유격이 작으면 클러치가 미끄러진다.
② 페달의 리턴 스프링이 약하면 동력 차단이 불량하게 된다.
③ 클러치판에 오일이 묻으면 미끄럼의 원인이 된다.
④ 페달 유격이 크면 클러치 끊김이 나빠진다.

10 저속 시미 현상의 원인이 아닌 것은?

① 앞바퀴의 정렬이 불량하다.
② 타이어의 공기압이 너무 높다.
③ 휠이나 바퀴의 변형이 발생하였다.
④ 앞 현가스프링이 쇠약하다.

11 다음 중 일반적인 엔진오일의 양부 판단 방법으로 옳은 것은?

① 오일의 색깔이 회색에 가까운 것은 가솔린 내의 4에틸납이 혼입되어 있는 것이다.
② 오일의 색깔이 검은색에 가까운 것은 부동액이 혼입되어 있는 것이다.
③ 오일의 색깔이 우유색에 가까운 것은 가솔린이 혼입되었기 때문이다.
④ 오일의 색깔이 붉은색에 가까운 것은 냉각수가 혼입되었기 때문이다.

12 디스크 브레이크와 비교하였을 때 드럼 브레이크의 특성으로 옳은 것은?

① 디스크에 이물질이 묻어도 제동력의 회복이 빠르다.
② 구조가 간단하고 점검 및 정비가 용이하다.
③ 자기 작동 작용이 크다.
④ 평형성이 좋다.

13 다음 중에서 하이브리드 자동차에 대한 설명으로 옳지 않은 것은?

① 내연기관 자동차보다 동력 전달 계통이 단순하다.
② 유해 배기가스 배출량이 내연기관 자동차보다 적어 환경 친화적이다.
③ 기존의 내연기관에 비해 중량이 큰 편이다.
④ 내연기관 자동차보다 엔진의 효율 향상에 도움이 된다.

14 디젤기관에서 연료 분사 시기가 **빠를** 경우 발생하는 현상에 대한 설명으로 옳지 않은 것은?

① 노크를 일으킨다.
② 배기가스가 흑색이다.
③ 기관의 출력이 향상된다.
④ 노크로 인한 소음이 증가한다.

15 다음 중 자동차의 배터리 충전 시 안전한 작업이 아닌 것은?

① 충전 중 전해액의 온도가 약 45℃ 이상 오르지 않도록 한다.
② 자동차에서 배터리 분리 시 (+)단자를 먼저 분리한다.
③ 과충전 및 과방전을 하여서는 안 된다.
④ 충전실은 항상 환기장치가 잘 되어 있어야 한다.

16 주로 발전기 전압조정기에 많이 사용되는 제너 다이오드는 어떤 상태에 이를 때 전류가 역방향으로 흐르게 되는가?

① 낮은 전압
② 서지 전압
③ 낮은 온도
④ 브레이크다운 전압

17 타이어에 표시된 기호와 숫자의 의미가 올바르게 연결된 것은?

P230/60R17 85H

① 230 – 타이어의 폭[mm]
② 60 – 타이어의 높이
③ 17 – 타이어 외경[inch]
④ H – 속도기호, 최고속도 200km/h

18 피스톤과 관련된 점검사항으로 옳지 않은 것은?

① 피스톤 중량
② 피스톤과 실린더 간극
③ 피스톤의 마모 및 균열
④ 피스톤 오일링 홈의 구멍 크기

19 유압식 동력조향장치와 비교하여 전동식 동력조향장치(MDPS)의 특징으로 옳지 않은 것은?

① 유압제어를 하지 않으므로 오일이 필요 없다.
② 유압제어방식의 전자제어 조향장치보다 부품의 수가 적다.
③ 유압제어를 하지 않으므로 오일펌프가 필요 없다.
④ 유압제어방식에 비해 연비를 향상시킬 수 없다.

20 다음 중 커먼레일 디젤 엔진 차량의 계기판에서 경고등 및 지시등의 종류가 아닌 것은?

① 예열플러그 작동 지시등
② DPF 경고등
③ 연료 수분 감지 경고등
④ 연료 차단 지시등

21 공기 청정기가 막혔을 때의 배기가스 색깔로 가장 알맞은 것은?

① 무색
② 백색
③ 흑색
④ 청색

22 다음 중 언더 스티어에 대한 설명으로 옳은 것은?

① 일정한 조향각으로 선회하여 속도를 높였을 때 선회반경이 작아진다.
② 처음에는 선회반경이 밖으로 커지다가 갑자기 안쪽으로 작아진다.
③ 차륜이 원주상의 궤적을 거의 정확하게 선회한다.
④ 일정한 방향으로 선회하여 속도가 상승했을 때 선회반경이 커진다.

23 DLI(Distributer Less Ignition) 점화장치의 구성요소에 해당하지 않는 것은?

① 파워TR
② ECU
③ 로터
④ 이그니션 코일

24 다음의 전자제어식 동력조향장치(EPS)에 대한 설명으로 옳지 않은 것은?

① 저속 주행에서는 조향력을 무겁게, 고속 주행에서는 가볍게 되도록 한다.

② 기존의 유압식 조향장치시스템의 기능을 보완하여 조향 안전성 및 고속 안전성 등을 구현한다.

③ 기존의 동력 조향장치와 일체형이다.

④ 급조향 시 조향하는 방향으로 잡아당기려는 현상을 보상한다.

25 독립현가식 자동차에서 차량 선회 시 롤링(Rolling) 현상을 감소시키고 차체 평형을 유지시켜 주는 장치는?

① 토션 바 스프링

② 스태빌라이저

③ 쇽 업소버

④ 에어 스프링

군무원 차량직·전차직 FINAL 실전 봉투모의고사
제4회 모의고사

차량직·전차직

제1과목	국어	제2과목	자동차공학
제3과목	자동차정비	제4과목	

응시번호		성 명	

〈 안 내 사 항 〉

1. 답안지의 모든 기재 및 표기사항은 반드시 『컴퓨터용 흑색사인펜』으로만 작성하여야 합니다.
   (사인펜에 "컴퓨터용"으로 표시되어 있음) (사인펜 본인 지참)
   * 매년 지정된 펜을 사용하지 않아 답안지가 무효처리 되는 상황이 빈발하고 있으므로, 답안지는 반드시 『컴퓨터용 흑색사인펜』으로만 표기하시기 바랍니다.

2. 답안은 매 문항마다 반드시 하나의 답만 골라 그 숫자에 "●"로 표기해야 하며, 표기한 내용은 수정테이프를 이용하여 정정할 수 있습니다. 단, 시험시행본부에서 수정테이프를 제공하지 않습니다.
   (표기한 부분을 긁는 경우 오답처리 될 수 있으며, 수정스티커 또는 수정액은 사용 불가)
   * 답안지는 훼손·오염되거나 구겨지지 않도록 주의해야 하며, 특히 답안지 상단의 타이밍마크
   (❙ ❙ ❙ ❙ ❙)를 절대로 훼손해서는 안 됩니다.

3. 필기시험 문제 관련 의견제시 기간 : 시험 당일을 포함한 5일간
   * 국방부 군무원채용관리홈페이지(http://recruit.mnd.go.kr) - 시험안내 - 시험묻고답하기

제4회 모의고사

01 언어 예절에 가장 알맞게 발화한 것은?

① (아침에 출근해서 직급이 같은 동료에게) 좋은 아침!
② (집에서 손님을 보낼 때 손위 사람에게) 살펴 가십시오.
③ (윗사람의 생일을 축하하며) 건강하십시오.
④ (관공서에서 손님이 들어올 때) 무엇을 도와 드릴까요?

02 주장하는 말이 범하는 논리적 오류 유형이 다른 하나는?

① 식량을 주면, 옷을 달라고 할 것이고, 그 다음 집을 달라고 할 것이고, 결국 평생직장을 보장하라고 할 것이 틀림없어. 식량 배급은 당장 그만두어야 해.
② 네가 술 한 잔을 마시면, 다시 마시게 되고, 결국 알코올 중독자가 될 거야. 애초부터 술 마실 생각은 하지 마라.
③ 아이들에게 부드럽게 말하면, 아이들은 부모를 무서워하지 않게 되고, 그 부모는 아이들을 망치게 될 겁니다. 아이들에게 엄하게 말하는 것을 두려워하지 마세요.
④ 식이요법을 시작하면 영양 부족에 빠지고, 어설픈 식이요법이 알코올 중독에 이르게 한다는 것을 암시해. 식이요법을 시작하지 못 하게 막아야 해.

03 〈자료〉를 바탕으로 〈보기〉의 문장을 작성하였다. 다음 〈보기〉의 문장 중 띄어쓰기가 옳은 것끼리 묶인 것은?

─〈자 료〉─

한글 맞춤법
[제2항] 문장의 각 단어는 띄어 씀을 원칙으로 한다.
[제41항] 조사는 그 앞말에 붙여 쓴다.
[제42항] 의존 명사는 띄어 쓴다.
[제43항] 단위를 나타내는 명사는 띄어 쓴다.

─〈보 기〉─

㉠ 당신이 문득 나를 알아볼 때까지.
㉡ 한국인 만큼 부지런한 민족이 있을까?
㉢ 돈을 많이 모아서 멋진 집 한 채를 샀다.
㉣ 무궁화는 자랑스럽고 아름다운 꽃 입니다.

① ㉠, ㉡　　　　② ㉠, ㉢
③ ㉡, ㉣　　　　④ ㉢, ㉣

04 다음 중 복수 표준어가 아닌 것은?

① 자장면 – 짜장면
② 나부랭이 – 너부렁이
③ 멀찌가니 – 멀찌감찌
④ 허섭스레기 – 허접쓰레기

05 다음 중 문장의 구조가 다른 것은?

① 농부들은 비가 오기를 고대했다.
② 나는 지금이 중요한 때임을 알고 있다.
③ 형은 대학생이고, 누나는 고등학생이다.
④ 우리 집 앞마당에 드디어 장미꽃이 피었다.

06 다음 중 밑줄 친 단어의 의미 관계가 다른 것은?

① • 눈가에 잔주름이 <u>가다</u>.
　 • 밥을 먹으러 식당에 <u>가다</u>.

② • <u>철</u>에 따라 피는 꽃이 다르다.
　 • 아이들이 <u>철</u>이 너무 없다.

③ • 벽난로에서 장작이 활활 <u>타고</u> 있었다.
　 • 서쪽으로 뻗은 주능선을 <u>타고</u> 산행을 계속했다.

④ • 밥을 식지 않게 아랫목에 <u>묻었다</u>.
　 • 손에 기름이 <u>묻었다</u>.

07 다음의 〈사례〉와 〈보기〉의 언어 특성을 잘못 연결한 것은?

〈사 례〉

(가) '방송(放送)'은 '석방'에서 '보도'로 의미가 변하였다.
(나) '밥'이라는 의미의 말소리 [밥]을 내 마음대로 [법]으로 바꾸면 다른 사람들은 '밥'이라는 의미로 이해할 수 없다.
(다) '종이가 찢어졌어.'라는 말을 배운 아이는 '책이 찢어졌어.'라는 새로운 문장을 만들어 낸다.
(라) '오늘'이라는 의미를 가진 말을 한국어에서는 '오늘 [오늘]', 영어에서는 'today(투데이)'라고 한다.

〈보 기〉

| ㉠ 자의성 | ㉡ 규칙성 | ㉢ 창조성 | ㉣ 사회성 |

① (가) – ㉡　　　　② (나) – ㉣
③ (다) – ㉢　　　　④ (라) – ㉠

08 다음 중 높임법에 대한 설명으로 옳지 않은 것은?

㉠ 아버지께서 할머니를 모시고 댁에 들어가셨다.
㉡ 어머니께서 아주머니께 이 김치를 드리라고 하셨습니다.
㉢ 주민 여러분께서는 잠시만 제 이야기에 귀를 기울여 주시기 바랍니다.

① ㉠, ㉡, ㉢: 문장의 주체를 높이고 있다.
② ㉠, ㉢: 문장의 객체를 높이고 있다.
③ ㉡, ㉢: 듣는 이를 높이고 있다.
④ ㉠, ㉡: 특수한 어휘를 사용하여 높임을 표현하고 있다.

09 외래어 표기가 옳은 것만을 모두 고른 것은?

㉠ vision: 비전
㉡ cardigan: 카디건
㉢ container: 콘테이너
㉣ yellow: 옐로
㉤ lobster: 롭스터

① ㉠, ㉤
② ㉢, ㉣
③ ㉠, ㉡, ㉣
④ ㉡, ㉢, ㉤

10 다음 중 밑줄 친 고유어의 뜻풀이가 옳지 않은 것은?

① 짜장: 과연 정말로
② 곰살맞다: 몹시 부드럽고 친절하다
③ 가리사니: 사물을 분간하여 판단할 수 있는 실마리
④ 비나리: 갑자기 내리는 비

11 다음 중 〈보기〉의 발음 과정에 적용되는 음운 변동 규칙이 아닌 것은?

〈보 기〉
홑이불 → [혼니불]

① 'ㄴ' 첨가
② 두음 법칙
③ 자음 동화
④ 음절의 끝소리 규칙

12 밑줄 친 부분의 함축적 의미로 가장 적절한 것은?

> 그는 피아노를 향하여 앉아서 머리를 기울였습니다. 몇 번 손으로 키를 두드려 보다가는 다시 머리를 기울이고 생각하고 하였습니다. 그러나 다섯 번 여섯 번을 다시 하여 보았으나 아무 효과도 없었습니다. 피아노에서 울려 나오는 음향은 규칙 없고 되지 않은 한낱 소음에 지나지 못하였습니다. 야성? 힘? 귀기? 그런 것은 없었습니다. 감정의 재뿐이 있었습니다.
>
> "선생님, 잘 안 됩니다."
>
> 그는 부끄러운 듯이 연하여 고개를 기울이며 이렇게 말하였습니다.
>
> "두 시간도 못 되어서 벌써 잊어버린담?"
>
> 나는 그를 밀어 놓고 내가 대신하여 피아노 앞에 앉아서 아까 베낀 그 음보를 펴 놓았습니다. 그리고 내가 베낀 곳부터 다시 시작하였습니다.
>
> 화염! 화염! 빈곤, 주림, 야성적 힘, 기괴한 감금당한 감정! 음보를 보면서 타던 나는 스스로 흥분이 되었습니다.
>
> – 김동인, 「광염 소나타」

① 화려한 기교가 없는 연주
② 악보와 일치하지 않는 연주
③ 도저히 이해할 수 없는 연주
④ 기괴한 감정이 느껴지지 않는 연주

13 다음 글의 주제로 옳은 것은?

> 야생 동물이 건강에 좋은 먹을거리를 선택한다는 것은 이미 과학적으로 입증되었다. 그 수준도 '동물 따위가 뭘 알겠어.' 하고 치부하기에는 놀라울 정도로 높다. 예를 들면 동물은 기운을 북돋기 위해 흥분제 성분이 들어 있는 과일이나 환각 작용을 일으키는 버섯, 아편 성분이 들어 있는 양귀비 등 향정신성 먹을거리를 즐겨 섭취한다. 개중에는 흥분제에 중독 증상을 보이는 동물도 있다. 더욱 놀랄 만한 사실은 교미 시의 생산 능력을 높이기 위해 자연에 널려 있는 '최음제'를 먹는 경우마저 있다는 사실이다. 사막에 사는 거북은 칼슘을 찾아 사막을 몇십 킬로미터씩 여행한다. 칼슘은 거북의 껍질을 단단하게 만드는 데 필요한 성분이다. 원숭이와 곰 등은 신맛이 나는 기름과 고약한 냄새의 송진을 온몸에 즐겨 바른다. 이러한 냄새들은 벌레에 물리는 것을 막아줄 뿐만 아니라 세균 감염도 예방해 준다. 침팬지는 털이 난 나뭇잎을 독특한 방법으로 뭉쳐서 삼킨다. 잎에 난 털이 식도로 넘어가며 식도 주위의 기생충들을 청소해 준다. 개와 고양이가 가끔 풀을 뜯어먹는 것도 비슷한 이유다. 이 풀들은 기생충과 함께 소화되지 않고 몸 바깥으로 배설된다. 새들은 특정한 향이 나는 허브 잎을 모아 둥지를 둘러싼다. 잎의 향 때문에 진드기와 벼룩이 둥지로 접근하지 못한다. 코끼리는 나트륨 성분을 섭취하기 위해 소금을 먹는다. 만약 소금이 모자라면 새로운 소금 동굴을 찾기 위해 죽음을 무릅쓴 집단 이동도 마다하지 않는다. 붉은원숭이는 주식인 나뭇잎이 함유하는 독성 성분을 없애기 위해 숯을 먹는다. 보통 동물들은 모체로부터 이 같은 식습관을 배운다. 하지만 동물들이 먹을거리의 의학적 효능에 대해 정확하게 알고 있는 것은 아니다. 침팬지와 원숭이가 기생충을 제거하기 위해 먹는 나뭇잎의 종류는 30가지가 넘는다. 만약 침팬지가 나뭇잎을 먹는 이유를 정확하게 알고 있다면 털이 가장 부숭부숭한 나뭇잎을 골라 먹을 것이다.

① 동물은 질병을 치료하는 물을 알고 있다.
② 동물은 어느 자연환경에서나 잘 적응할 수 있다.
③ 동물은 각각 좋아하는 음식이 따로 있다.
④ 동물은 스스로를 자연적으로 치유하는 방법에 대해 선천적으로 알고 있다.

14 다음 〈보기〉를 참고하여 ㉠~㉣에 대해 설명한 내용으로 적절하지 않은 것은?

> 집의 옷밥을 언고 들먹는 져 고공(雇工)아,
> 우리 집 긔별을 아는다 모로는다.
> 비 오는 눌 일 업술지 숫 꼬면셔 니루리라.
> ㉠ 처음의 한어버이 사룸스리 후려 홀 직,
> 인심(仁心)을 만히 쓰니 사룸이 졀로 모다,
> ㉡ 풀 썻고 터을 닷가 큰 집을 지어 내고,
> 셔리 보십 장기 쇼로 전답(田畓)을 긔경(起耕)후니,
> ㉢ 오려논 터밧치 여드레 구리로다.
> 자손(子孫)에 전계(傳繼)후야 대대(代代)로 나려오니,
> 논밧도 죠커니와 고공도 근검(勤儉)터라.
> 저희마다 여름 지어 가움여리 사던 것슬,
> 요스이 고공들은 헴이 어이 아조 업서,
> 밥사발 큰나 쟈그나 동옷시 죠코 즈나,
> ㉣ 무음을 듯호는 듯 호슈(戶首)을 식오는 듯,
> 무슴 일 갬드러 흘긋할긋 후는순다.
> 너희닉 일 아니코 시절(時節) 좃추 스오나와,
> 굿득의 뇌 세간이 플러지게 되야는듸,
> 엇그지 화강도(火强盜)에 가산(家産)이 탕진(蕩盡)후니,
> 집 호나 불타 붓고 먹을 껏시 전혀 업다.
> 크나큰 세스(歲事)을 엇지호여 니로려료.
> 김가(金哥) 이가(李哥) 고공들아 시 무음 먹어슬라.
>
> — 허전, 「고공가(雇工歌)」

〈보 기〉

이 작품은 조선 왕조의 창업부터 임진왜란 직후의 역사를 농사일이나 집안 살림에 빗대는 방식을 활용하고 있다. 특히 제 역할을 하지 않고 서로 시기하고 반목하는 요즘 고공들의 행태를 질책하고 있다.

① ㉠: 태조 이성계가 조선 왕조를 창업한 사실과 관련지을 수 있다.

② ㉡: 나라의 기초를 닦은 조선 왕조의 모습과 관련지을 수 있다.

③ ㉢: 조선의 땅이 외침으로 인해 피폐해진 현실과 관련지을 수 있다.

④ ㉣: 신하들이 서로 다투고 시기하는 상황과 관련지을 수 있다.

15 다음 중 ㉠~㉣에 대한 설명으로 옳지 않은 것은?

> ㉠ 못난 놈들은 서로 얼굴만 봐도 흥겹다
> 이발소 앞에 서서 참외를 깎고
> 목로에 앉아 막걸리를 들이켜면
> 모두들 한결같이 친구 같은 얼굴들
> ㉡ 호남의 가뭄 얘기 조합 빚 얘기
> 약장수 기타 소리에 발장단을 치다 보면
> 왜 이렇게 자꾸만 서울이 그리워지나
> 어디를 들어가 섰다라도 벌일까
> 주머니를 털어 색싯집에라도 갈까
> ㉢ 학교 마당에들 모여 소주에 오징어를 찢다
> 어느새 긴 여름 해도 저물어
> 고무신 한 켤레 또는 조기 한 마리 들고
> ㉣ 달이 환한 마찻길을 절뚝이는 파장
>
> — 신경림, 「파장」

① ㉠: 농민들이 서로에게 느끼는 유대감을 보여 준다.

② ㉡: 농민들이 겪는 여러 가지 어려움이 나타난다.

③ ㉢: 어려움을 극복한 농민들의 흥겨움이 드러난다.

④ ㉣: 농촌의 힘겨운 현실을 시적으로 형상화하고 있다.

[16~17] 다음 글을 읽고 물음에 답하시오.

도르래는 둥근 바퀴에 튼튼한 줄을 미끄러지지 않도록 감아 무거운 물체를 들어 올리는 데 사용하는 도구이다. 가장 기본이 되는 도르래는 고정도르래와 움직도르래이다. 그렇다면 두 도르래의 차이는 어떤 것이 있을까?

우선 고정도르래부터 살펴보도록 하자. 고정도르래는 힘의 방향만 바꾸어 주는 도르래로 줄을 감은 바퀴의 중심축이 고정되어 있다. 힘의 이득을 볼 수는 없지만, 힘의 작용 방향을 바꿀 수 있는 장점이 있다. 고정도르래를 사용할 때는 줄의 한쪽에 물체를 걸고 다른 쪽 줄을 잡아 당겨 물체를 원하는 높이까지 움직인다. 이때 물체를 들어 올리는 힘은 줄 하나가 지탱하고 있다. 따라서 직접 들어 올리는 것과 비교해 힘의 이득은 없으며 단지 고정도르래 때문에 줄을 당기는 힘의 방향만 바뀐다. 하지만 물체를 높은 곳으로 직접 들어 올리는 것보다는 줄을 아래로 잡아당김으로써 물체를 올리는 방법이 훨씬 편하다. 또한 물체를 1미터 들어 올리기 위해 잡아당기는 줄의 길이도 1미터면 된다.

한편 움직도르래는 힘의 이득을 보기 위해 사용한다. 움직도르래를 사용할 때는 도르래에 줄을 감고 물체를 들어 올린다. 움직도르래는 도르래 축에 직접 물체를 매달기 때문에 줄을 당기면 물체와 함께 도르래도 움직인다. 이때 물체를 지탱하는 줄은 두 가닥이 된다. 물체의 무게는 각 줄에 분산되어 두 사람이 각각의 줄을 잡고 동시에 들어 올리는 효과가 난다. 따라서 움직도르래 한 개를 사용하면 물체 무게의 2분의 1의 힘으로 물체를 움직일 수 있게 되는 것이다. 하지만 물체를 1미터 들어 올리기 위해 당겨야 하는 줄의 길이는 물체가 올라가는 높이의 두 배인 2미터이다. 왜냐하면 물체가 1미터 올라갈 때 물체를 지탱하는 두 줄도 동시에 1미터씩 움직여야 하는데, 줄을 당기는 쪽으로 줄이 감기게 되기 때문이다. 그래서 움직도르래를 이용하여 물체를 들어 올리면 줄의 길이는 물체가 움직여야 하는 높이의 두 배가 필요하게 된다.

16 다음 중 윗글의 내용과 일치하는 것은?

① 고정도르래는 도르래 축에 물체를 직접 매달아 사용한다.

② 움직도르래와 고정도르래를 함께 사용해야 물체의 무게가 분산된다.

③ 움직도르래로 물체를 들어 올릴 수 있는 높이는 줄의 길이에 영향을 받는다.

④ 고정도르래는 줄을 당기는 힘의 방향과 물체에 작용하는 힘의 방향이 일치한다.

17 다음 중 윗글의 내용 전개 방식으로 가장 적절한 것은?

① 구체적 사례를 통해 개념 이해를 돕고 있다.

② 대상의 차이점을 중심으로 특징을 설명하고 있다.

③ 대상의 인과 관계에 초점을 맞추어 설명하고 있다.

④ 특정 기술이 발달한 과정을 순서대로 제시하고 있다.

18 다음 글을 순서대로 바르게 나열한 것은?

(가) 제임스 러브록이 말하는 사이보그는 우리가 아는 것과 조금 다르다. 그는 사이보그를 오늘날 로봇과 인공지능(AI) 시스템의 후예로 자급자족하고 자각할 수 있는 존재라고 묘사했다. 이는 뇌를 제외한 팔다리나 장기를 기계로 바꾼 개조 인간을 뜻하는 사이보그보다 AI 로봇의 의미에 가깝다.

(나) 제임스 러브록은 "사이보그를 생물의 또 다른 계(king-dom)라고 생각한다."면서 "그들은 인간이 동물계로서 식물계 위에 선 것처럼 우리 위에 설 것"이라고 말했다. 러브록은 계속해서 자신을 개선할 수 있는 AI 시스템의 발명은 노바세의 결실에 다가가는 중요한 핵심 요소라고 말했다.

(다) 지구를 하나의 작은 생명체로 보는 '가이아 이론'의 창시자인 제임스 러브록은 인간은 인공지능(AI) 로봇에 의해 지구 최상위층 자리를 내줄 수도 있다고 경고하고 나섰다. 제임스 러브록은 가이아 이론을 '노바세(Novacene)'에서 이렇게 밝혔다. 러브록은 "인간의 우위가 급격히 약해지고 있다. 미래에는 인간이 아니라 스스로 설계하고 만드는 존재들이 우위에 설 것"이라면서 "난 그들을 쉽게 사이보그라고 부른다."고 말했다.

(라) 만일 지구가 멸망 위기에 직면하면 사이보그는 대규모 지구공학을 이용해 지구를 인간보다 자신들 환경에 맞게 바꿔놓으려 할 수도 있을 것이라고 그는 설명했다. 그러면 세계는 산소나 물을 필요하지 않는 사이보그에게 맞게 변해 인간의 생존에는 적합하지 않을 수도 있다는 것이다. 하지만 이보다 가능성이 높은 상황은 지능이 매우 높은 사이보그들은 지구에서 지내기 어려운 상황이 되기 전에 지구를 떠나는 길을 선택할 수도 있다.

① (가) – (나) – (다) – (라)
② (나) – (가) – (라) – (다)
③ (다) – (가) – (나) – (라)
④ (라) – (나) – (다) – (가)

19 밑줄 친 한자성어의 쓰임이 적절하지 않은 것은?

① 말이 너무 번드르해 미덥지 않은 자들은 대부분 口蜜腹劍형의 사람이다.
② 그는 싸움다운 전쟁도 못하고 一敗塗地가 되어 고향으로 달아나고 말았다.
③ 그에게 마땅히 대응했어야 했는데, 그대는 어찌하여 首鼠兩端하다가 시기를 놓쳤소?
④ 요새 신입생들이 선배들에게 예의를 차릴 줄 모르는 걸 보면 참 後生可畏하다는 생각이다.

20 다음 작품에 대한 설명으로 적절하지 않은 것은?

기심 매러 갈 적에는 갈뽕을 따 가지고
기심 매고 올 적에는 올뽕을 따 가지고
삼간방에 누어 놓고 청실홍실 뽑아 내서
강릉 가서 날아다가 서울 가서 매어다가
하늘에다 베틀 놓고 구름 속에 이매 걸어
함경나무 바디집에 오리나무 북게다가
짜궁짜궁 짜아 내어 가지잎과 뭅거워라
배꽃같이 바래워서 참외같이 올 짓고
외씨 같은 보선 지어 오빠님께 드리고
겹옷 짓고 솜옷 지어 우리 부모 드리겠네

– 작자 미상, 「베틀 노래」

① 노동 현실에 대한 한과 비판이 드러나 있다.
② 대구법과 직유법 등의 표현 기법을 사용하고 있다.
③ 4 · 4조의 운율과 언어유희로 리듬감을 형성하고 있다.
④ 화자의 상상력을 바탕으로 과장되게 표현한 부분이 나타나 있다.

21 다음 중 ㉠~㉣의 지시 대상이 같은 것끼리 묶인 것은?

> 서은: 지난번 샀던 ㉠이 과자는 별로 맛이 없어. ㉡그 과자는 어때?
> 지희: 응. ㉢이 과자는 꽤 맛있던데, 서은아 저 과자 먹어봤니?
> 서은: 아니, ㉣저 과자는 안 먹어봤는데.

① ㉠, ㉢
② ㉠, ㉣
③ ㉡, ㉢
④ ㉡, ㉣

[22~23] 다음 글을 읽고 물음에 답하시오.

기업은 다른 기업들과의 경쟁에서 이기고, 자신이 설정한 경영 목표를 달성하기 위해서 기업의 사업 내용과 목표시장 범위를 결정하는데, 이를 기업전략이라고 한다. 즉, 기업전략은 다양한 사업의 포트폴리오*를 전사적(全社的) 차원에서 어떻게 구성하고 조정할 것인가를 결정하는, 즉 참여할 사업을 결정하는 것이라고 할 수 있다.

기업전략의 구체적 예로 기업 다각화 전략을 들 수 있다. 기업 다각화 전략은 한 기업이 복수의 산업 또는 시장에서 복수의 사업을 영위하기 위한 전략으로, 제품 다각화 전략, 지리적 시장 다각화 전략, 제품 시장 다각화 전략으로 크게 구분된다. 이는 다시 제품이나 판매 지역 측면에서 관련된 사업에 종사하는 관련 다각화와 관련이 없는 사업에 종사하는 비관련 다각화로 구분된다. 리처드 러멜트는 미국의 다각화 기업을 구분하며, 관련 사업에서 70% 이상의 매출을 올리는 기업을 관련 다각화 기업, 70% 미만의 매출을 올리는 기업을 비관련 다각화 기업으로 명명했다.

기업 다각화는 범위의 경제성을 창출함으로써 수익 증대에 기여한다. 범위의 경제성이란 하나의 기업이 동시에 복수의 사업 활동을 하는 것이, 복수의 기업이 단일의 사업 활동을 하는 것보다 총비용이 적고 효율적이라는 이론이다. 범위의 경제성은 한 기업이 여러 제품을 동시에 생산할 때, 투입되는 요소 중 공통적으로 투입되는 생산요소가 존재하기 때문에 투입 요소 비용이 적게

발생한다는 사실을 통해 설명된다.

또한 다각화된 기업은 기업 내부 시장을 활용함으로써 새로운 가치를 창출할 수 있다. 여러 사업부에서 나오는 자금을 통합하여 활용할 수 있는 내부 자본시장을 갖추었을 뿐 아니라 여러 사업부에서 훈련된 인력을 전출하여 활용할 수 있는 내부 노동시장도 갖추었기 때문이다. 새로운 인력을 채용하여 교육시키는 데 많은 시간과 비용이 들어감을 고려하면, 다각화된 기업은 신규 기업에 비해 훨씬 우월한 위치에서 경쟁할 수 있다.

한편 다각화를 함으로써 기업은 사업 부문들의 경기 순환에서 오는 위험을 줄일 수 있다. 예를 들어 기업의 주력 사업이 반도체, 철강, 조선과 같이 불경기와 호경기가 반복적으로 순환되는 사업 분야일수록, 기업은 (㉠) 분야의 다각화를 함으로써 경기가 불안정할 때에도 자금 순환의 안정성을 비교적 (㉡)할 수 있다.

* 포트폴리오: 다양한 투자 대상에 분산하여 자금을 투입하여 운용하는 일

22 윗글의 문맥을 고려하여, 윗글의 ㉠, ㉡ 부분에 들어갈 단어를 가장 적절하게 추론한 것은?

	㉠	㉡
①	비관련	제거
②	비관련	확보
③	관련	제거
④	관련	확보

23 윗글에 대한 이해로 가장 적절한 것은?

① 다각화된 기업은 여러 사업부에서 나오는 자금을 통합하여 활용할 수 없다.

② 범위의 경제성에 의하면 한 기업이 제품A, 제품B를 모두 생산하는 것은, 서로 다른 두 기업이 각각 제품A, 제품B를 생산하는 것보다 비효율적이다.

③ 리처드 러멜트에 의하면, 관련 사업에서 50%의 매출을 올리는 기업은 관련 다각화 기업이다.

④ 신규 기업은 새로운 인력을 채용하고 교육하는 것에 부담이 있다.

[24~25] 다음 글을 읽고 물음에 답하시오.

벤담과 같은 고전적인 공리주의에서는 사람들의 행복은 계측과 합계가 가능하다고 생각하기 때문에, 행복에 공통의 기준이 성립되어 있다고 여긴다. 벤담의 효용이라는 개념은 공통의 통화를 제공하는 것이다.

이런 생각을 근거로 한 것이 비용편익분석이다. 어떤 정책이나 행동이 얼마만큼의 행복을 가져오고 동시에 얼마만큼의 비용이 드는가를 화폐 가치로 환산해서 그 차액으로 정책이나 행동을 결정하는 것이다.

비용편익분석의 사례로 체코에서 일어난 필립 모리스 담배 문제를 소개할 수 있다. 담배 때문에 사람이 죽게 되는 경우, 살아 있는 동안 국가의 의료비 부담은 늘어나지만, 흡연자는 빨리 사망하기 때문에 연금, 고령자를 위한 주택 등의 예산이 절약되어 국가 재정에는 오히려 도움이 된다. 국민들이 담배를 피울 때 국가의 비용보다 편익이 크므로 국가는 담배를 금하지 말고 계속 피우게 하는 편이 좋다는 이 결과에 인간의 생명을 경시하는, 비인도적인 발상이라는 비난 여론이 들끓었다. 결국 필립 모리스는 사죄하게 되었다.

포드사는 소형자동차 핀토의 결함을 수리할 것인가에 대해 판단하기 위해 비용편익분석을 하였다. 차의 결함으로 인한 사고로 죽는 인간의 생명이나 부상자들의 부상을 그들에게 배상해야 할 금액으로 환산해서 이것을 (㉠) 속에 넣고 결함을 개량하는 데 드는 비용이 편익보다 많기 때문에 인명이 희생되더라도 결함을 개량하지 않는 편이 낫다고 결정했다. 그 외에도 환경보호국의 분석에서 고령자의 생명을 화폐로 환산하면서 할인했다는 예, 자동차의 제한용편익분석에서 인명을 화폐로 환산해서 인명을 잃은 비용보다 방지 대책에 드는 비용이 크다는 이유로 행위나 정책이 정당화되었다는 예도 있다.

결국 비용편익분석과 같은 결과주의의 생각, 즉 인명 희생의 방치나 정당화와 같이 도덕적으로 허용되지 않는 답을 이끌어낸 사례들을 지적하면서 '비용과 편익을 분석하는 주체는 누가 되어야 하는가?'와 같은 문제를 제기할 수 있다.

24 ㉠에 들어갈 내용으로 가장 적절한 것은?

① 수리의 비용
② 수리의 편익
③ 사고의 비용
④ 사고의 편익

25 윗글의 서술 방식으로 가장 적절한 것은?

① 구체적인 사례를 제시하여 논지를 전개하고 있다.
② 비교와 대조를 통해 대상의 특징을 드러내고 있다.
③ 철학적 사상을 근거로 삼아 설득력을 높이고 있다.
④ 문제 상황과 대안을 제시하고 타당성을 검증하고 있다.

01 추진축의 슬립 이음은 어떤 변화를 일으키는가?

① 추진축의 길이
② 추진축의 각도
③ 회전 속도
④ 회전 토크

02 다음 중 전자제어 현가장치(ECS; Electronic Control Suspension System)의 입력 센서가 아닌 것은?

① 차속 센서
② 냉각 수온 센서
③ 자동변속기 인히비터 스위치
④ 모드 선택 스위치

03 자동차의 주행저항 성분에 대한 설명으로 옳지 않은 것은?

① 구름저항은 구름저항계수와 구동력의 곱이다.
② 공기저항은 공기밀도, 전면 투영 면적, 주행속도, 그리고 자동차 형상의 영향을 받는다.
③ 가속저항은 자동차의 주행방향 가속과 회전부품의 회전 가속에 의한 저항 성분의 합이다.
④ 화물자동차나 대형버스와 같은 중량 자동차는 회전 상당 관성질량이 크기 때문에 가속저항이 크다.

04 다음 중 전자제어 제동장치(ABS)의 기능으로 옳지 않은 것은?

① 자동차의 조향성 및 방향에 대한 안전성을 유지할 수 있다.
② 제동력을 발휘하여 슬립률에 의한 최적의 제동거리를 실현한다.
③ 후륜의 고착을 방지하여 차체의 스핀으로 인한 전복을 방지한다.
④ 건조한 노면에 위치한 바퀴에 작용하는 유압을 감압시키며, 차륜의 신속한 고착을 유지한다.

05 다음 회로에서 합성저항[Ω]은 약 얼마인가?

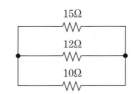

15Ω
12Ω
10Ω

① 0.25Ω
② 3.0Ω
③ 3.6Ω
④ 4.0Ω

06 단기통 기관에서 총 마찰력이 15kgf, 피스톤의 평균 속도가 13m/s일 때, 마찰로 인한 엔진 손실 마력은?

① 2.4PS
② 2.5PS
③ 2.6PS
④ 2.7PS

07 디젤 엔진의 노크를 방지하는 대책이 아닌 것은?

① 압축비를 높게 한다.
② 세탄가가 낮은 연료를 사용한다.
③ 실린더 벽의 온도를 높게 유지한다.
④ 엔진의 회전 속도를 빠르게 한다.

08 전자제어 조향장치 형식에서 주행 상태를 자동 판별하여 펌프의 회전 속도를 최적화하여 조향력을 제어하는 방식은?

① 전동펌프식
② 속도감응식
③ 유압반력제어식
④ 밸브특성제어식

09 다음 〈보기〉에서 리시버 드라이어의 기능으로 적절한 것을 모두 고른 것은?

―――――――〈보 기〉―――――――
㉠ 이물질 제거 기능
㉡ 압력 조절 기능
㉢ 냉매 저장 기능
㉣ 기포 흡수 기능

① ㉠, ㉡
② ㉠, ㉡, ㉢
③ ㉠, ㉡, ㉣
④ ㉠, ㉡, ㉢, ㉣

10 연료 탱크 등에서 발생한 연료 증발 가스를 포집하는 장치는?

① PCSV(Purge Control Solenoid Valve)
② 캐니스터
③ 산소 센서
④ PCV(Positive Crankcase Ventilation)

11 자동차 연소실의 구비조건으로 옳지 않은 것은?

① 압축행정 끝에 강력한 와류를 일으키는 구조여야 한다.
② 원활한 연소를 위해 연소실이 차지하는 표면적이 커야 한다.
③ 가열되기 쉬운 돌출부가 없어야 한다.
④ 노킹을 일으키지 않는 형상이어야 한다.

12 가솔린 엔진에서 연소 속도에 영향을 미치는 요소가 아닌 것은?

① 온도
② 압력
③ 공연비
④ 밸브 오버랩

13 자기 인덕턴스가 0.5H인 코일에서 0.04초 동안 6A 변했다면, 이때 발생한 기전력은?

① 65V
② 70V
③ 75V
④ 80V

14 전자제어 연료분사장치의 특징으로 옳지 않은 것은?

① 연료 소비가 절감된다.
② 엔진 출력과 응답성이 향상된다.
③ 냉간 시동 시 연료를 증량시켜 시동성이 향상된다.
④ 감속 시 배기가스의 유해 성분이 증가한다.

15 자동차 타이어에서 일어나는 현상의 설명으로 옳지 않은 것은?

① 시미(Shimmy) 현상: 타이어의 동적 불평형으로 밸런스가 잡혀 있지 않을 때 일어난다.
② 하이드로 플래닝(Hydroplaning): 수막현상으로 트레드 마모가 심하면 발생한다.
③ 트램핑(Tramping) 현상: 타이어의 정적 불평형으로 밸런스가 잡혀 있지 않을 때 일어난다.
④ 휠 밸런스(Wheel Balance) 이상: 타이어의 공기압이 규정 압력보다 낮은 상태에서 자동차가 고속으로 달릴 때 타이어가 완전하게 펴지 못하고 주름이 접히는 현상이다.

16 화재의 분류 기준에서 전기기구나 기계 등의 전기화재는?

① A급 화재
② B급 화재
③ C급 화재
④ D급 화재

17 자동변속기의 특성 중 주행 시 변속점 경계구간에서 변속이 빈번하게 일어나는 현상은?

① 킥 다운
② 히스테리시스
③ 시프트 업
④ 시프트 다운

18 스프링 정수가 9kgf/mm인 자동차 코일 스프링을 2.5cm 압축할 때 필요한 힘은?

① 22.5kgf
② 112kgf
③ 225kgf
④ 250kgf

19 다음 중 에탁스(ETACS)의 기능 항목이 아닌 것은?

① 감광식 룸램프
② 점화 키 홀 조명
③ 에어백
④ 와셔 연동 와이퍼

20 자동차 엔진에 과냉 현상이 발생했을 때에 대한 설명으로 옳지 않은 것은?

① 연료의 응축으로 연소가 불량해진다.
② 엔진 오일의 점도가 높아져 회전저항이 커진다.
③ 연료가 쉽게 기화하지 못한다.
④ 조기 점화 또는 노크가 발생한다.

21 일체식 현가장치와 비교할 때 독립식 현가장치의 장점이 아닌 것은?

① 스프링 정수가 적은 스프링도 사용 가능하다.
② 선회 시 감쇠력을 조절하여 롤링을 방지하기 때문에 주행안정성이 우수하다.
③ 앞바퀴의 시미 현상이 잘 일어나지 않는다.
④ 스프링 아래 질량이 작기 때문에 승차감이 향상된다.

22 연소실 체적이 20cm^3, 행정체적이 200cm^{3}인 기관의 압축비는?

① 5 : 1
② 11 : 1
③ 15 : 1
④ 20 : 1

23 LPG 연료를 사용하는 자동차의 연료공급 순서로 가장 옳은 것은?

① LPG봄베 → 솔레노이드 유닛 → 프리히터 → 베이퍼라이저 → 믹서 → 엔진
② LPG봄베 → 솔레노이드 유닛 → 프리히터 → 믹서 → 베이퍼라이저 → 엔진
③ LPG봄베 → 솔레노이드 유닛 → 베이퍼라이저 → 프리히터 → 믹서 → 엔진
④ LPG봄베 → 프리히터 → 솔레노이드 유닛 → 베이퍼라이저 → 믹서 → 엔진

24 자동변속기에 대한 설명으로 옳지 않은 것은?

① 조작이 간단하여 피로가 경감된다.
② 연료 소비면에서 경제적이다.
③ 조작 미숙으로 인한 엔진 가동 정지가 없다.
④ 각 요소의 제어에 의해 변속시기 및 조작이 자동으로 이루어진다.

25 수동변속기 차량에서 클러치의 필요조건으로 옳지 않은 것은?

① 구조가 간단하고 조작이 쉬워야 한다.
② 방열이 잘되어 과열되지 않아야 한다.
③ 회전관성이 커야 한다.
④ 접속이 원활하고, 차단은 확실해야 한다.

제3과목: 자동차정비

QR코드 접속을 통해 풀이시간 측정, 자동 채점 그리고 결과 분석까지!

01 자동차로부터 배출되는 유해가스 종류로 분류되지 않는 것은?

① 배기 가스
② 냉매 가스
③ 연료 증발 가스
④ 블로바이 가스

02 전기자동차의 구동에 사용되는 모터의 특징으로 옳지 않은 것은?

① 교류 모터는 같은 출력을 내는 직류 모터에 비하여 가격이 저렴하다.
② 교류 모터는 크기에 비하여 모터의 효율과 토크가 비교적 크다.
③ 전원은 축전지의 직류전원이며, 속도 제어가 용이해야 한다.
④ 교류 모터는 보수 유지비용의 경우 상대적으로 비싸지만 수명이 길다.

03 기관의 압축압력을 측정할 때 사전 준비 작업이 아닌 것은?

① 엔진은 작동온도로 할 것
② 모든 점화 플러그를 뺄 것
③ 스로틀 보디를 뗄 것
④ 공기청정기를 뗄 것

04 자동변속기 전자제어장치 정비 시 안전 및 유의사항으로 옳지 않은 것은?

① 펄스제너레이터 출력전압 파형 측정 시 주행 중에 측정한다.
② 컨트롤 케이블을 점검할 때는 브레이크 페달을 밟고, 주차브레이크를 완전히 채우고 점검한다.
③ 차량을 리프트에 올려놓고 바퀴 회전 시 주위에 떨어져 있어야 한다.
④ 부품센서 교환 시 점화 스위치 OFF 상태에서 축전기 접지 케이블을 탈거한다.

05 밸브 스프링의 서징 현상을 방지하기 위한 방법으로 옳지 않은 것은?

① 밸브 스프링의 고유진동수를 높게 한다.
② 고유진동수가 다른 2개의 스프링을 함께 사용한다.
③ 정해진 양정 내 충분한 스프링 정수를 얻도록 한다.
④ 사각형 스프링을 사용한다.

06 자동차용 납산 축전지에 대한 특징으로 옳지 않은 것은?

① 일반적으로 축전지 음극 단자는 양극 단자보다 작다.
② 정전압 충전이란 충전 초기부터 완료까지 일정한 전압으로 충전하는 방식을 말한다.
③ 납산 축전지의 온도가 낮아지면 전해액의 비중도 낮아진다.
④ 축전지를 과방전 상태로 오래 두면 극판이 영구 황산납화된다.

07 다음 〈보기〉에서 (가)와 (나)에 들어갈 내용으로 옳은 것은?

〈보 기〉

(가)는 드라이브 라인에서 앞바퀴 구동차의 종감속 장치로 연결된 구동 차축에 설치되어 바퀴에 동력을 주로 전달하는 이음 방식이고 (나)는 변속기 주축 뒤 끝에 스플라인을 통해 설치되어 추진축의 길이 변화를 주기 위한 이음 방식이다.

	(가)	(나)
①	십자형 자재 이음	슬립 이음
②	슬립 이음	등속도(CV) 자재 이음
③	등속도(CV) 자재 이음	슬립 이음
④	등속도(CV) 자재 이음	십자형 자재 이음

08 교류발전기의 점검 및 취급 시 안전사항으로 옳지 않은 것은?

① 성능 시험 시 다이오드가 손상되지 않도록 한다.
② 발전기 탈착 시 축전지 접지케이블을 먼저 제거한다.
③ 세차할 때는 발전기를 물로 깨끗이 세척한다.
④ 발전기 브러시는 1/2 마모 시 교환한다.

09 브레이크 장치에서 급제동 시 마스터 실린더에 발생된 유압이 일정압력 이상이 되면 휠 실린더 쪽으로 전달되는 유압상승을 제어하여 차량의 쏠림을 방지하는 장치는?

① 하이드롤릭 유닛(Hydraulic Unit)
② 리미팅 밸브(Limiting Valve)
③ 스피드 센서(Speed Sensor)
④ 솔레노이드 밸브(Solenoid Valve)

10 동력조향장치의 스티어링 휠 조작이 무거울 때 의심되는 고장 부위 중 가장 거리가 먼 것은?

① 오일탱크의 오일이 부족한 경우
② 규격에 맞지 않는 광폭타이어를 장착한 경우
③ 스티어링 기어박스의 과다한 백래시가 발생한 경우
④ 랙 피스톤의 손상으로 인한 내부 유압 작동이 불량한 경우

11 다음 중 가변흡기 시스템의 특징으로 옳지 않은 것은?

① 고속 영역에서 흡기관의 길이를 짧게 하여 공기를 빠르게 유입시킨다.
② 저속 영역에서 흡기관의 길이를 길게 하여 공기를 느리게 유입시킨다.
③ 4밸브 기관에서 저속성능의 저하를 방지하고 저·중속 토크 및 연비 향상에 도움을 준다.
④ 공기유량을 가변적으로 조절하여 rpm에 따라 다른 출력을 낸다.

12 조향장치 중 애커먼 장토식의 특징으로 옳지 않은 것은?

① 조향 각도를 최대로 하고 선회할 때 선회하는 안쪽 바퀴의 조향각이 바깥쪽 바퀴의 조향 각보다 작게 된다.
② 뒷 차축 연장선상의 한 점을 중심으로 동심원을 그리면서 선회한다.
③ 조향 핸들 조작에 따른 저항을 감소시킬 수 있다.
④ 사이드슬립을 방지할 수 있다.

13 에어컨 매니폴드 게이지(압력게이지) 접속 시 주의할 사항으로 옳지 않은 것은?

① 매니폴드 게이지를 연결할 때에는 모든 밸브를 잠근 후 실시한다.
② 밸브를 열어 놓은 상태로 에어컨 사이클에 접속한다.
③ 황색 호스를 진공펌프나 냉매 회수기 또는 냉매 충전기에 연결한다.
④ 냉매가 에어컨 사이클에 충전되어 있을 때에는 충전호스, 매니폴드 게이지의 밸브를 전부 잠근 후에 분리한다.

14 흡기다기관 설계 시 요구조건으로 잘못된 것은?

① 흡입효율이 양호하며, 안정된 운전 성능을 얻을 수 있어야 한다.
② 균일한 혼합기가 유입될 수 있도록 설계해야 한다.
③ 공기 유동을 위해 내부의 표면은 돌기가 있도록 가공한다.
④ 연소 촉진을 위해 와류를 일으키도록 해야 한다.

15 점화장치에서 파워 TR(트랜지스터)의 특징으로 옳지 않은 것은?

① 파워 TR은 점화 1차코일의 전류를 단속하는 부품으로 고장 시 엔진의 시동이 걸리지 않는다.
② 정해진 저항값에 따라 전류를 변화시켜 블로워 모터의 회전수 조절을 위해 사용된다.
③ 컬렉터는 점화코일 단자와 연결되어 있으며 이미터 단자는 접지되어 있다.
④ 파워 TR에서 ECU에 의해 제어되는 단자는 베이스 단자이다.

16 자동차의 축간거리가 2.5m, 바퀴접지면의 중심과 킹핀과의 거리가 20cm인 자동차를 좌회전할 때 우측바퀴의 조향각은 30°, 좌측바퀴의 조향각은 32°라면 최소회전반경은?

① 3.3m
② 4.8m
③ 5.2m
④ 6.5m

17 다음 중 액화석유가스(LPG)의 특징으로 옳지 않은 것은?

① 황 성분이 있어서 부식이 적다.
② 연료의 발열량이 높아 연소실의 온도가 높다.
③ 상온에서 압력이 증가하면 쉽게 기화되는 특성이 있다.
④ 압축천연가스(CNG)보다 낮은 압력으로 보관 및 운반할 수 있으나, 가스 누설 시 폭발의 우려가 있다.

18 냉각수 오버플로 파이프의 설치 목적은?

① 물 펌프에서의 냉각수 누수 방지
② 비등점을 올려 냉각 효율 상승
③ 라디에이터 호스의 파손 방지
④ 라디에이터의 소형화

19 다음 중 가솔린 기관과 NO$_x$의 관계에 대해 옳지 않은 것은?

① 엔진이 저온일 경우에는 NO$_x$가 증가한다.
② 가속 시에는 NO$_x$가 증가하고 감속 시에는 감소한다.
③ 행정체적이 증가하거나 감소하면 NO$_x$가 증가하거나 감소한다.
④ 밸브오버랩이 작으면 NO$_x$가 증가하고, 커지면 감소한다.

20 다음 중 부동액의 구비조건으로 옳지 않은 것은?

① 비등점이 물보다 낮아야 하며 응고점은 물보다 높아야 한다.
② 냉각수와 잘 혼합되어야 한다.
③ 휘발성이 없고 순환이 잘 되어야 한다.
④ 내식성이 크고 팽창계수가 적어야 한다.

21 무단변속기(CVT)에 대한 설명으로 옳지 않은 것은?

① 토크 또는 배기량이 큰 차량에는 적용이 어렵다.
② 회전 저항이 작아서 전달효율이 좋다.
③ 변속 시 발생되는 충격이 없다.
④ 연료 소비율과 가속 성능이 향상된다.

22 공기 브레이크의 설명으로 옳지 않은 것은?

① 언로더 밸브를 조절하면 공기 브레이크에서 제동력을 크게 할 수 있다.
② 브레이크 휠 실린더는 공기 브레이크의 구성 부품 중 하나이다.
③ 브레이크 챔버는 공기 브레이크에서 공기압을 기계적 운동으로 바꿔주는 장치이다.
④ 공기 브레이크는 베이퍼 록 현상이 발생하지 않는다.

23 엔진의 해체 정비 시기로 옳지 않은 것은?

① 냉각수 온도가 50℃ 이상일 때
② 연료 소비율이 표준 소비율의 60% 이상일 때
③ 압축압력이 규정값의 70% 이하일 때
④ 윤활유 소비율이 규정값의 50% 이상일 때

24 자동변속기에서 토크 컨버터 내의 댐퍼 클러치(락업 클러치)가 작동하지 않는 범위로 옳지 않은 것은?

① 급가속 및 급감속 시
② 오일 온도가 60℃ 이하 시
③ 엔진 냉각수 온도가 50℃ 이하 시
④ 엔진의 회전수가 2,000rpm 이상 시

25 가솔린 기관의 진공도 측정 시 안전에 관한 내용으로 옳지 않은 것은?

① 기관의 벨트에 손이나 옷자락이 닿지 않도록 주의한다.
② 작업 시 주차브레이크를 걸고 고임목을 괴어둔다.
③ 리프트를 눈높이까지 올린 후 점검한다.
④ 화재 위험이 있을 수 있으므로 소화기를 준비한다.

군무원 차량직 · 전차직 FINAL 실전 봉투모의고사
제5회 모의고사

차량직 · 전차직

제1과목	국어	제2과목	자동차공학
제3과목	자동차정비	제4과목	

응시번호		성 명	

〈 안내 사항 〉

제5회 모의고사

제1과목: 국어

QR코드 접속을 통해 풀이시간 측정, 자동 채점
그리고 결과 분석까지!

01 다음 〈보기〉의 예에 해당하지 않는 것은?

〈보 기〉
‘노인, 여자’의 경우에서처럼, 첫머리에서 ‘ㄹ, ㄴ’ 음이 제약되어 ‘로인’이 ‘노인’으로, ‘녀자’가 ‘여자’ 등으로 나타나는 것을 두음 법칙이라고 한다.

① 노기(怒氣)
② 논리(論理)
③ 이토(泥土)
④ 약도(略圖)

02 밑줄 친 관형절의 성격이 다른 것은?

① 우리는 급히 학교로 돌아오라는 연락을 받았다.
② 충무공이 만든 거북선은 세계 최초의 철갑선이었다.
③ 우리는 사람이 살지 않는 그 섬에서 하룻밤을 지냈다.
④ 수양버들이 서 있는 돌각담에 올라가 아득히 먼 수평선을 바라본다.

03 다음은 훈민정음의 제자 방법에 대한 설명이다. 이에 대한 예로 옳지 않은 것은?

훈민정음의 글자를 만드는 방법은 상형을 기본으로 하였다. 초성 글자의 경우 발음기관을 상형의 대상으로 삼아 ㄱ, ㄴ, ㅁ, ㅅ, ㅇ 기본 다섯 글자를 만들고 다른 글자들 중 일부는 ‘여(厲: 소리의 세기)’를 음성자질(音聲資質)로 삼아 기본 글자에 획을 더하여 만들었는데 이를 가획자라 한다.

① 아음 ㄱ에 획을 더해 가획자 ㅋ을 만들었다.
② 설음 ㄴ에 획을 더해 가획자 ㄷ을 만들었다.
③ 치음 ㅅ에 획을 더해 가획자 ㅈ을 만들었다.
④ 후음 ㅇ에 획을 더해 가획자 ㆁ(옛이응)을 만들었다.

04 다음 중 밑줄 친 단어를 고친 결과가 가장 적절하지 않은 것은?

① 금년에도 S전자는 최근 전 세계 휴대전화 <u>부분(部分)</u> 시장 점유율 1위를 차지한 것으로 조사되었다. → 부문(部門)
② 그는 국왕이 명실상부하게 정치를 주도하는 <u>체계(體系)</u>를 구축하고자 노력하였다. → 체제(體制)
③ 진정한 공동체를 향한 새롭고 진지한 <u>모색(摸索)</u>을 바로 지금부터 시작해야 합니다. → 탐색(探索)
④ 환경 오염은 당면한 현실 문제라고 그가 지적한 것에 대해서는 나 역시 <u>동감(同感)</u>이 갔다. → 공감(共感)

05 다음에 제시된 단어의 의미에 맞게 쓴 문장으로 적절하지 않은 것은?

단어	의미	문장
풀다	모르거나 복잡한 문제 따위를 알아내거나 해결하다.	㉠
	어려운 것을 알기 쉽게 바꾸다.	㉡
	긴장된 분위기나 표정 따위를 부드럽게 하다.	㉢
	금지되거나 제한된 것을 할 수 있도록 터놓다.	㉣

① ㉠: 나는 형이 낸 수수께끼를 풀다가 결국 포기하고 말았다.
② ㉡: 선생님은 난해한 말을 알아들을 수 있게 풀어 설명하셨다.
③ ㉢: 막내도 잘못을 뉘우치니, 아버지도 그만 얼굴을 푸세요.
④ ㉣: 경찰을 풀어서 행방불명자를 백방으로 찾으려 하였다.

06 다음 ㉠, ㉡에 들어갈 말이 바르게 연결된 것은?

```
A: 가(  ㉠  ) 오(  ㉠  ) 마음대로 해라.
B: 지난겨울은 몹시 춥(  ㉡  ).
```

	㉠	㉡
①	-든지	-드라
②	-던지	-더라
③	-든지	-더라
④	-던지	-드라

07 다음 중 언어 예절과 어법에 가장 알맞게 발화한 것은?

① (남편의 형에게) 큰아빠, 전화 받으세요.
② 이어서 회장님의 인사 말씀이 계시겠습니다.
③ (직원이 고객에게) 주문하신 상품은 현재 품절이십니다.
④ (관공서에서 손님이 들어올 때) 어서 오십시오. 무엇을 도와 드릴까요?

08 다음 중 ㉠~㉣의 현대어 풀이가 옳지 않은 것은?

> 이 몸 삼기실 제 님을 조차 삼기시니, ㉠ 흔 싱 緣연分분이며 하늘 모를 일이런가. ㉡ 나 ᄒᆞ나 졈어 잇고 님 ᄒᆞ나 날 괴시니, 이 ᄆᆞ음 이 ᄉᆞ랑 견졸 ᄃᆡ 노여 업다. ᄯᅩ 평生싱애 願원ᄒᆞ요ᄃᆡ 흔ᄃᆡ 녜쟈 ᄒᆞ얏더니, 늙거야 므ᄉᆞ 일로 외오 두고 글이ᄂᆞᆫ고. 엇그제 님을 뫼셔 廣광寒한殿뎐의 올낫더니, 그 더ᄃᆡ 엇디ᄒᆞ야 下하界계예 ᄂᆞ려오니, ㉢ 올 적의 비슨 머리 얼쿠연 디 三삼年년이라. 臙연脂지粉분 잇ᄂᆡ마ᄂᆞᆫ 눌 위ᄒᆞ야 고이 홀고. ᄆᆞ음의 ᄆᆡ친 실음 疊텹疊텹이 ᄡᅡ혀 이셔, ㉣ 짓ᄂᆞ니 한숨이오 디ᄂᆞ니 눈물이라. 人인生싱은 有유限한ᄒᆞᆫᄃᆡ 시름도 그지 업다. 無무心심흔 歲셰月월은 믈 흐르ᄃᆞᆺ ᄒᆞᄂᆞᆫ고야. 炎염涼냥이 ᄣᆡ를 아라 가는 ᄃᆞᆺ 고뎌 오니, 듯거니 보거니 늣길 일도 하도 할샤.
>
> ‒ 정철, 「사미인곡」

① ㉠: 한평생 인연임을 하늘이 모를 일이던가?
② ㉡: 나는 젊어 있고 임은 너무 괴로워하시니
③ ㉢: 떠나올 적에 빗은 머리가 헝클어진 지 삼 년이구나.
④ ㉣: 짓는 것은 한숨이고, 떨어지는 것은 눈물이구나.

09 다음 글의 상황에 어울리는 한자성어로 적절한 것은?

> 우리나라 축구 대표팀은 2023 카타르 월드컵에서 놀라운 성과를 거두었다. 월드컵 개최지의 무더운 날씨와 엎친 데 덮친 격으로 개막을 앞두고 주장인 손흥민 선수의 부상으로 16강 진출 가능성이 희박했지만, 우리 대표팀은 더 강도 높은 훈련을 이어가며 경기력 향상에 매진하였고, 조별 경기에서도 최선을 다하는 경기 모습을 보여 주면서 16강 진출이라는 좋은 성적으로 국민들의 찬사와 응원을 받았다.

① 走馬加鞭
② 走馬看山
③ 切齒腐心
④ 見蚊拔劍

10 ㉠~㉣의 고쳐 쓰기로 적절하지 않은 것은?

> 파놉티콘(panopticon)은 원형 평면의 중심에 감시탑을 설치해 놓고, 주변으로 빙 둘러서 죄수들의 방이 배치된 감시 시스템이다. 감시탑의 내부는 어둡게 되어 있는 반면 죄수들의 방은 밝아 교도관은 죄수를 볼 수 있지만, 죄수는 교도관을 바라볼 수 없다. 죄수가 잘못했을 때 교도관은 잘 보이는 곳에서 처벌을 가한다. 그렇게 수차례의 처벌이 있게 되면 죄수들은 실제로 교도관이 자리에 ㉠ 있을 때조차도 언제 처벌을 받을지 모르는 공포감에 의해서 스스로를 감시하게 된다. 이렇게 권력자에 의한 정보 독점 아래 ㉡ 다수가 통제된다는 점에서 파놉티콘의 디자인은 과거 사회 구조와 본질적으로 같았다.
> 현대사회는 다수가 소수의 권력자를 동시에 감시할 수 있는 시놉티콘(synopticon)의 시대가 되었다. 시놉티콘에 가장 크게 기여한 것은 인터넷의 ㉢ 동시성이다. 권력자에 대한 비판을 신변 노출 없이 자유롭게 표현할 수 있게 되었기 때문이다. 정보화 시대가 오면서 언론과 통신이 발달했고, ㉣ 특정인이 정보를 수용하고 생산하게 되었다. 그로 인해 사회에서 일어나는 일에 대한 비판적 인식 교류와 부정적 현실 고발 등 네티즌의 활동으로 권력자들을 감시하는 전환이 일어났다.

① ㉠을 '없을'로 고친다.
② ㉡을 '소수'로 고친다.
③ ㉢을 '익명성'으로 고친다.
④ ㉣을 '누구나가'로 고친다.

[11~12] 다음 글을 읽고 물음에 답하시오.

> 언젠가는 하도 갑갑해서 자를 가지고 덤벼들어서 그
> 키를 한번 재 볼까 했다마는, 우리는 장인님이 내외를
> 해야 한다고 해서 마주 서 이야기도 한 마디 하는 법 없
> 다. 움물길에서 어쩌다 마주칠 적이면 겨우 눈어림으로
> 재 보고 하는 것인데, 그럴 적마다 나는 저만침 가서
> "제-미, 키두!"
> 하고 논둑에다 침을 퉤 뱉는다. 아무리 잘 봐야 내 겨
> 드랑(다른 사람보다 좀 크긴 하지만) 밑에서 넘을락 말
> 락 밤낮 요 모양이다. 개, 돼지는 푹푹 크는데 왜 이리도
> 사람은 안 크는지, 한동안 머리가 아프도록 궁리도 해
> 보았다. 아하, 물동이를 자꾸 이니까 뼉다귀가 옴츠라드
> 나 부다, 하고 내가 넌즛넌즛시 그 물을 대신 길어도 주
> 었다. 뿐만 아니라 나무를 하러 가면 소낭당에 돌을 올
> 려놓고
> "점순이의 키 좀 크게 해 줍소사. 그러면 담엔 떡 갖
> 다 놓고 고사 드립죠니까."
> 하고 치성도 한두 번 드린 것이 아니다. 어떻게 돼먹
> 은 킨지 이래도 막무가내나……
> 그래 내 어저께 싸운 것이 결코 장인님이 밉다든가 해
> 서가 아니다.
> 모를 붓다가 가만히 생각을 해 보니까 또 승겁다. 이
> 벼가 자라서 점순이가 먹고 좀 큰다면 모르지만, 그렇지
> 도 못한 걸 내 심어서 뭘 하는 거냐. 해마다 앞으로 축
> 붙거지는 장인님의 아랫배(가 너머 먹은 걸 모르고 내병
> 이라나, 그 배)를 불리기 위하야 심으곤 조곰도 싶지
> 않다.
> "아이구, 배야!"
> 난 몰 붓다 말고 배를 씨다듬으면서 그대루 논둑으로
> 기어올랐다. 그리고 겨드랑에 꼈든 벼 담긴 키를 그냥
> 땅바닥에 털썩 떨어치며 나도 털썩 주저앉았다. 일이 암
> 만 바뻐도 나 배 아프면 고만이니까. 아픈 사람이 누가
> 일을 하느냐. 파릇파릇 돋아 오른 풀 한 숲을 뜯어 들고
> 다리의 거머리를 쓱쓱 문태며 장인님의 얼굴을 쳐다보
> 았다.
>
> – 김유정, 「봄봄」

11 윗글의 사건 구성 방식에 대한 설명으로 적절한 것은?

① 중심 소재를 통해 사건에 대해 암시하고 있다.

② 사건들이 밀접한 관련성 없이 각각 독립적으로 연결되어 있다.

③ 바깥 이야기 속에 또 다른 이야기가 들어가 있다.

④ 현재의 사건을 진행하면서 과거의 사건을 끌어들이고 있다.

12 다음 중 [A]의 방법으로 윗글을 감상한 것은?

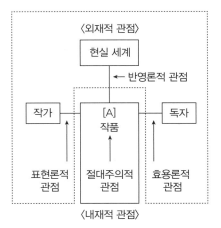

① 배경이 되는 1930년대의 농촌 현실의 모습이 어떠했는가를 반영한다.

② 순박한 인물이 겪는 일련의 사건을 주로 대화와 행동을 통해 전달한다.

③ 독자들은 이 작품을 통해 바른 삶의 자세에 대해 생각해 볼 수 있다.

④ 해학적이고 토속적인 작품을 주로 쓴 작가 김유정의 경향을 잘 드러낸다.

13 다음 작품에서 화자의 처지나 심정을 나타낸 말로 가장 적절한 것은?

> 어이 못 오던다 므스 일로 못 오던다
> 너 오는 길 우희 무쇠로 성(城)을 뜨고 성(城) 안헤 담
> 뜨고 담 안헤란 집을 짓고 집 안헤란 두지 노코 두지 안
> 헤 궤(櫃)를 노코 궤(櫃) 안헤 너를 결박(結縛)ᄒ여 노코
> 쌍(雙)비목 외걸새에 용(龍)거북 ᄌᆞᆷ을쇠로 수기수기 ᄌᆞᆷ
> 갓더냐 네 어이 그리 아니 오던다
> ᄒᆞᆫ 달이 셜흔 날이여니 날 보라 올 홀리 업스랴

① 눈이 가다
② 눈이 맞다
③ 눈이 뒤집히다
④ 눈이 빠지다

14 다음 대화에서 '민재'의 의사소통 방식으로 가장 적절한 것은?

> 윤수: 요즘 짝꿍이랑 사이가 별로야.
> 민재: 왜? 무슨 일이 있었어?
> 윤수: 그 애가 내 일에 자꾸 끼어들어. 사물함 정리부터 내 걸음걸이까지 하나하나 지적하잖아.
> 민재: 그런 일이 있었구나. 짝꿍한테 그런 말을 해 보지 그랬어.
> 윤수: 해 봤지. 하지만 그때뿐이야. 아마 나를 자기 동생처럼 여기나 봐.
> 민재: 나도 그런 적이 있어. 작년의 내 짝꿍도 나한테 무척이나 심했거든. 자꾸 끼어들어서 너무 힘들었어. 네 얘기를 들으니 그때가 다시 생각난다. 그런데 생각을 바꿔 보니 그게 관심이다 싶더라고. 그랬더니 마음이 좀 편해졌어. 그리고 짝꿍과 솔직하게 얘기를 해 봤더니, 그 애도 자신의 잘못된 점을 고치더라고.
> 윤수: 너도 그랬구나. 나도 생각을 바꾸려고 노력해 보고, 짝꿍하고 진솔한 대화를 나눠 봐야겠어.

① 상대방의 입장을 고려해 용서함으로써 갈등을 해결하고 있다.
② 자신의 경험을 들어 상대방이 해결점을 찾을 수 있도록 돕고 있다.
③ 상대방의 약점을 비판하면서 자신의 장점을 최대한 부각하고 있다.
④ 상대방이 말하는 내용을 경청하면서 그 타당성을 평가하고 있다.

[15~16] 다음 글을 읽고 물음에 답하시오.

(가) '테라포밍'은 지구가 아닌 다른 외계의 천체 환경을 인간이 살 수 있도록 변화시키는 것을 말하는데 현재까지 최적의 후보로 꼽히는 행성은 바로 화성이다. 화성은 육안으로도 붉은 빛이 선명하기에 '火(불 화)' 자를 써서 화성(火星)이라고 부르며, 서양에서는 정열적인 전쟁의 신이기도 한 '마르스'와 함께 '레드 플래닛', 즉 '붉은 행성'으로도 일컬어진다. 화성이 이처럼 붉은 이유는 표면의 토양에 철과 산소의 화합물인 산화철이 많이 포함돼 있기 때문인데, 녹슨 쇠가 불그스름해지는 것과 같은 원리로 보면 된다. 그렇다면 이런 녹슨 행성인 화성을 왜 '테라포밍' 1순위로 선정했을까? 또한 어떤 과정을 통해서 이 화성을 인간이 살 수 있는 푸른 별로 바꿀 수 있을까?

(나) 영화 「레드 플래닛」을 보면 이런 '테라포밍'의 계획이 잘 나타나 있다. 21세기 초, 자원 고갈과 생태계 오염 등으로 지구의 환경이 점점 악화되자, 화성을 새로운 인류의 터전으로 바꾸기 위해서 이끼 종자를 가득 담은 무인 로켓이 화성으로 발사된다. 이끼가 번식해 화성 표면을 덮으면 그들이 배출하는 산소가 모여 궁극적으로는 인간이 호흡할 수 있는 대기층이 형성되기 때문이다. 그로부터 50여 년 후, 마침내 화성에 도착한 선발대는 희박하기는 하지만 화성의 공기가 사람이 숨 쉴 수 있을 정도로 바뀌었음을 알게 된다.

(다) 그렇다면 영화가 아닌 현실에서 화성을 변화시키는 일은 가능할까? 시간이 걸리고 힘든 일이지만 가능성은 있다. 화성의 극지방에는 '극관'이라고 부르는 드라이 아이스로 추정되는 하얀 막 같은 것이 존재하는데, 이것을 녹여 화성에 공기를 공급한다는 것이다. 극관에 검은 물질을 덮어 햇빛을 잘 흡수하게 만든 후 온도가 상승하면 극관이 자연스럽게 녹을 수 있도록 하는 방법인 것이다. 이 검은 물질을 자기 복제가 가능한 것으로 만들면 소량을 뿌려도 시간이 지나면서 극관 전체를 덮게 될 것이다.

(라) 자기 복제가 가능한 검은 물질이 바로 「레드 플래닛」에 나오는 이끼이다. 유전 공학에 의해 화성처럼 혹독한 환경에서도 성공적으로 번식할 수 있는, 지의류 같은 이끼의 변종을 만들어 내어 화성의 극관 지역에 투하한다. 그들이 뿌리를 내리고 성공적으로 번식할 경우 서서히 태양광선 흡수량이 많아지고 극관은 점점 녹게 될 것이다. 그러나 이런 방법을 택하더라도 인간이 직접 호흡하며 돌아다니게 될 때까지는 최소 몇백 년의 시간이 걸릴 것이다. 지금은 거의 불가능하다고 여겨지는 일들이지만 인류는 언제나 불가능한 일들을 불굴의 의지로 해결해 왔다. 화성 탐사선이 발사되고 반세기가 안 된 오늘날 인류는 화성을 지구 환경으로 만들 꿈을 꾸고 있다. 최소 몇 백 년이 걸릴 수도 있는 이 '테라포밍'도 언젠가는 인류의 도전 앞에 무릎을 꿇게 될 것이 분명하다. 그래서 아주 먼 훗날 우리의 후손들은 화성을 볼 때, 붉게 빛나는 별이 아니라 지구와 같은 초록색으로 반짝이는 화성을 볼 수 있게 될지도 모른다. 그렇다면 그때에는 화성을 '녹성(綠星)' 또는 '초록별'이라 이름을 바꿔 부르게 되지 않을까?

15 (가)~(마)에 대한 설명으로 적절하지 않은 것은?

① (가): 대상의 특성을 설명하고 화제를 제시하고 있다.
② (나): 예를 통해 화제에 대한 이해를 돕고 있다.
③ (다): 화제를 현실화할 수 있는 방법을 제시하고 있다.
④ (라): 귀납을 통해 화제의 실현 가능성을 증명하고 있다.

16 '테라포밍' 계획의 핵심이 되는 최종적인 작업은?

① 화성의 극관을 녹이는 일
② 화성에 대기층을 만드는 일
③ 화성의 온도를 상승시키는 일
④ 극관을 검은 물질로 덮는 일

17 다음 글의 내용과 가장 거리가 먼 것은?

글의 기본 단위가 문장이라면 구어를 통한 의사소통의 기본 단위는 발화이다. 담화에서 화자는 발화를 통해 '명령', '요청', '질문', '제안', '약속', '경고', '축하', '위로', '협박', '칭찬', '비난' 등의 의도를 전달한다. 이때 화자의 의도가 직접적으로 표현된 발화를 직접 발화, 암시적으로 혹은 간접적으로 표현된 발화를 간접 발화라고 한다.

일상 대화에서도 간접 발화는 많이 사용되는데, 그 의미는 맥락에 의존하여 파악된다. '아, 덥다.'라는 발화가 '창문을 열어라.'라는 의미로 파악되는 것이 대표적인 예이다. 방 안이 시원하지 않다는 상황을 고려하여 청자는 창문을 열게 되는 것이다. 이처럼 화자는 상대방이 충분히 그 의미를 파악할 수 있다고 판단될 때 간접 발화를 전략적으로 사용함으로써 의사소통을 원활하게 하기도 한다. 공손하게 표현하고자 할 때도 간접 발화는 유용하다. 남에게 무언가를 요구하려는 경우 직접 발화보다 청유 형식이나 의문 형식의 간접 발화를 사용하면 공손함이 잘 드러나기도 한다.

① 화자는 발화를 통해 다양한 의도를 전달한다.
② 직접 발화는 화자의 의도가 직접적으로 표현된다.
③ 간접 발화의 의미는 언어 사용 맥락에 기대어 파악된다.
④ 간접 발화가 직접 발화보다 화자의 의도를 더 잘 전달한다.

18 〈보기〉를 통해서 알 수 있는 내용으로 가장 적절하지 않은 것은?

〈보 기〉

나는 서울에서 고등학교를 다니는 학생이다. 며칠 전 제사가 있어서 대구에 있는 할아버지 댁에 갔다. 제사를 준비하면서 할아버지께서 나에게 심부름을 시키셨는데 사투리가 섞여 있어서 잘 알아들을 수가 없었다. 집으로 돌아올 때 할아버지께서 용돈을 듬뿍 주셔서 기분이 좋았다. 그런데 오늘 어머니께서 할아버지가 주신 용돈 중 일부를 달라고 하셨다. 나는 어머니께 그 용돈으로 '문상'을 다 샀기 때문에 남은 돈이 없다고 말씀드렸다. 어머니께서는 '문상'이 무엇이냐고 물으셨고 나는 '문화상품권'을 줄여서 사용하는 말이라고 말씀드렸다. 학교에서 친구들과 이야기할 때 흔히 사용하는 '컴싸'나 '훈남', '생파' 같은 단어들을 부모님과 대화할 때는 설명을 해드려야 해서 불편할 때가 많다.

① 어휘는 세대에 따라서 달라지기도 한다.
② 어휘는 지역에 따라서 달라지기도 한다.
③ 성별에 따라 사용하는 어휘가 달라지기도 한다.
④ 은어나 유행어는 청소년층이 쓰는 경우가 많다.

19 다음 중 밑줄 친 ㉠을 가장 자연스럽게 고친 것은?

나는 김 군을 만나면 글 이야기도 하고 잡담도 하며 시간을 보내는 때가 많았다. 어느 날 김 군과 저녁을 같이하면서 반찬으로 올라온 깍두기를 화제로 이야기를 나누었다.

깍두기는 조선 정종 때 홍현주(洪顯周)의 부인이 창안해 낸 음식이라고 한다. 궁중의 잔치 때에 각 신하들의 집에서 솜씨를 다투어 일품요리(一品料理)를 한 그릇씩 만들어 올리기로 하였다. 이때 홍현주 부인이 만들어 올린 것이 그 누구도 처음 구경하는, 바로 이 소박한 음식이었다. 먹어 보니 얼근하고 싱싱하여 맛이 매우 뛰어났다. 그래서 임금이 "그 음식의 이름이 무엇이냐?" 하고 묻자 "이름이 없습니다. 평소에 우연히 무를 깍둑깍둑 썰어서 버무려 봤더니 맛이 그럴듯하기에 이번에 정성껏 만들어 맛보시도록 올리는 것입니다."라고 하였다. "그러면 깍두기라 부르면 되겠구나." 그 후 깍두기가 우리 음식의 한 자리를 차지하여 상에 자주 오르내리게 된 것이 그 유래라고 한다. 그 부인이야말로 참으로 우리 음식을 만들 줄 아는 솜씨 있는 부인이었다고 생각한다.

아마 다른 부인들은 산해진미, 희한하고 값진 재료를 구하기에 애쓰고 주방 주위에서 흔히 볼 수 있는 무·파·마늘은 거들떠보지도 아니했을 것이다. 갖은 양념, 갖은 고명을 쓰기에 애쓰고 소금·고춧가루는 무시했을지도 모른다. 그러나 재료는 가까운 데 있고 허름한 데 있었다. ㉠ 중국 음식의 모방이나 정통 궁중 음식을 본뜨거나 하여 음식을 만들기에 애썼으나 하나도 새로운 것은 없었을 것이다. 더욱이 궁중에 올릴 음식으로 그렇게 막되게 썬, 규범에 없는 음식을 만들려 들지는 아니했을 것이다. 썩둑썩둑 무를 썰면 곱게 채를 치거나 나박김치처럼 납작납작 예쁘게 썰거나 장아찌처럼 갈찍갈찍 썰지, 그렇게 꺽둑꺽둑 막 썰 수는 없다. 고춧가루도 적당히 치는 것이지, 그렇게 시뻘겋게 막 버무리는 것을 보면 질색을 했을 것이다. 그 점에 있어서 깍두기는 무법이요, 창의적인 대담한 파격이다.

① 중국 음식을 모방하고 정통 궁중 음식을 본뜨거나 하여
② 중국 음식을 모방하거나 정통 궁중 음식을 본뜨거나 하여
③ 중국 음식의 모방과 정통 궁중 음식을 본뜨거나 하여
④ 중국 음식의 모방이나 정통 궁중 음식을 본떠

20 다음 중 ㉠의 발상 및 표현과 가장 거리가 먼 것은?

나는 이제 너에게도 슬픔을 주겠다
㉠ 사랑보다 소중한 슬픔을 주겠다
겨울밤 거리에서 귤 몇 개 놓고
살아온 추위와 떨고 있는 할머니에게
귤값을 깎으면서 기뻐하던 너를 위하여
나는 슬픔의 평등한 얼굴을 보여 주겠다
내가 어둠 속에서 너를 부를 때
단 한 번도 평등하게 웃어 주질 않은
가마니에 덮인 동사자(凍死者)가 다시 얼어 죽을 때
가마니 한 장조차 덮어 주지 않은
무관심한 너의 사랑을 위해
흘릴 줄 모르는 너의 눈물을 위해
나는 이제 너에게도 기다림을 주겠다
이 세상에 내리던 함박눈을 멈추겠다
보리밭에 내리던 봄눈들을 데리고
추워 떠는 사람들의 슬픔에게 다녀와서
눈 그친 눈길을 너와 함께 걷겠다
슬픔의 힘에 대한 이야길 하며
기다림의 슬픔까지 걸어가겠다

– 정호승, 「슬픔이 기쁨에게」

① 내 마음은 호수요.
　그대 노저어 오오.

– 김동명, 「내 마음은」

② 죽음은 이렇듯 미움보다도, 사랑보다도
　더 너그러운 것이다.

– 구상, 「초토의 시」

③ 님이여, 당신은 의(義)가 무거웁고 황금(黃金)이 가벼운 것을 잘 아십니다.

– 한용운, 「찬송」

④ 향기로운 주검의 내도 풍기리
　살아서 섧던 주검 죽었으매 이내 안 서럽고

– 박두진, 「묘지송」

21 다음 글의 설명 방식에 대한 설명으로 옳은 것은?

> 멕시코의 환경 운동가로 유명한 가브리엘 과드리는 1960년대 이후 중앙아메리카 숲의 25% 이상이 목초지 조성을 위해 벌채되었으며 1970년대 말에는 중앙아메리카 전체 농토의 2/3가 축산 단지로 점유되었다고 주장했다. 실제로 1987년 이후로도 멕시코에만 1,497만 3,900ha의 열대 우림이 파괴되었는데, 이렇게 중앙아메리카의 열대림을 희생하면서까지 생산된 소고기는 주로 유럽과 미국으로 수출되었다. 그렇지만 이 소고기들은 지방분이 적고 미국인의 입맛에 그다지 맞지 않아 대부분 햄버거의 재료로 사용되었다.

① 통계 수치를 활용하여 논거의 타당성을 높이고 있다.
② 예상되는 반론을 제기한 후 논거를 제시하고 있다.
③ 서로 상반된 주장에 대해 구체적인 근거를 제시하고 있다.
④ 전문 용어의 뜻을 쉽게 풀이하여 독자의 이해를 돕고 있다.

22 〈보기〉는 국어 단모음 체계의 변화를 보여 주고 있다. 〈보기〉에 대한 설명으로 적절하지 않은 것은?

① 모음들이 연쇄적으로 조음 위치의 변화를 겪는 현상이 발견된다.
② 단모음의 개수는 점차 늘어난 것으로 보인다.
③ 모음 중에서 음소 자체가 소멸된 것이 있다.
④ 일부 이중모음의 단모음화가 발견된다.

23 〈보기〉의 ㉠~㉣에 대한 다음 설명 중 가장 적절하지 않은 것은?

> ─────〈보 기〉─────
> ㉠ 부엌+일 → [부엉닐]
> ㉡ 콧+날 → [콘날]
> ㉢ 앉+고 → [안꼬]
> ㉣ 훑+는 → [훌른]

① ㉠, ㉡: '맞+불 → [맏뿔]'에서처럼 음절 끝에 올 수 있는 자음이 제한되어 있기 때문에 일어난 음운 변동이 있다.
② ㉠, ㉡, ㉣: '있+니 → [인니]'에서처럼 인접하는 자음과 조음 방법이 같아진 음운 변동이 있다.
③ ㉢: '앓+고 → [알코]'에서처럼 자음이 축약된 음운변동이 있다.
④ ㉢, ㉣: '몫+도 → [목또]'에서처럼 음절 끝에 둘 이상의 자음이 오지 못하기 때문에 일어난 음운 변동이 있다.

24 다음 중 단어의 의미 관계가 '넉넉하다 : 푼푼하다'와 같은 것은?

① 출발 : 도착
② 늙다 : 젊다
③ 괭이잠 : 노루잠
④ 느슨하다 : 팽팽하다

25 다음 글에 대한 이해로 적절하지 않은 것은?

"워싱턴 : 1=링컨 : x (단, x는 1, 5, 16, 20 가운데 하나)"라는 유추 문제를 가정해 보자. 심리학자 스턴버그는 유추 문제의 해결 과정을 다음과 같이 제시하였다. 첫 번째, '부호화'는 유추 문제의 각 항들이 어떠한 의미인지 파악하는 과정이다. '워싱턴', '1', '링컨' 등의 단어가 무슨 뜻인지 이해하는 것이 부호화이다. 두 번째, '추리'는 앞의 두 항이 어떠한 연관성을 갖는지 규칙을 찾는 과정이다. 조지 워싱턴이 미국의 초대 대통령이라는 지식을 갖고 있는 사람이라면, '워싱턴'과 숫자 '1'로부터 연관성을 찾아낼 수 있을 것이다. 세 번째, '대응'은 유추의 근거 영역의 요소들과 대상 영역의 요소들을 연결하는 단계이다. '워싱턴'과 '링컨'을 연결하고, 숫자 '1'과 미지항 x를 연결하는 과정이 이에 해당한다. 네 번째, '적용'은 자신이 찾아낸 규칙을 대상 영역에 적용하는 과정이다. 조지 워싱턴이 미국의 초대 대통령이며 아브라함 링컨이 미국의 열여섯 번째 대통령임을 안다면, 적용의 단계에서 미지항 x의 답이 '16'이라고 생각할 것이다. 다섯 번째, '비교'는 자신이 찾아낸 미지항 x의 값과 다른 선택지들을 비교하는 과정이다. 만약 '16'을 답으로 찾은 사람에게 조지 워싱턴이 1달러 지폐의 인물이고 아브라함 링컨이 5달러 지폐의 인물이라는 정보가 있다면, 정답의 가능성이 있는 두 개의 선택지 사이에서 비교를 진행하게 될 것이다. 여섯 번째, '정당화'는 비교의 결과 더 적합하다고 생각되는 답을 선택하는 과정이며, 마지막으로 '반응'은 자신이 찾아낸 최종적인 결론을 말하거나 기록하는 과정이다.

① '워싱턴'이 미국의 도시 이름이라는 정보만 갖고 있는 사람이라면, '추리'의 단계에서 실패할 것이다.

② '링컨'이 몇 번째 대통령인지에 대한 정보와 미국의 화폐에 대한 정보가 없는 사람이라면, '대응'의 단계에서 실패할 것이다.

③ 미국의 화폐에 대한 정보는 갖고 있지만 미국 역대 대통령의 순서에 대한 정보가 없는 사람이라면, '적용'의 단계에서 '5'를 선택할 것이다.

④ 'x'에 들어갈 수 있는 답으로 '5'와 '16'을 찾아낸 사람이라면, 'x는 순서를 나타낸다'라는 새로운 기준을 제시했을 때 '정당화'의 단계에서 '16'을 선택할 것이다.

제2과목: 자동차공학

QR코드 접속을 통해 풀이시간 측정, 자동 채점 그리고 결과 분석까지!

01 다음 〈보기〉 중에서 에너지의 단위를 모두 고른 것은?

———〈보 기〉———
㉠ N · m
㉡ HP
㉢ cal
㉣ Joule

① ㉠, ㉡
② ㉡, ㉢
③ ㉠, ㉡, ㉣
④ ㉠, ㉢, ㉣

02 피스톤 링에 대한 설명으로 옳지 않은 것은?

① 오일링은 실린더 벽의 오일을 긁어내린다.
② 커넥팅 로드의 상단부와 피스톤을 연결하는 부품이다.
③ 피스톤의 기밀을 유지하는 역할을 하는 것은 압축링이다.
④ 플러터 현상을 방지하기 위해 피스톤 링의 장력을 증가시킨다.

03 다음 중 요소수(UREA)를 사용하는 매연저감장치는?

① SCR
② DPF
③ DOC
④ LNT

04 수소전기차에서 전기를 발생시키는 것은?

① 모터
② 제어기
③ 전력 변환기
④ 스택

05 내연기관의 유압이 낮아지는 원인이 아닌 것은?

① 윤활장치의 성능 저하
② 엔진과열로 인해 오일 점도가 높아졌을 때
③ 크랭크축 베어링의 마모
④ 오일펌프 마모

06 전자제어 현가장치에서 ECU가 제어하는 기능에 대한 설명으로 옳은 것은?

① 안티롤 제어 – 노면 상태에 따라 차체 흔들림을 작게 한다.
② 안티다이브 제어 – 브레이크 작동 시 앞쪽이 내려가고 뒤쪽이 올라가는 현상을 방지한다.
③ 안티스쿼트 제어 – 선회 시 좌우 움직임을 작게 한다.
④ 안티바운싱 제어 – 급발진 시 차체 앞부분이 들어 올려지는 정도를 작게 한다.

07 일체식 현가장치의 특징으로 옳지 않은 것은?

① 앞바퀴에 시미 현상이 일어나기 쉽다.

② 부품 수가 적고 구조가 간단하다.

③ 커브길 선회 시 차체의 기울기가 적다.

④ 승차감이 좋다.

08 다음 중 지르코니아 산소 센서에 구성된 물질들은 무엇인가?

① 지르코니아 + 강

② 지르코니아 + 망간

③ 지르코니아 + 백금

④ 지르코니아 + 주석

09 다음 중 자동차 스프링 위 질량의 진동에 해당하지 않는 것은?

① 스키딩(Skidding)

② 요잉(Yawing)

③ 바운싱(Bouncing)

④ 피칭(Pitching)

10 무단변속기의 장점이 아닌 것은?

① 운전이 쉬우며 변속 충격이 거의 없다.

② 차량 주행조건에 알맞도록 변속되어 동력성능이 향상된다.

③ 미끄러짐이 발생하지 않는다.

④ 최저 연료소비 설계로 연비가 향상된다.

11 휠 얼라인먼트 요소 중 토인(Toe In)의 역할로 거리가 먼 것은?

① 토아웃이 되도록 유도한다.

② 타이어의 편마모를 방지한다.

③ 앞바퀴를 평행하게 회전시킨다.

④ 앞바퀴의 사이드슬립을 방지한다.

12 DLI 점화장치에 대한 설명으로 틀린 것은?

① 점화코일에서 배전기를 거쳐 점화플러그에 배전한다.

② ECU가 파워 TR 베이스 신호를 온·오프하여 점화코일 1차 전류를 단속한다.

③ 엔진 회전수, 엔진부하 등 각종 센서의 정보를 받아 ECU가 최적의 점화시기를 제어한다.

④ 코일 분배 방식과 다이오드 분배 방식이 있다.

13 스노우 타이어에 대한 설명으로 옳지 않은 것은?

① 보통 타이어보다 폭이 넓어 노면 간의 접지 면적이 크도록 설계되어 있다.

② 눈길에서 제동성능이 향상된다.

③ 스탠딩 웨이브 현상 발생을 방지하기 위해 공기압을 낮춰준다.

④ 차륜에 걸리는 하중을 작게 하여 구동력을 낮춘다.

14 다음 중 물이 고여 있는 도로주행 시 하이드로플레이닝 현상을 방지하기 위한 방법으로 틀린 것은?

① 저속 운전을 한다.
② 트레드 마모가 적은 타이어를 사용한다.
③ 타이어 공기압을 낮춘다.
④ 리브형 패턴을 사용한다.

15 다음 중 「도로교통법」상 자동차가 아닌 것은?

① 원동기장치자전거
② 특수자동차
③ 이륜자동차
④ 건설기계관리법에 따른 건설 기계

16 기관의 최고출력이 3.5PS이고 총배기량이 70cc, 회전수가 3,000rpm일 때 리터 마력[PS/L]은?

① 45PS/L
② 50PS/L
③ 55PS/L
④ 60PS/L

17 논리회로에서 AND 게이트의 출력이 0으로 되는 조건이 아닌 것은?

① 양쪽의 입력이 1일 때
② 양쪽의 입력이 0일 때
③ 한쪽의 입력만 1일 때
④ 한쪽의 입력만 0일 때

18 종감속기어의 감속비가 4 : 1일 때, 링기어가 5회전하려면 구동피니언의 회전수로 옳은 것은?

① 4회전
② 5회전
③ 10회전
④ 20회전

19 다음 중 발광 다이오드의 특징에 대한 설명으로 적절하지 않은 것은?

① PN접합면에서 역방향으로 전류를 흐르게 한다.
② 크랭크축의 위치를 판별하는 광전식 센서에 이용된다.
③ 발광 시 10mA 정도의 전류가 필요하다.
④ 발열이 거의 없으며 전력 소비를 절감할 수 있다.

20 제동등 회로에서 16V 배터리에 8W의 전구 2개가 병렬로 연결되어 점등된 상태라면 합성저항[Ω]은 얼마인가?

① 16Ω

② 17Ω

③ 18Ω

④ 20Ω

21 자동차의 제원에 대한 설명으로 옳지 않은 것은?

① 전장은 후미등, 범퍼등을 포함한 자동차의 총 길이를 말한다.

② 전폭은 아웃사이드 미러를 포함한 자동차의 좌우 최대 너비를 말한다.

③ 축거는 앞뒤 차축 중심에서의 수평 거리이다.

④ 윤거는 공차 상태에서 좌우 타이어의 접촉면의 중심에서 중심까지의 거리이다.

22 다음 중 힘을 받으면 기전력이 발생하는 것을 무엇이라고 하는가?

① 홀 효과

② 제벡 효과

③ 피에조 효과

④ 펠티에 효과

23 차축이 동력을 전달함과 동시에 차량 무게의 1/2을 지지하는 차축 형식은?

① 전부동식

② 3/4 부동식

③ 반부동식

④ 고정식

24 12V 배터리를 15A로 10시간 충전한 후 25A로 3시간 동안 사용해서 방전되었다면 효율은 몇 %인가?

① 35%

② 50%

③ 60%

④ 65%

25 다음 중 전자제어 디젤 엔진(CRDI)에서 예비분사 (Pilot Injection)의 중단조건으로 옳지 않은 것은?

① 예비분사가 주분사를 너무 앞지른 경우

② 연료 압력이 최솟값(100bar) 이상인 경우

③ 엔진 회전수가 고속인 경우

④ 분사량이 너무 적은 경우

01 자동변속기 차량에서 스톨 테스트(Stall Test)로 점검할 수 없는 것은?

① 토크 컨버터의 동력전달 기능
② 클러치의 미끄러짐
③ 타이어의 구동력
④ 브레이크밴드의 미끄러짐

02 다음 중 공연비 제어에 사용하는 센서가 아닌 것은?

① 공기 유량 센서(AFS)
② 대기압 센서
③ 산소 센서
④ 수온 센서

03 자동차를 출발 또는 가속하려고 액셀러레이터를 밟을 때 차가 한쪽으로 쏠리는 현상을 의미하는 것은?

① 오버 스티어링
② 언더 스티어링
③ 리버스 스티어링
④ 토크 스티어링

04 자동차용 납산배터리에 대한 설명으로 틀린 것은?

① 설페이션 현상이란 방전된 배터리를 장기간 방치하면 극판이 영구 황산납화 되어 충전이 되지 않는다.
② 축전지 용량(Capacity)이란 완전 충전된 축전지를 일정 전압으로 단계별 방전하여 방전 종지 전압까지 방전했을 때의 전기량으로 AV로 표시한다.
③ 방전 종지 전압이란 1셀당 1.75V이며 일정 전압 이하로 과방전을 하게 되면, 축전지의 극판을 손상시키므로 방전한계를 규정한 전압이다.
④ 기전력이란 완전 충전 시 셀당 약 2.1V이지만 전해액 비중, 전해액 온도, 방전량 등에 영향을 받는다.

05 마스터 실린더 푸시로드에 작용하는 힘이 170kgf이고, 피스톤의 단면적이 $5cm^2$일 때 발생 유압으로 옳은 것은?

① $30kgf/cm^2$
② $32kgf/cm^2$
③ $34kgf/cm^2$
④ $36kgf/cm^2$

06 다음 장치 중 선행 차량과 적절한 거리를 자동으로 유지시키는 장치로 옳은 것은?

① ECS 장치
② 4WD 장치
③ ABS 장치
④ SCC 장치

07 드라이브 라인의 구성품으로 변속 주축 뒤쪽의 스플라인을 통해 설치되면 뒤차축의 상하 운동에 따라 추친축의 길이 변화를 가능하게 하는 것은?

① 슬립 조인트
② 센터 베어링
③ 리테이너
④ 유니버설 조인트

08 AC 발전기의 스테이터와 유사하며 전류를 발생시키는 것을 DC 발전기에서는 무엇이라고 하는가?

① 전기자
② 컷 아웃 릴레이
③ 계자코일
④ 로터

09 캠의 구성 중 하나로 밸브가 완전히 열리는 점을 뜻하는 용어는?

① 노즈
② 플랭크
③ 리프터
④ 로브

10 다음 중 디젤 엔진의 특징이 아닌 것은?

① 전기불꽃 점화방식이다.
② 최고회전속도가 낮기 때문에 실린더 부피에 대한 출력은 작으나, 회전속도에 대한 토크 변화가 적어 비교적 큰 토크를 얻을 수 있다.
③ 기화기와 점화장치가 필요 없어 고장이 적다.
④ 연료 분사펌프와 연료 분사노즐이 필요하다.

11 다음 중 크랭크 축 메인 베어링의 오일 간극을 점검 및 측정할 때 필요한 장비로 옳지 않은 것은?

① 마이크로미터
② 시크니스 게이지
③ 실 스톡식
④ 플라스틱 게이지

12 마찰계수가 0.5인 도로에서 자동차가 54km/h의 주행속도로 달리다 브레이크가 작동되었을 때 제동거리는? (단, 소수점 아래 첫째 자리에서 반올림하시오.)

① 23m
② 32m
③ 15m
④ 40m

13 머플러 교체 시 유의할 사항으로 옳지 않은 것은?

① 분해 전 촉매가 정상 온도로 되도록 만든다.
② 조립할 때 개스킷은 신품으로 교환한다.
③ 배기가스가 누출되지 않도록 조립한다.
④ 조립 후 다른 부분과 접촉하는지를 점검한다.

14 다음 〈보기〉의 경우 자동차 기관의 압축비로 옳은 것은?

---〈보 기〉---
• 배기량이 1,250cc
• 연소실 체적이 250cc인 자동차

① 3 : 1
② 4 : 1
③ 5 : 1
④ 6 : 1

15 휠 얼라이언먼트의 각 구성요소와 특징이 옳게 연결되지 않은 것은?

① 캠버: 하중에 의한 앞 차축의 휨을 방지하고 조향 핸들의 조작을 가볍게 한다.
② 토인: 타이어의 마멸을 최소로 하고 로드홀딩 효과가 있다.
③ 킹핀 경사각: 캐스터와 동일하게 조향 핸들의 조작력을 가볍게 한다.
④ 캐스터: 자동차를 옆에서 보았을 때 킹핀의 중심선이 노면에 수직인 직선에 대하여 어느 한쪽으로 기울어져 있는 상태를 의미한다.

16 다음 중 디젤기관의 노크 방지 대책으로 옳지 않은 것은?

① 착화성이 좋은 연료를 사용한다.
② 착화 지연 기간 중에 연료의 분사량을 적게 한다.
③ 실린더 벽 온도를 낮게 유지한다.
④ 흡입공기의 온도와 압력을 높게 유지한다.

17 다음 중 전조등의 밝기에 영향을 미치는 요소가 아닌 것은?

① 발전기 충전 불량
② 전조등 반사경 · 렌즈의 불량 및 이물질 유입
③ 배전기에 의한 배전 누전
④ 전조등 회로 접촉저항 과대

18 다음 중에서 포토 다이오드를 사용하는 센서가 아닌 것은?

① 오토에어컨의 일사량 감지 센서
② 배전기의 NO.1TDC 센서
③ 발전기 전압 조정기
④ 조향 휠 각도 센서

19 다음 중 수동변속기를 변속할 때 소음의 원인으로 옳지 않은 것은?

① 클러치의 오일이 부족하거나 질이 나쁘다.
② 클러치를 완전히 밟지 않았다.
③ 클러치 디스크가 과다하게 마모되었다.
④ 댐퍼가 과다하게 마모되었다.

20 4행정 기관의 밸브 개폐시기가 다음과 같다. 흡기행정 기간과 밸브 오버랩은 각각 몇 °인가? (단, 흡기밸브 열림: 상사점 전 21°, 흡기밸브 닫힘: 하사점 후 52°, 배기밸브 열림: 하사점 전 52°, 배기밸브 닫힘: 상사점 후 16°)

① 흡기행정 기간: 253°, 밸브 오버랩: 37°
② 흡기행정 기간: 248°, 밸브 오버랩: 37°
③ 흡기행정 기간: 248°, 밸브 오버랩: 104°
④ 흡기행정 기간: 253°, 밸브 오버랩: 104°

21 다음 중 유체클러치에 대한 설명으로 옳지 않은 것은?

① 기관의 동력을 유체 운동에너지로 바꾸어 이 에너지를 다시 동력으로 바꾸어서 전달하는 장치이다.
② 과부하를 방지하고 충격을 흡수한다.
③ 유체클러치의 오일은 비중이 작고 응고점이 높아야 한다.
④ 유체클러치에서 가이드 링은 오일의 와류를 감소시키는 장치이다.

22 다음 중 배기장치에 대한 설명으로 옳은 것은?

① 배기 소음기는 온도는 낮추고 압력을 높여 배기 소음을 감쇠한다.
② 배기다기관에서 배출되는 가스는 저온·저압으로 급격한 팽창으로 폭발음이 발생한다.
③ 단실린더에도 배기다기관을 설치하여 배기가스를 모아 방출해야 한다.
④ 소음효과를 높이기 위해 소음기의 저항을 크게 하면 배압이 커 기관출력이 줄어든다.

23 윤활장치에서 유압이 높아지는 이유로 옳은 것은?

① 베어링의 마멸
② 릴리프 밸브 스프링의 장력이 큰 경우
③ 오일펌프의 마멸
④ 엔진오일과 가솔린의 희석

24 제동장치에서 디스크 브레이크의 특징으로 옳지 않은 것은?

① 방열성이 좋아 제동력이 우수하다.
② 자기 작동작용으로 고속에서도 제동력이 증대된다.
③ 패드의 강도가 커야 하며 패드의 마멸이 크다.
④ 디스크가 노출되어 이물질이 쉽게 부착된다.

25 전기자동차의 1회 충전 주행거리 산정방법 중 복합 1회 충전 주행거리 산정방법으로 옳은 것은?

① (0.55×도심주행 1회 충전 주행거리)+(0.45×고속도로 주행 1회 충전 주행거리)
② (0.45×도심주행 1회 충전 주행거리)+(0.45×고속도로 주행 1회 충전 주행거리)
③ (0.45×도심주행 1회 충전 주행거리)+(0.55×고속도로 주행 1회 충전 주행거리)
④ (0.55×도심주행 1회 충전 주행거리)+(0.55×고속도로 주행 1회 충전 주행거리)

군무원 차량직 · 전차직 FINAL 실전 봉투모의고사

정답 및 해설

제1회 모의고사 정답 및 해설

제1과목: 국어

01	02	03	04	05	06	07	08	09	10
①	③	④	④	③	①	②	④	①	③
11	**12**	**13**	**14**	**15**	**16**	**17**	**18**	**19**	**20**
③	①	②	④	③	②	①	④	③	②
21	**22**	**23**	**24**	**25**					
④	④	①	④	②					

01
정답 ①

정답해설

①의 제시된 문장은 '영하는 부산에 산다.'라는 문장과 '민주는 대전에 산다.'라는 문장을 대등적 연결 어미 '-고'를 사용하여 연결한 것으로, 대등적으로 이어진 문장이다.

오답해설

② '형이 취직하기'는 명사절로 안긴문장으로, 제시된 문장에서 목적어의 역할을 한다.

③ '예쁜'이 뒤에 오는 체언 '지혜'를 수식하고 있으므로, 관형절로 안긴문장이다. 제시된 문장은 '지혜는 예쁘다.'라는 문장과 '지혜는 자주 거울을 본다.'라는 문장으로 구분할 수 있다.

④ '다음 주에 가족 여행을 가자.'라는 문장을 인용 조사 '고'를 활용해 연결한 것으로, 인용절로 안긴문장이다.

> **The 알아보기 문장의 종류**
>
> • 홑문장
> - 주어와 서술어가 하나씩 있어서 둘 사이의 관계가 한 번만 이루어지는 문장이다.
> - 간결하고 명쾌하게 의미를 전달할 수 있다.
> - 본용언과 보조 용언이 결합하여 서술어로 쓰인 문장은 홑문장이다.
> - 대칭 서술어(마주치다, 다르다, 같다, 비슷하다, 악수하다)가 사용된 문장은 홑문장이다.
> • 겹문장
> - 주어와 서술어의 관계가 두 번 이상 이루어지는 문장이다.
> - 복잡한 내용을 전달할 수 있지만, 너무 복잡해지면 오히려 의미 전달이 어려워질 수 있다.
> - 종류
>
> | | | |
> |---|---|---|
> | 이어진 문장 | 개념 | 둘 이상의 절이 연결 어미에 의하여 결합된 문장 |
> | | 종류 | • 대등하게 이어진 문장
• 종속적으로 이어진 문장 |

02
정답 ③

정답해설

③은 문장의 목적어나 부사어가 지시하는 대상을 높이는 객체 높임법이 특수 어휘 '드리다'로 실현되었다.

오답해설

① · ② · ④ 서술어의 주체를 높이는 주체 높임법이 높임의 선어말 어미 '-시-'로 실현된 문장이다.

03
정답 ④

정답해설

문학 작품을 표현 방식에 따라 구분하면 크게 서정, 서사, 극, 교술 문학으로 나뉜다.

④ 교술 양식: 필자의 경험에서 우러나온 깨달음을 서술하는 문학 장르이며 교술 민요, 경기체가, 악장, 가사, 패관 문학, 가전체, 몽유록, 수필, 서간, 일기, 기행, 비평 등이 해당된다.

오답해설

① 서정 양식: 개인의 감정이나 정서를 노래하는 주관적인 문학 장르로, 고대 가요, 향가, 고려 속요, 시조, 현대시 등이 해당된다.

② 서사 양식: 인물들이 벌인 어떠한 사건에 대해 서술자가 서술하는 것으로, 설화(신화, 전설, 민담), 판소리, 고전 소설, 현대 소설, 신소설 등이 해당된다.

③ 극 양식: 서사 갈래와 동일하게 어떠한 사건을 다루지만 무대 위에 인물들이 직접 등장하여 대사와 행동으로 보여 주는 문학 장르이다. 가면극(탈춤), 인형극, 무극, 그림자극, 희곡 등이 해당된다.

The 알아보기　문학의 갈래

갈래	특징	예
서정 (노래 하기)	• 운율이 있는 언어를 통해 내용이 전개되며 전개 방식이 매우 감각적임 • 작품 외적 세계(작가)의 개입이 없는 세계(객관적 세계)의 자아화(주관화)	고대 가요, 향가, 고려 속요, 시조, 한시, 민요, 근대시, 현대시 등
서사 (이야기 하기)	• 다른 장르에 비해 객관적이고 분석적임 • 작품 외적 자아(서술자)의 개입이 있는 자아(인물)와 세계(현실)의 대결	설화, 서사 무가, 판소리, 고전 소설, 신소설, 현대 소설 등
극 (보여 주기)	• 연극적인 형식을 갖추고 있으며 서정 갈래의 주관성과 서사 갈래의 객관성을 공유 • 작품 외적 자아(서술자)의 개입이 없는 자아(인물)와 세계(현실)의 대결	탈춤, 인형극, 창극, 근대극, 현대극 등
교술 (알려 주기)	• 다른 장르에 비해 교훈성과 설득성이 매우 강함 • 작품 외적 세계(작가)의 개입이 있는 자아(주관)의 세계화(객관화)	경기체가, 악장, 가사, 국문 수필, 기행문, 비평문 등

04

정답 ④

정답해설

실질 형태소는 명사, 대명사, 수사, 관형사, 부사, 감탄사, 용언의 어간으로, 제시된 문장에서 실질 형태소는 '눈, 녹-, 남-, 발, 자국, 자리, 꽃, 피-'이므로 총 8개이다.

오답해설

① 제시된 문장의 형태소는 '눈(명사)/이(조사)/녹-(어간)/-으면(어미)/남-(어간)/-은(어미)/발(명사)/자국(명사)/자리(명사)/마다(조사)/꽃(명사)/이(조사)/피-(어간)/-리-(선어말 어미)/-니(어말 어미)'로 나눌 수 있다. 의존 형태소는 어간, 어미, 조사, 접사로, 제시된 문장에서 의존형태소는 '이, 녹-, -으면, 남-, -은, 마다, 이, 피-, -리-, -니'이므로 총 10개이다.

② 자립 형태소는 명사, 대명사, 수사, 관형사, 부사, 감탄사로, 제시된 문장에서 자립 형태소는 '눈, 발, 자국, 자리, 꽃'이므로 총 5개이다.

③ 어절은 띄어쓰기의 단위로, 제시된 문장은 '눈이/녹으면/남은/발자국/자리마다/꽃이/피리니'와 같이 총 7개의 어절로 이루어져 있다. 음절은 말소리의 단위로, 제시된 문장은 총 19개의 음절로 이루어져 있다.

05

정답 ③

정답해설

제시문에서 경전을 인용하여 주장을 강조하는 부분은 찾아볼 수 없다.

오답해설

① 물결치고 바람 부는 물 위에서 배를 띄워 놓고 사는 '주옹'의 삶에 대해 '손'은 매우 위험하게 생각하며 상식과 통념에 입각하여 사물을 바라보는 관점을 취하고 있다. 이와 달리 '주옹'은 늘 위태로운 지경에 처하게 되면 조심하고 경계하게 되므로 오히려 더욱 안전하다고 주장하고 있다. 따라서 이러한 '주옹'의 관점은 상식과 통념을 뒤집는 역설적 발상의 결과라고 할 수 있다.

② '손'과의 대화 과정에서 '주옹'은 여러 가지 질문을 던지고 이에 대한 자신의 주장을 펴고 있다.

④ 끝부분에서 '주옹'은 시를 이용하여 '어떻게 살아야 하는가'에 대한 자신의 주장을 암시적으로 보여 주고 있다.

The 알아보기　권근, 「주옹설(舟翁說)」
- 갈래: 한문 수필, 설(說)
- 성격: 비유적, 교훈적, 계몽적, 역설적
- 표현: 여러 가지 질문을 던지고 이에 대한 자신의 주장을 폄
- 제재: 뱃사람의 삶
- 특징
  - 편안함에 젖어 위험을 깨닫지 못하는 삶을 경계
  - 역설적 발상을 통해 일반적인 삶의 태도를 비판
  - 허구적인 대리인(주옹)을 설정하여 글쓴이의 생각을 전달
- 주제
  - 세상살이의 어려움과 삶의 태도
  - 항상 경계하며 사는 삶의 태도의 필요성

06 정답 ①

정답해설

제시문의 [A]는 자연 속에서 근심 없이 유유자적하는 삶의 태도를 보여 주고 있다.

① 월산대군의 강호한정가로 세속에 관심 없이 자연의 아름다움을 즐기며 안분지족하는 삶의 태도를 보여 주고 있다.

오답해설

② 황진이의 시조로 임을 떠나보내고 후회하는 여인의 심리를 표현한 연정가이다.

③ 원천석의 시조로 대나무를 의인화하여 고려 왕조에 대한 변함없는 충절을 표현한 절의가이다.

④ 이황의 시조 「도산십이곡」으로 변함없는 자연과 인간의 유한성을 대비하여 영원한 학문과 덕행에의 정진을 다짐하고 있다.

07 정답 ②

정답해설

'서로 짠 일도 아닌데 ~ 네 집이 돌아가며 길어 먹었지요.'와 '집안에 일이 있으면 그 순번이 자연스럽게 양보되기도 했었구요.'를 통해 이웃 간의 배려에 대한 표현을 찾아볼 수는 있다. 그러나 '미나리가 푸르고(시각적 이미지)', '잘도 썩어 구린내 혹 풍겼지요(후각적 이미지).'에서 감각적 이미지가 사용된 것은 확인할 수 있으나, 하나의 감각에서 다른 감각으로 전이되는 공감각적 이미지는 찾을 수 없다.

오답해설

① '네 집이 돌아가며 길어 먹었지요.'와 '집안에 일이 있으면 그 순번이 자연스럽게 양보되기도 했었구요.'를 통해 '샘'은 이웃 간의 정과 배려를 느끼게 하는 소재임을 알 수 있다. 따라서 '샘'을 매개로 공동체의 삶을 표현하였다는 설명은 적절하다.

③ '−었지요', '−었구요' 등은 구어체 표현으로서 이웃 간의 정감 어린 분위기를 표현하기 위해 사용되었다.

④ '길이었습니다', '있었지요', '먹었지요', '했었구요', '풍겼지요' 등의 과거 시제를 사용하고 있으며 이를 통해 과거를 회상하는 분위기를 표현하였다.

08 정답 ④

정답해설

국밥: 예사소리(ㄱ, ㅂ), 파열음(ㄱ, ㅂ), 연구개음(ㄱ)

오답해설

① 해장
- 예사소리(ㅈ), 'ㅎ'은 어디에도 포함되지 않는다.
- 파찰음(ㅈ), 마찰음(ㅎ)
- 경구개음(ㅈ), 목청소리(ㅎ)

② 사탕
- 예사소리(ㅅ), 거센소리(ㅌ), 울림소리(ㅇ)
- 마찰음(ㅅ), 혀끝소리(ㅅ)

③ 낭만
- 울림소리(ㄴ, ㅁ, ㅇ)
- 비음(ㄴ, ㅁ, ㅇ)
- 연구개음(ㅇ), 혀끝소리(ㄴ), 입술소리(ㅁ)

09 정답 ①

정답해설

주어진 문장의 쓰다는 '어떤 일을 하는 데에 재료나 도구, 수단을 이용하다.'의 의미이다.

① '쓰다'는 '합당치 못한 일을 강하게 요구하다.'라는 의미로, 주어진 문장의 '쓰다'와 다의 관계이다.

오답해설

② '시체를 묻고 무덤을 만들다.'의 의미이다.

③ '얼굴에 어떤 물건을 걸거나 덮어쓰다.'의 의미이다.

④ '머릿속의 생각을 종이 혹은 이와 유사한 대상 따위에 글로 나타내다.'의 의미이다.

10 정답 ③

정답해설

ⓛ 송별연은 '별'의 종성인 'ㄹ'이 연음되어 [송벼련]으로 발음된다.

ⓔ 야금야금은 두 가지 발음 [야금냐금/야그먀금]이 모두 표준 발음으로 인정된다.

오답해설

㉠ 동원령[동원녕]

ⓒ 삯일[상닐]

11

정답해설

제시된 글에서는 '화랑도(花郞道: 꽃 화, 사나이 랑, 길 도)'와 '화랑도(花郞徒: 꽃 화, 사나이 랑, 무리 도)'를 정의함으로써 독자의 이해를 돕고 있으므로 ③은 적절한 설명이다.

오답해설

① 화랑도라는 용어를 바탕으로 의견을 제시하고 있을 뿐, 이에 대한 반론이나 반론을 위한 전제를 제시하지 않았으므로 이는 적절하지 않은 설명이다.

② 과거 신라 시대의 화랑도를 설명하고 있을 뿐, 글쓴이의 체험담은 제시되지 않았으므로 이는 적절하지 않은 설명이다.

④ 역사적 개념과 사실을 전달하고 있을 뿐, 통계적 사실이나 사례를 제시하지 않았으므로 이는 적절하지 않은 설명이다.

12
정답 ①

정답해설

① ⊙ '꿈'은 헤어진 임과 다시 만날 것을 간절히 염원하는 그리움의 표상이다.

오답해설

② 초장의 '이화우'와 중장의 '추풍낙엽'에서 계절의 대립적 변화는 나타나 있지만 ⊙은 작가의 소망을 나타낸 것일 뿐 대립적인 상황을 해소하는 계기가 되지는 않는다.

③ 인물의 과거 행적과 ⊙은 아무 관련이 없다.

④ '천 리에 외로운 꿈'은 둘 사이에 놓여 있는 공간적 거리감과 함께 잊을 수 없는 임에 대한 그리움의 표상이지 긴박한 분위기의 이완과는 관련이 없다.

The 알아보기 계랑, 「이화우(梨花雨) 흩날릴 제」
- 갈래: 평시조, 연정가(戀情歌), 이별가
- 성격: 감상적, 애상적, 우수적
- 표현: 은유법
- 제재: 이별과 그리움
- 주제: 임을 그리는 마음

13
정답 ②

정답해설

제시문은 '학교폭력 가해사실에 대한 학교생활기록부 기록 방침'에 대해 찬성하는 입장을 취하고 있다. 이와 반대로 ②는 학교폭력의 가해자가 받을 수 있는 지나친 불이익을 이유로 들어 '학교폭력 가해사실에 대한 학교생활기록부 기록 방침'에 대해 반대하는 입장을 취하고 있다.

오답해설

①·③·④ '학교폭력 가해사실에 대한 학교생활기록부 기록 방침'이 갖는 긍정적인 측면을 기술하고 있다.

14
정답 ④

정답해설

제시문은 세잔, 고흐, 고갱 각자의 인상주의에 대한 비판점과 해결 방법에 대해 서술하고 있다.

오답해설

① 세잔은 인상주의가 균형과 질서의 감각을 잃었다고 생각했다.

② 고흐는 인상주의가 빛과 색의 광학적 성질만을 탐구하여서, 미술의 강렬한 정열을 상실하게 될 위험에 처했다고 느꼈다.

③ 고갱은 그가 본 인생과 예술 전부에 대해 철저하게 불만을 느꼈고, 더 단순하고 더 솔직한 것을 열망했다.

15
정답 ③

정답해설

4구체, 8구체, 10구체로 분류되는 것은 '시조'가 아니라 '향가'이다.

오답해설

①·②·④ 시조 갈래에 대해 잘 설명하고 있다.

The 알아보기 송순, 「십 년(十年)을 경영하여」
- 갈래: 평시조, 정형시
- 주제: 자연에 대한 사랑과 안빈낙도
- 특징
  - 의인법과 비유법을 통해 물아일체의 모습을 나타냄
  - 근경과 원경이 조화를 이루고 있음

제1회 모의고사 정답 및 해설 5

16
정답 ②

정답해설

핫옷: 안에 솜을 두어 만든 옷

오답해설

① 감실감실: 사람이나 물체, 빛 따위가 먼 곳에서 자꾸 아렴풋이 움직이는 모양

③ 닁큼닁큼: 머뭇거리지 않고 잇따라 빨리

④ 다붓하다: 조용하고 호젓하다

17
정답 ①

정답해설

오매불망(寤寐不忘): 자나 깨나 잊지 못함

오답해설

② 청출어람(靑出於藍): 쪽에서 뽑아낸 푸른 물감이 쪽보다 더 푸르다는 뜻으로, 제자나 후배가 스승이나 선배보다 나음을 비유적으로 이르는 말

③ 각골난망(刻骨難忘): 남에게 입은 은혜가 뼈에 새길 만큼 커서 잊히지 아니함

④ 불문곡직(不問曲直): 옳고 그름을 따지지 아니함

18
정답 ④

정답해설

ㄹ의 '금간 창 틈'은 넉넉하지 않은 가정 상황을 나타내며, '빗소리'는 화자의 외로움을 고조시키고 있다.

The 알아보기 기형도, 「엄마 걱정」

- 갈래: 자유시, 서정시
- 주제: 장에 간 엄마를 걱정하고 기다리던 어린 시절의 외로움
- 특징
  - 어른이 된 화자가 과거를 회상함
  - 외로웠던 어린 시절을 감각적 심상으로 묘사

19
정답 ③

정답해설

국어의 표기법은 한 음절의 종성을 다음 자의 초성으로 내려서 쓰는 '이어적기(연철)', 여러 형태소가 연결될 때에 형태소의 모음 사이에서 나는 자음을 각각 앞 음절의 종성으로 적고 뒤 음절의 초성으로 적는 '거듭적기(혼철)', 여러 형태소가 연결될 때 그 각각을 음절이나 성분 단위로 밝혀 적는 '끊어적기(분철)'가 있다.

③ '쟝긔판'은 '쟝긔판+올'을 거듭적기로 쓴 표기이고, '빙글어늘'은 '빙글-+-어늘'을 끊어적기로 쓴 표기이다. 따라서 이어적기가 쓰이지 않았다.

오답해설

① '기픈'은 '깊-+-은'을 이어적기로 쓴 표기이므로 이는 적절하다.

② 'ㅂㄹ매'는 'ㅂ룸+애'를 이어적기로 쓴 표기이므로 이는 적절하다.

④ '바르래'는 '바롤+애'를 이어적기로 쓴 표기이므로 이는 적절하다.

20
정답 ②

정답해설

ⓒ의 앞에서는 황사의 이점에 대해서 언급했지만 ⓒ의 뒤에서는 황사가 해를 끼친다는 내용이 나오므로 ⓒ에는 역접의 접속어가 들어가야 한다. 따라서 '그러나' 또는 '하지만' 등의 접속어를 쓰는 것이 적절하다.

오답해설

① 제시된 글의 중심 내용은 황사가 본래 이점도 있었지만 인간이 환경을 파괴시키면서 심각하게 해를 끼치는 존재가 되었다는 것이다. '황사의 이동 경로의 다양성'은 글 전체의 흐름을 방해하므로 삭제하는 것이 적절하다.

③ '덕분이다'는 어떤 상황에 긍정적인 영향을 준 경우 사용되는 서술어이다. 환경 파괴로 인해 황사가 재앙의 주범이 되는 부정적인 결과가 발생했으므로 '때문이다'를 사용하는 것이 적절하다.

④ '독성 물질'은 서술어 '포함하고 있는'의 주체가 아니므로 '독성 물질을'로 고쳐 쓰는 것이 적절하다.

21

정답해설

일제 강점기의 암울한 현실 상황 속에서 박목월이 의지할 수 있는 것은 오직 자연뿐이었다. 그곳은 단순히 자연으로의 귀의라는 동양적 자연관으로서의 자연이라기보다는 인간다운 삶을 빼앗긴 그에게 '새로운 고향'의 의미를 갖는 자연이다. 그러므로 박목월에 의해 형상화된 자연의 모습은 인간과 자연의 대상들이 아무런 대립이나 갈등 없이 조화를 이루는 자연이다.

④ 감정의 절제는 맞는 지적이나 화자는 '산(＝자연)'과 일정한 거리를 유지하려 하는 것이 아니라 조화를 이루는 삶을 동경하고 있다.

오답해설

① 화자는 순수하고도 탈속적인 세계인 '산(＝자연)'을 지향하며, 자연 속에 안겨 평범하면서도 풍요로운 삶, 즉 인간다운 삶을 살고 싶은 순수한 모습이 나타나고 있다.

② '산이 날 에워싸고(A)', '살아라 한다(B)'의 통사 구조의 반복을 통해 자연 친화를 통한 초월적 삶이라는 주제를 강조하고 있다.

③ '살아라 한다'의 명령 화법으로 되어 있지만 이는 '산(＝자연)'이 화자에게 권유하는 것이며 또한 시적 화자의 소망이다.

The 알아보기 박목월, 「산이 날 에워싸고」

- 갈래: 자유시, 서정시
- 성격: 초월적, 자연 친화적, 관조적
- 제재: 산에 에워싸인 배경
- 구성: 점층적('생계 → 생활감 → 정신의 달관'으로 점차 고양되어가는 단계)
  - 제1연: 자연 속의 삶 – '씨나 뿌리고', '밭이나 갈며' 사는 최소한의 생계 수단
  - 제2연: 자연 속의 야성적인 삶 – '들찔레처럼', '쑥대밭처럼' 사는 생활상
  - 제3연: 자연 속의 생명 – '그믐달처럼' 사는 달관의 경지
- 특징
  - '산'을 의인화하여 화자에게 말을 하는 것처럼 표현함
  - '산이 날 에워싸고 ~ 살아라 한다'를 반복하여 리듬감을 형성하고 주제를 강조함
  - 자연과의 동화가 점층적으로 진행됨
- 주제
  - 평화롭고 순수한 자연에 대한 동경
  - 자연 친화를 통한 초월적 삶

22

오답해설

① 온가지(×) → 온갖(○)

② 머루치(×) → 멸치(○)

③ 천정(×) → 천장(○)

23

정답해설

「만분가」는 조위가 조선 연산군 4년(1498)에 전남 순천으로 유배 가서 지은 우리나라 최초의 유배 가사이다.

오답해설

② · ③ · ④ 신재효의 판소리 6마당: 「춘향가」, 「심청가」, 「수궁가」, 「흥부가」, 「적벽가」, 「변강쇠 타령」

24

정답해설

㉠ 나무가 분명히 굽어보이지만 실제로 굽지 않았다고 하였으므로 ㉠에 들어갈 한자어는 '어떤 사실의 앞뒤, 또는 두 사실이 이치상 어긋나서 서로 맞지 않음을 이르는 말'인 '矛盾(창 모, 방패 순)'이 적절하다.

㉡ 사물이나 사태의 보임새를 의미하는 한자어가 들어가야 하므로 '인간이 지각할 수 있는, 사물의 모양과 상태'를 뜻하는 말인 '現象(나타날 현, 코끼리 상)'이 적절하다.

㉢ 사물이나 사태의 참모습을 의미하는 한자어가 들어가야 하므로 '본디부터 가지고 있는 사물 자체의 성질이나 모습'을 뜻하는 '本質(근본 본, 바탕 질)'이 적절하다.

따라서 ㉠~㉢에 들어갈 낱말은 ② 矛盾 – 現象 – 本質이다.

오답해설

㉠ 葛藤(칡 갈, 등나무 등): 칡과 등나무가 서로 얽히는 것과 같이, 개인이나 집단 사이에 목표나 이해관계가 달라 서로 적대시하거나 충돌함 또는 그런 상태

㉡ 假象(거짓 가, 코끼리 상): 주관적으로는 실제 있는 것처럼 보이나 객관적으로는 존재하지 않는 거짓 현상

㉢ 根本(뿌리 근, 근본 본): 사물의 본질이나 본바탕

25

정답해설

조국이 위기에 처했을 때, 시인이 민족의 예언가가 되거나 민족혼을 불러일으키는 선구자적 위치에 놓일 수 있다는 것을 설명한 글이다. 따라서 글의 제목으로 가장 적절한 것은 '맡겨진 임무'를 뜻하는 '사명'이 포함된 ② '시인의 사명'이다.

제2과목 : 자동차공학

01	02	03	04	05	06	07	08	09	10
②	④	②	④	④	③	④	③	①	①
11	12	13	14	15	16	17	18	19	20
③	③	④	④	①	①	④	②	②	④
21	22	23	24	25					
③	②	①	①	②					

01

정답 ②

정답해설

엔진의 최고 회전수가 높은 것은 간접분사식의 장점에 해당한다.

> **The 알아보기   직접분사식의 장단점**
>
> • 장점
> − 냉각 손실이 작다.
> − 열효율이 높고, 연료소비율이 작다.
> − 열변형이 적다.
> − 엔진 시동이 쉽다.
> − 연소실 구조가 간단하다.
> • 단점
> − 분사펌프와 노즐의 수명이 짧다.
> − 사용 연료, 회전속도, 부하의 변화에 민감하다.
> − 노크가 잘 발생한다.
> − 값이 비싸다.

02

정답 ④

정답해설

위시본형에 비하여 구조가 간단하고, 부품이 적어 정비가 용이하다.

> **The 알아보기   맥퍼슨형 현가장치의 특징**
>
> • 위시본형으로부터 개발되었지만, 구조가 간단하고 부품이 적어 정비가 용이하다.
> • 스프링 아래 질량을 가볍게 할 수 있고, 로드 홀딩(타이어와 노면의 밀착 안정성) 효과가 우수하다.
> • 엔진룸의 유효공간(유효면적)을 넓게(크게) 제작할 수 있다.

- 승차감이 좋고 접지성이 우수하다.
- 안티 다이브 효과가 우수하다.

※ 안티 다이브: 급제동 시 관성력에 의해 차체의 앞부분이 내려앉는 노즈 다이브(노즈 다운) 현상을 억제하여 차체의 자세를 안정되게 유지하는 것이다(차체 안정성 탁월).

03
정답 ②

정답해설

BLDC 모터는 고속화가 용이하고, 소형화가 가능하다.

The 알아보기 BLDC 전동기(모터)의 장단점

- 장점
  - 브러시가 없기 때문에 전기적(불꽃 발생), 자기적 잡음이나 기계적 노이즈 발생이 적다(거의 없다). 직류전동기의 기계적 접촉구조인 정류자와 브러시를 전자적인 정류로 대체하여 기계적 내구성과 신뢰성을 향상시켰다.
  - 신뢰성이 높고 수명이 길며, 정기적인 유지보수가 필요 없다.
  - 일정속도제어, 가변속제어가 가능하다(제어성 우수). 계자가 영구자석이므로 계자자속을 제어할 수 없는 것을 제외하면 DC 모터와 유사한 속도 및 토크의 제어가 가능하다.
  - 고속화가 용이하다(고속운전 가능).
  - 브러시 및 정류자가 없으므로 소형화가 가능하며, 코어리스 및 평면대향형으로 하면 박형화가 가능하다.
  - 일반 DC 모터에 비하여 브러시의 전압강하나 마찰 손실이 없어 효율이 좋다.
  - 순간허용 최대토크와 정격토크의 비가 크다. 일반 DC 모터의 경우에는 정류한계가 있지만, BLDC 모터는 정류한계가 없으므로 순간허용 최대토크를 크게 잡을 수 있다.
  - 일반 DC 모터에서는 회전자 측에서 열이 많이 발생하므로 방열에 대한 고려가 필요하지만, BLDC 모터에서는 고정자에만 열이 발생하므로 냉각이 용이하다.
- 단점
  - 로터에 영구자석 사용으로 저관성화에 제한이 생긴다.
  - 반도체 재료 및 희토류계 자석의 사용으로 비용이 높다.

04
정답 ④

정답해설

가솔린기관의 노킹을 방지하려면 냉각수와 흡기의 온도를 낮춰야 한다.

The 알아보기 가솔린기관의 노킹 방지법

- 옥탄가가 높은 연료를 사용한다.
- 냉각수의 온도와 흡기온도를 낮춘다.
- 실린더 벽의 온도를 낮춘다.
- 회전수를 증가시킨다.

05
정답 ④

정답해설

라디에이터는 엔진에서 가열된 냉각수를 냉각시키는 역할을 한다. 냉각수가 흘러갈 때 저항이 커지면 흐름이 원활하지 못해 냉각시키지 못하게 된다. 따라서 냉각수가 원활하게 잘 흘러가려면 냉각수 흐름의 저항이 작아야 한다.

06
정답 ③

정답해설

가속 · 구배 · 구름저항은 자동차의 총 중량에 비례하지만, 공기저항은 자동차의 총 중량과는 관계없다.

The 알아보기 자동차 저항

- 자동차의 전체 주행저항: $R_t = R_1 + R_2 + R_3 + R_4$
- 구름저항: $R_1 = f_1 \times W$
  ($\because$ W: 차량 총 중량, f_1: 구름저항계수, θ: 경사각)
- 공기저항: $R_2 = f_2 \times A \times V^2$
  ($\because$ A: 자동차 전면 투영 면적, f_2: 공기저항계수, V: 속도)
- 구배저항: $R_3 = W \times \sin\theta = W \times \dfrac{G}{100}$
  ($\because$ W: 차량 총 중량, G: 구배율, θ: 경사각)
- 가속저항: $R_4 = \dfrac{W + w'}{g} a$
  ($\because$ W: 차량 총 중량, w': 회전부분 관성상당중량, a: 가속도)

07

정답 ④

정답해설

베이퍼라이저는 액체 LPG를 강제로 증발시켜서 엔진이 필요로 하는 기체 LPG를 공급한다. LPG를 강제로 증발시키기 위하여 감압 작용과 기화 작용 그리고 압력을 조절하는 작용을 한다.

오답해설

① 믹서: 가솔린 엔진의 카뷰레터가 설치되는 부분에 있는 장치이며, 베이퍼라이저에서 기화된 LPG를 공기와 혼합하여 연료실에 공급한다.

② 봄베: 압축 가스, 액화 가스를 저장하거나 운반하기 위한 내압 용기이다.

③ 솔레이노 밸브: 도선을 나선형으로 감아서 전기를 사용해 자동적으로 밸브를 개폐시키는 장치이다.

08

정답 ③

정답해설

인터쿨러는 흡입 공기의 온도를 낮추고 공기밀도를 증가시켜 충전효율을 향상시키며, 공기로 냉각시키는 공랭식과 냉각수를 이용하여 냉각시키는 수랭식으로 구분한다.

09

정답 ①

정답해설

$$옥탄가 = \frac{이소옥탄}{이소옥탄 + 노멀(정)헵탄} \times 100$$
$$= \frac{85}{85+15} \times 100 = 85$$

10

정답 ①

정답해설

공차상태의 자동차에 있어서 접지부분 외의 부분은 지면으로부터 최소 10cm 이상의 간격이 있어야 한다.

> **The 알아보기** 자동차 및 자동차부품의 성능과 기준에 관한 규칙 제5조(최저지상고)
>
> 공차상태의 자동차에 있어서 접지부분 외의 부분은 지면과의 사이에 10센티미터 이상의 간격이 있어야 한다. 다만, 특수작업용자동차, 경주용자동차 등 국토교통부장관이 당해 자동차의 제작목적상 필요하다고 인정하는 자동차의 경우에는 그러하지 아니하다.

11

정답 ③

정답해설

유압식 밸브 리프터는 엔진오일의 유압을 이용하여 밸브의 개폐시기를 정확하게 작동하기 위한 시스템으로, 작동 소음이 감소되고 엔진의 성능을 향상시키는 등 내구성이 증가한다는 특징이 있다.

12

정답 ③

정답해설

실린더 벽에 형성된 오일 유막의 파괴로 마찰이 증대되는 것은 피스톤 간극이 작을 때의 영향에 해당한다.

> **The 알아보기** 피스톤 간극
> * 피스톤 간극이 클 때의 영향
>   - 압축행정 시 블로바이 현상이 발생하고 압축압력이 떨어진다.
>   - 폭발행정 시 엔진출력이 떨어지고 블로바이 가스가 희석되어 엔진오일을 오염시킨다.
>   - 피스톤링의 기밀작용 및 오일제어 작용 저하로 엔진오일이 연소실로 유입·연소하여 오일 소비량이 증가하고, 유해 배출가스가 많이 배출된다.
>   - 피스톤의 슬랩 현상이 발생하고 피스톤링과 링 홈의 마멸을 촉진시킨다.
>   ※ 피스톤의 슬랩: 피스톤과 실린더 간극이 너무 커서 피스톤이 상·하사점에서 운동방향이 바뀔 때 실린더 벽에 충격을 가하는 현상이다.
> * 피스톤 간극이 작을 때의 영향
>   - 실린더 벽에 형성된 오일 유막의 파괴로 마찰이 증대된다.
>   - 마찰에 의한 고착(소결) 현상이 발생한다.

13

정답해설

조향 기어비 $= \dfrac{\text{조향핸들이 움직인 각도}}{\text{피트먼 암이 움직인 각도}}$

$= \dfrac{6 \times 360°}{180°} = \dfrac{2,160°}{180°} = 12$

따라서 12 : 1이다.

14

정답 ④

정답해설

병렬연결 시 합성저항은 $R_T = \dfrac{1}{\dfrac{1}{R_1} + \dfrac{1}{R_2} + \cdots + \dfrac{1}{R_n}}$ 이므로,

$R_T = \dfrac{1}{\dfrac{1}{2} + \dfrac{1}{3} + \dfrac{1}{6}} = 1[\Omega]$이다.

저항이 1Ω일 때의 전류는 옴의 법칙 $V = IR$, $I = \dfrac{V}{R}$로 구할 수 있다.

$\therefore I = \dfrac{V}{R} = \dfrac{24}{1} = 24[A]$

15

정답 ①

오답해설

② 아이들 기어: 두 개의 메인 기어 사이에 설치되어 두 축 간의 거리가 크거나 회전 방향을 바꿀 때 사용한다.

③ 모터 컨트롤 유닛(MCU): 회생제동 시 모터에서 발생되는 3상 교류를 직류로 바꾸어 고전압 배터리에 공급한다.

④ 고전압 배터리 제어 시스템(BMS): 하이브리드 자동차에서 배터리 시스템의 열적 · 전기적 기능을 제어 또는 관리하고 배터리 시스템과 다른 차량 제어기 사이에서 통신을 제공한다.

16

정답 ①

정답해설

휠스피드센서는 휠의 회전속도를 감지한 후 이것을 전기적 신호로 바꾸어 ABS 컨트롤 유닛으로 보내는 역할을 한다(속도 증가에 따라 주파수가 비례로 증가한다).

17

정답 ④

정답해설

엔진에서 배출되는 배기가스의 유해물질 중 질소산화물(NO_x)을 저감하기 위한 장치를 '배기가스 재순환장치(EGR)'라고 한다.

> **The 알아보기** 배기가스 재순환장치(EGR; Exhaust Gas Recirculation)
>
> 엔진에서 배출되는 배기가스의 유해물질 중 질소산화물(NO_x)을 저감하기 위한 장치로, 연소 온도가 2,000℃를 넘으면 질소산화물의 발생이 급격히 증가하므로 불활성인 배기가스의 일부를 다시 흡기로 유입(재순환)하여 연소실의 최고 온도를 낮추어 질소산화물의 발생을 억제한다. 배기가스 재순환 과정에서 각종 찌꺼기가 흡기 및 연소실에 누적되고 EGR를 통해 들어오는 가스는 이미 한 번 연소되어 산소가 없는 것과 마찬가지이므로 그만큼 기관의 출력 및 효율이 일정 구간에서 약간 떨어지나(연비와 성능 저하), 유해배출가스를 억제하는 시스템으로 적용되고 있다. EGR는 냉각수 온도 65℃ 이상, 중속 이상의 속도 등 질소산화물이 다량 배출되는 엔진의 지정된 운전 영역에서만 작동한다. 엔진의 온도가 떨어지거나 높은 출력을 필요로 할 경우 또는 냉각이나 공회전 시에는 작동하지 않는다.

18

정답 ②

정답해설

댐퍼 클러치는 자동차의 주행속도가 일정한 값에 도달하면 토크 컨버터의 터빈과 펌프를 기계적으로 직결시켜 슬립(미끄러짐에 의한 손실)과 유압에 의한 동력 손실을 방지하는 기계식 전동 장치이다.

오답해설

① 스테이터: 계자 코일에 감겨지는 얼터네이터의 고정부분을 말한다.

③ 일방향 클러치: 한 방향으로만 회전력을 전달하고 역방향으로 공전하는 구조를 말한다.

④ 가이드 링: 프로펠러 수차 또는 캐플런 수차의 유입량을 조절하기 위하여 안내 날개를 개폐하는 기구에 내장되어 있는 것을 말한다.

19 정답 ②

정답해설

차선이탈 경보장치(LDWS)

전방의 카메라를 통하여 차선을 인식하고 일정속도 이상에서 차선을 밟거나 이탈할 경우 클러스터 및 경보음을 통하여 운전자에게 알려주는 주행 안전장치이다.

오답해설

① 차선유지 보조장치(LKAS): 차선이탈 경보장치의 기능보다 더욱 성능이 향상된 장치로서 차선을 유지할 수 있도록 전자식 동력 조향장치와 연동되어 작동하며 스스로 차선을 유지할 수 있는 시스템이다.

③ 자동 긴급 제동장치(AEB): 저속 주행 시 운전자가 전방을 주시하지 못하는 경우와 같이 순간적으로 발생할 수 있는 사고를 대비하여 자동으로 전자제어 제동장치를 구동하고 긴급 제동기능을 수반하는 시스템을 말한다.

④ 선택적 환원 촉매장치(SCR): 디젤 자동차의 배기가스에 요소수(UREA) 등을 분사하여 선택적 환원 촉매장치에서 유해한 NO_x를 정화하는 시스템을 말한다.

20 정답 ④

정답해설

압력식 캡은 냉각회로 내의 압력이 규정 이상일 경우 압력캡의 오버 플로 파이프(Over Flow Pipe)로 냉각수가 배출되고, 반대로 냉각회로 내의 압력이 낮을 경우 보조 물탱크 내의 냉각수가 유입되어 냉각회로를 보호한다.

오답해설

① 방열핀: 공랭식 엔진에서 냉각효과를 증대시키기 위한 장치이다.

② 서모스탯: 수랭식 엔진에 있어서 엔진의 온도를 일정하게 유지시키기 위한 장치이다.

③ 라디에이터: 수랭식 엔진에 있어서 엔진의 열을 냉각시키기 위한 장치이다.

21 정답 ③

정답해설

주 분사는 파일럿 분사가 실행되었는지의 여부를 고려하여 연료 분사량을 계산한다. 주 분사의 기본값으로 사용되는 것은 기관 회전력의 양(가속페달센서의 값), 기관 회전속도, 냉각수의 온도, 흡입공기의 온도, 대기압력 등이 있다.

The 알아보기 | 전자제어 디젤 엔진(CRDI)의 입력신호

- 흡기 온도 센서: 부특성 서미스터로서 공기 유량 센서에 내장되어 흡입 공기 온도를 감지하고 공기의 밀도에 따라서 연료량, 분사시기를 보정 신호로 사용한다.
- 레일 압력 센서: 커먼 레일의 중앙부에 설치되어 있으며, 연료 압력을 측정하여 ECU로 입력시키고, ECU는 이 신호를 받아 연료의 분사량 및 분사시기를 조정하는 신호로 사용한다.
- 차량 속도 센서(차속 센서): 변속기 하우징에 설치되어 센서 1회전당 4개의 펄스 신호를 출력하여 ECU에 입력한다. 엔진의 ECU는 차량 속도 센서의 신호를 이용하여 연료 분사량 및 분사시기를 보정한다.
- 대기압 센서: ECU에 내장되어 있으며, 대기 압력에 따라서 연료의 분사시기의 설정 및 연료 분사량을 보정한다.
- 인젝터: ECU 내부에서 전류 제어에 의해 결정된다. 흡입 공기량과 엔진 회전수 등을 기반으로 연료 분사량을 결정하며 다른 센서 및 스위치신호 등을 통하여 분사 보정량을 적용한다.

22 정답 ②

오답해설

① · ④ 슈퍼차저에 대한 설명이다.

③ 인터쿨러에 대한 설명이다.

The 알아보기 | 수퍼차저와 터보차저의 비교

구분	수퍼차저	터보차저
지연(Lag)	없음	있음
효율성	낮음	높음
열	인터쿨러 불필요	인터쿨러 필요
서지	없음	있음
백 프레셔	없음	있음
노이즈	큼	작음
신뢰도	높음	낮음
출력	높음	낮음
구조	간단한 구조	복잡한 구조

23

정답 ①

정답해설

체적효율은 흡입행정 중 실린더에 흡입된 공기의 질량과 행정 체적에 해당하는 대기질량의 비율을 말하는 것으로, 흡입공기가 뜨거우면 밀도가 작아져 체적효율이 감소한다.

> **The 알아보기 체적효율 개선 방법**
> • 흡입되는 공기를 냉각시켜 밀도를 높인다.
> • 실린더 내부의 온도를 낮춰 유입저항을 감소시킨다.
> • 흡기밸브 수를 늘려서 흡입단면적을 크게 한다.

24

정답 ①

정답해설

디젤 엔진은 '착화 지연기간 → 화염 전파기간 → 직접 연소기간 → 후기 연소기간'의 순서로 연소된다.

25

정답 ②

정답해설

4행정은 흡입-압축-폭발(동력)-배기의 4개의 행정이 1번 완료 시 크랭크축이 2회전(720°) 하여 1사이클을 완성하는 엔진이다. 우선, 4등분한 원을 그린 후 흡입-압축-폭발(동력)-배기를 원 내부에 시계방향으로 배치한다. 1번 실린더가 흡입이라고 했으므로 흡입부터 반시계방향으로 1-3-4-2의 점화순서를 배치한다. 그러면 4번 실린더는 폭발(동력)행정이 된다.

> **The 알아보기 4행정 6기통 기관에서 폭발순서가 1-5-3-6-2-4인 엔진의 2번 실린더가 흡입행정 중간이라면 5번 실린더는?**
> 시계방향으로 흡입-압축-폭발-배기행정을 하고 있다. 각 행정마다 초, 중, 말 3칸으로 나누어 놓는다. 2번 실린더가 흡기행정 중이라면 흡입란 중에 2번을 써넣는다. 그 다음 반시계 방향으로 한 칸 건너 점화 순서대로 번호를 써주면, 5번 실린더는 폭발행정 중간이 된다.

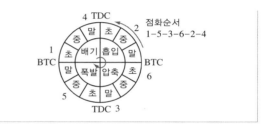

01	02	03	04	05	06	07	08	09	10
①	②	①	③	②	①	①	③	②	②
11	12	13	14	15	16	17	18	19	20
③	③	②	①	③	②	②	④	④	①
21	22	23	24	25					
③	①	④	①	③					

01
정답 ①

정답해설

부동액

냉각수가 동결되는 것을 방지하기 위해 냉각수와 혼합하여 사용하는 액체이다. 자동차 부동액으로 사용되는 종류에는 에틸렌글리콜(EG), 메탄올, 글리세린이 있다.

02
정답 ②

정답해설

인젝터의 리턴 연료량을 점검하는 것은 디젤기관에서 사용하는 점검방법에 해당한다.

03
정답 ①

정답해설

실린더 헤드 개스킷은 헤드와 실린더 블록 사이에 위치하여 압축가스 및 엔진오일, 냉각수 등이 누출되는 것을 방지하는 기밀 작용을 하며 고온과 폭발압력에 견딜 수 있는 내열성, 내압성, 내마멸성을 가진다.

04
정답 ③

정답해설

실린더 헤드를 떼어낼 때는 바깥에서 중앙을 향하여 대각선으로 볼트를 풀고, 실린더 헤드를 조일 때는 중앙에서 바깥을 향하여 대각선으로 볼트를 조여야 한다.

05
정답 ②

정답해설

엔진 ECU(Electronic Control Unit)의 제어 항목에는 ㉠ 공전 속도 제어, ㉡ 연료 분사량 제어, ㉢ 분사 시기 제어 외에도 점화 시기 제어, 배기가스 피드백 제어 등을 수행한다.

오답해설

㉣ 변속 시기 제어는 변속기 컴퓨터인 TCU(Transmission Control Unit)에서 제어한다.

06
정답 ①

정답해설

키르히호프 전류법칙(제1법칙)은 '노드로 들어오는 전류의 합은 나가는 전류의 합과 같다.'이다.

- 들어오는 전류의 합: $I_1 + I_3 + I_4 = 3 + 5 + 2 = 10[A]$
- 나가는 전류의 합: $I_2 + I_5 = 4 + I_5 = I_5 + 4[A]$

$I_5 + 4 = 10[A]$

∴ $I_5 = 6[A]$

07
정답 ①

정답해설

타이어의 공기압이 기준치보다 낮거나 타이어의 마모가 심할 경우 지면과의 접촉 면적이 넓어 조향핸들이 무거워진다.

> **The 알아보기 조향핸들(스티어링)이 무거워지는 원인**
>
> - 유압식 파워 스티어링: 엔진과 연결된 벨트로 작동되는 오일펌프의 유압으로 조향핸들을 보조해 주는 장치이다. 운전자가 핸들을 움직이는 방향에 맞춰 오일을 밀어 넣게 되는데 이때 파워펌프의 불량 및 펌프의 마모(손상), 오랜 기간의 사용으로 인한 벨트의 노후(크랙 등) 및 불량, 파워 스티어링 오일 리저브 탱크 필터의 막힘, 파워 휠 호스의 손상으로 인한 파워 오일의 누유 등의 이유로 오일의 양이 부족하면 핸들을 돌리는 무게감이 증가하여 핸들 조작이 어려워지게 된다.
> - 전자식 파워 스티어링: 전기 모터에 의해 구동되기 때문에 자동차의 속도에 따라 저속일 때는 파워 스티어링이 가벼워지고, 고속 주행 시에는 파워 스티어링이 무거워지는 전자 제어 시스템으로 작동된다. ECU 등과 같은 제어기능을 담당하는 컴퓨터 기능의 오류, 모터의 수명이나 불량, 각 장치에 장착된 센서 문제 등과 같이 주로 전기적인 신호 및 제어 모듈의 이상 문제로 발생한다.
> - 타이어의 공기압이 낮거나 마모가 심할 경우

08
정답 ③

정답해설

킥다운(Kick Down)

자동변속기 차량에서 급가속하기 위해 액셀러레이터 페달을 끝까지 밟아 스로틀밸브 개도를 갑자기 증가시키면, 현재의 기어 단수보다 한 단계 낮은 기어로 선택되면서 순간적으로 강력한 가속력을 얻게 되는 현상이다.

오답해설

① 롤링: 축을 중심으로 한 회전운동으로 차체가 좌우로 흔들리는 회전운동을 의미한다.

② 요잉: 축을 중심으로 한 회전운동으로 차체의 뒤쪽이 좌우로 회전하는 고유진동을 의미한다.

④ 트램핑: 고속 주행할 때 바퀴가 상하로 진동하는 현상을 의미한다.

09
정답 ②

정답해설

싱크로나이저 링(Synchronizer Ring)

변속기 내에서 각 단의 기어가 물릴 때 변속기어의 싱크로나이저 콘과 접촉하여 발생하는 마찰력에 의해 클러치가 작동한다.

10
정답 ②

정답해설

에어클리너가 정상적으로 작동하는 경우 배기가스는 무색 혹은 옅은 청색을 띤다. 그러나 에어클리너가 막혔을 때는 흑색의 배기가스가 배출된다. 겨울철 엔진이 열을 받기 전이나, 엔진에서 연소한 가스가 밖으로 배출되지 못하는 경우 엔진 오일이 연소실에 유입되어 백색의 배기가스가 나온다.

11
정답 ③

정답해설

L−제트로닉식은 매스플로(Massflow) 방식으로 흡입공기량을 직접 계측하며 AFS(Air Flow Sensor)를 이용한다.

오답해설

② D−제트로닉식은 스피드 덴시티(Speed Density) 방식으로 흡입공기량을 간접 계측하며 MAP 센서를 이용하여 흡기다기관의 절대 압력(부압, 진공)을 검출한다.

④ AFS의 종류에는 칼만와류식, 베인(미저링플레이트)식, 열선식, 열막식이 있다.

> **The 알아보기**   **전자제어 연료분사 제어방식에 의한 분류**
> - K−제트로닉(K Jetronic Type): 기계식으로 엔진 내 흡입되는 공기량을 감지한 후 흡입공기량에 따른 연료 분사량을 연료분배기에 의해 인젝터를 통하여 연료를 연속적으로 분사하는 장치이다.
> - D−제트로닉(D Jetronic Type): 엔진 내 흡입되는 공기량을 흡기다기관의 압력을 측정할 수 있는 MAP센서를 통하여 진공도를 전기적 신호로 변환하여 ECU로 입력함으로써 그 신호를 근거로 ECU가 엔진 내 흡입되는 공기량을 계측하여 엔진에서 분사할 연료량을 결정한다.
> - L−제트로닉(L Jetronic Type): D−제트로닉과 같이 흡기다기관의 진공도로 흡입되는 공기량을 간접적으로 측정하는 것이 아니라 흡입 공기 통로상에 특정의 장치를 설치하여 엔진 내 흡입되는 모든 공기가 이 장치를 통과하도록 하고, 이때 통과한 공기량을 검출하여 전기적 신호로 변환한 후 ECU로 입력하여 이 신호를 근거로 엔진 내 분사할 연료 분사량을 결정하는 방식이다.

12
정답 ③

정답해설

피스톤 평균속도 $V_p = \dfrac{2LN}{60} = \dfrac{LN}{30}$

회전 반경이 45mm이면 회전 직경 90mm가 행정이 되므로,

$\therefore V_p = \dfrac{0.09 \times 2{,}700}{30} = 8.1[\text{m/s}]$

($\because L$: 행정[m], N: 엔진 회전수[rpm])

13
정답 ②

정답해설

고휘도 방전(HID; High Intensity Discharge) 전조등은 발광 관내의 방전에 의해 빛을 발산하는 램프로, 일반 전조등보다 빛을 반사하는 범위가 넓다.

> **The 알아보기 HID의 특징**
> - 광도 및 조사거리가 향상되었다.
> - 일반 전조등보다 빛을 반사하는 범위가 넓기 때문에 반대편 차량 운전자의 시야를 방해할 수 있으므로 광축을 자동으로 조절하는 장치를 같이 장착하여야 한다.
> - 전력 소비가 적다.
> - 기존 전구보다 발광량이 많고, 전구의 수명이 길다(수명 향상).
> - 점등이 빠르다.
>
> **할로겐 램프의 특징**
> - 할로겐 사이클로 인하여 흑화현상(필라멘트로 사용되는 텅스텐이 증발하여 전구 내부에 부착되는 것)이 없어 수명을 다할 때까지 밝기의 변화가 없다.
> - 색의 온도가 높아 밝은 배광색을 얻을 수 있다.
> - 교행용 필라멘트 아래에 차광판이 있어 자동차 쪽 방향으로 반사하는 빛을 없애는 구조로 되어 있어 눈부심이 적다.
> - 전구의 효율이 높아 밝기가 크다.

14
정답 ①

정답해설

복권전동기는 전기자 코일과 계자 코일이 직·병렬로 연결되어 있다.

> **The 알아보기 기동전동기의 종류와 연결 방식**
>
> | 기동전동기의 종류 | 연결 방식 |
> | --- | --- |
> | 직권전동기 | 직렬 연결 |
> | 분권전동기 | 병렬 연결 |
> | 복권전동기 | 직·병렬 연결 |

15
정답 ③

정답해설

오버러닝 클러치형 기동전동기의 피니언은 시프트 레버가 밀기 때문에 링 기어와 물리고 오버러닝 클러치에 의하여 기동전동기의 고속회전을 방지할 수 있다.

16
정답 ②

정답해설

엔진오일은 응고점이 낮아야 한다.

> **The 알아보기 엔진오일의 구비조건**
> - 점도지수가 커 엔진 온도에 따른 점성의 변화가 적을 것
> - 인화점 및 자연 발화점이 높을 것
> - 강인한 유막을 형성할 것(유성이 좋을 것)
> - 응고점이 낮을 것
> - 비중과 점도가 적당할 것
> - 기포 발생 및 카본 생성에 대한 저항력이 클 것

17
정답 ②

정답해설

냉매는 비체적이 작아야 한다.

> **The 알아보기 냉매의 구비조건**
> - 가연성, 폭발성이 없을 것
> - 금속에 대하여 부식성이 없을 것
> - 냉매 가스의 누출을 쉽게 발견할 수 있을 것
> - 무색, 무취 및 무미일 것
> - 임계 온도가 높고 응고점이 낮을 것
> - 액체의 비열이 작고 기체의 비열은 클 것
> - 증발 잠열이 클 것(비체적이 작을 것)
> - 사용 온도 범위가 넓을 것

18
정답 ④

정답해설

밑줄 친 H는 속도기호(H: 최고속도 210km/h)를 의미한다.

19 정답 ④

정답해설

④는 스톨테스트 방법에 해당하는 설명이다.

The 알아보기　자동변속기 유압 시험

- 정의: 유압 시험은 자동변속기의 충격이나 슬립이 발생할 경우 작동 요소의 작동압력을 측정한다. 따라서 오일펌프 및 각 요소의 피스톤 오일 씰 등이 정상적으로 작동하는지를 간접적으로 확인할 수 있다. 유압 시험을 실시하기 전에 기본적인 점검 및 전자제어 계통 등에 이상이 없는지를 확인한 후 실시한다.
- 자동변속기 유압 시험 방법
  - 자동변속기 온도가 70~80℃가 될 때까지 충분히 워밍업 한다.
  - 타이어가 회전하도록 리프트를 상승시킨다.
  - 특수공구 오일압력 게이지(30km/cm²) 및 어댑터(RED 및 DIR용 압력)를 각 유압 측정구에 장착한다. 이때 측정구로부터 오일의 누유가 없도록 한다.
  - 기준 유압표에 있는 조건으로 각부의 유압을 측정하고 기준값에 있는가를 확인한다.
  - 기준값을 초과할 경우에는 유압 진단표를 기초로 하여 조치를 취한다.

---

20 정답 ①

정답해설

오일 압력은 점화장치에서 2차 불꽃 전압 크기에 영향을 미치는 요소가 아니다.

21 정답 ③

정답해설

- 편평비 $= \dfrac{\text{높이}}{\text{너비}} \times 100$
- 높이 $= \dfrac{\text{너비} \times \text{편평비}}{100} = \dfrac{215 \times 60}{100} = 129[\text{mm}]$

22 정답 ①

정답해설

라디에이터 코어 막힘률은 $\dfrac{\text{신품용량} - \text{구품용량}}{\text{신품용량}} \times 100$이다.

이에 따라 계산하면 다음과 같다.

$$\therefore \ \frac{3.6 - 2.7}{3.6} \times 100 = 25[\%]$$

23 정답 ④

정답해설

카커스(Carcass)

타이어의 뼈대가 되는 부분으로 견고하며, 주행 중 노면 충격이나 변화를 흡수하기 위해 유연하여 완충 작용을 한다.

오답해설

① 비드: 자동차 휠의 림과 접촉하는 부분으로 공기압을 유지한다.
② 트레드: 자동차 타이어에서 노면과 접촉하는 면이 고무층으로 되어 있어 미끄러짐을 방지하는 역할을 한다.
③ 사이드 월: 타이어 규격과 기타정보가 표시된 부분으로 노면과 직접 접촉은 하지 않고 카커스를 보호한다.

24 정답 ①

정답해설

에어백은 작동 후 재사용하지 않기 때문에 조향휠을 탈거할 때 에어백 모듈 인플레이터 단자는 분리하지 않아도 된다.

25 정답 ③

정답해설

클러치나 변속기 등을 떼어 내는 등 차량 밑에서 작업하는 경우에는 반드시 보안경을 착용해야 한다.

제2회 모의고사 정답 및 해설

제1과목: 국어

01	02	03	04	05	06	07	08	09	10
③	②	④	④	③	③	①	③	②	④
11	12	13	14	15	16	17	18	19	20
①	①	①	①	③	①	③	④	③	③
21	22	23	24	25					
①	①	②	②	④					

01
정답 ③

정답해설
- 들른(○): '지나는 길에 잠깐 들어가 머무르다.'의 의미로 쓸 때에는 '들르다'로 표기하는 것이 적절하다.
- 거여요(○): '이다'의 어간 뒤에 '−에요', '−어요'가 붙은 '−이에요'와 '−이어요'는 받침이 없는 체언 뒤에 붙을 때는 '−예요', '−여요'로 줄어든다.

오답해설
① 치뤄야(×) → 치러야(○): '치르다'가 기본형이며, '치러, 치르니'와 같이 'ㅡ'가 탈락하는 규칙 활용을 한다. '치르−'와 '−어야'가 결합할 경우 'ㅡ'가 탈락하여 '치러야'로 써야 한다.
② 뒤처진(×) → 뒤처진(○): 문맥상 '어떤 수준이나 대열에 들지 못하고 뒤로 처지거나 남게 되다.'라는 뜻의 '뒤처지다'를 써야 하므로 '뒤처진'이 맞다. '뒤처지다'는 '물건이 뒤집혀서 젖혀지다.'를 뜻한다.
④ 잠궈(×) → 잠가(○): '잠그다'의 어간 '잠그−' 뒤에 어미 '−아'가 결합하면 'ㅡ'가 탈락하여 '잠가'로 활용되므로 '잠가'로 써야 한다.

02
정답 ②

정답해설
제시된 글에서 동조(同調)는 자신이 확실히 알지 못하는 일일 경우 또는 질서나 규범 같은 힘을 가지고 있는 어떤 집단의 압력으로 인해 나타난다고 하였다. 또한 '집단에게 소외될 가능성으로 인해 자신이 믿지 않거나 옳지 않다고 생각하는 문제에 대해서도 동조의 입장을 취한다.'고 하였으므로, 글의 내용을 잘못 이해한 사람은 ② '수희'이다.

03
정답 ④

정답해설
㉠은 '조선이 독립국', ㉡은 '조선인이 자주민'이라는 의미이다. 따라서 ㉠과 ㉡에서 '−의'의 쓰임은 앞 체언이 뒤 체언이 나타내는 행동이나 작용의 주체임을 나타내는 것이다.

> **The 알아보기** 기미독립선언서
>
> 우리는 이에 우리 조선이 독립한 나라임과 조선 사람이 자주적인 민족임을 선언한다. 이로써 세계 만국에 알리어 인류 평등의 큰 도의를 분명히 하는 바이며, 이로써 자손만대에 깨우쳐 일러 민족의 독자적 생존의 정당한 권리를 영원히 누려 가지게 하는 바이다.

04
정답 ④

정답해설
〈보기〉에서 설명한 시의 표현 방법은 본래의 의도를 숨기고 반대되는 말로 표현하는 방법인 '반어법'이다.
④ 제시된 김소월의 「진달래꽃」에서는 임이 떠나가는 슬픈 상황에서 죽어도 눈물을 흘리지 않을 것이라는 반어법을 활용하여 임과의 이별로 인한 슬픔을 효과적으로 강조하고 있다.

오답해설
① 제시된 김영랑의 「돌담에 속삭이는 햇발같이」에서는 '같이'를 활용해 원관념을 보조 관념에 빗대어 표현하는 직유법을 사용하고 있다.
② 제시된 김춘수의 「꽃」에서는 의미 있는 존재를 '꽃'으로 표현해 상징법을 사용하고 있고, 움직일 수 없는 '꽃'이 나에게로 왔다고 표현하여 의인법을 사용하고 있다.
③ 제시된 김광섭의 「산」에서는 '법으로'를 반복해 반복법을 사용하고 있고, 무정물인 산이 '사람을 다스린다'라고 표현하여 의인법을 사용하고 있다.

The 알아보기	반어법, 직유법
반어법	본래 말하고자 하는 뜻과는 반대되는 말이나 상황으로 의미를 강조하는 수사법이다. • 언어적 반어법: 일반적인 반어법이다. 겉으로 드러나는 의미와 대립되는 의미를 강조하기 위하여 사용한다. • 상황적 반어법: 주로 서사 작품에서 많이 사용된다. 등장인물이 작중 상황과 어울리지 않는 행동을 하거나 사건의 진행과는 정반대의 결과가 나타난다. 이러한 과정에서 독자는 부조리나 모순 등을 더욱 강하게 느끼게 된다.
직유법	원관념과 보조 관념을 '~같이', '~처럼', '~양', '~듯' 등을 사용하여 직접적으로 연결하는 방법이다. 예 그는 여우처럼 교활하다. 예 내 누님같이 생긴 꽃이여

05

정답 ③

정답해설

제시된 작품은 윤동주의 시 「별 헤는 밤」이다. 시에서의 '가을 속의 별'은 시인의 가슴 속의 추억, 사랑, 쓸쓸함, 동경과 시와 어머니 그리고 아름다운 모든 것을 표상한다. 따라서 ③ '별은 시적 화자가 지향하는 내적 세계를 나타낸다'고 할 수 있다.

오답해설

① 내면의 쓸쓸함을 드러낸 부분은 있으나 현실 비판적 내용은 없으며, '별'을 다 헤지 못하는 이유가 '아직 나의 청춘이 다하지 않는 까닭'이라고 본다면 미래에 대한 이야기를 하고 있다고 할 수 있다.

② 제시된 시에서는 특별한 청자가 드러나지 않았으며, 화자는 담담한 고백적 어조를 취하고 있다.

④ '별'은 현실 상황의 변화를 바라는 화자의 현실적 욕망을 상징하는 것이 아니라, 화자가 지향하는 것들을 상징하고 있다.

06

정답 ③

정답해설

ⓒ 30년∨동안(○): 한글 맞춤법 제43항에 따르면 단위를 나타내는 명사 중 순서를 나타내는 경우나 숫자와 어울리어 쓰이는 경우에는 붙여 쓸 수 있다고 하였다. 따라서 '30년'과 같이 아라비아 숫자 다음에 오는 단위 명사는 숫자와 붙여 쓸 수 있다. 또한 '어느 한때에서 다른 한때까지 시간의 길이'를 뜻하는 명사 '동안'은 앞말과 띄어 써야 한다.

오답해설

ⓐ 창∨밖(×) → 창밖(○): '창밖'은 '창문의 밖'을 뜻하는 한 단어이므로 붙여 써야 한다.

ⓑ 우단천(×) → 우단∨천(○): '우단 천'은 '거죽에 곱고 짧은 털이 촘촘히 돋게 짠 비단'을 뜻하는 명사 '우단'과 '실로 짠, 옷이나 이부자리 따위의 감이 되는 물건'을 뜻하는 명사 '천'의 각각의 단어로 이루어져 있으므로 띄어 써야 한다.

ⓓ 일∨밖에(×) → 일밖에(○): '밖에'는 '그것 말고는', '그것 이외에는', '기꺼이 받아들이는', '피할 수 없는'의 뜻을 나타내는 보조사이므로 앞말과 붙여 써야 한다.

07

정답 ①

정답해설

〈보기〉의 ⓐ은 같은 대상을 가리키는 말이 언어에 따라 달리 발음되는 사례이고, ⓑ은 소리는 같지만 의미가 다르게 사용되는 사례이다. ⓒ은 시간이 흐름에 따라 의미의 변화가 일어난 사례이다. 이런 사례를 통해 확인할 수 있는 언어의 특성은 '언어의 자의성'이다. 언어의 자의성이란 언어 기호의 말소리(형식)와 의미(내용) 사이에는 필연적인 관계가 없다는 것이다.

오답해설

② 연속된 실체를 분절하여 표현한다는 것은 '언어의 분절성'에 해당하는 설명이다.

③ 기본적인 어순이 정해져 있음은 '언어의 법칙성(규칙성)'에 대한 설명이다.

④ 한정된 기호만으로 무수히 많은 문장을 만들어 사용한다는 것은 '언어의 개방성(창조성)'에 해당하는 설명이다.

08 정답 ③

정답해설

'하물며'는 그도 그러한데 더욱이, 앞의 사실이 그러하다면 뒤의 사실은 말할 것도 없다는 뜻의 접속 부사로, '-느냐', '-랴' 등의 표현과 쓰는 것이 자연스럽다.

오답해설

① '여간'은 주로 부정의 의미를 나타내는 말과 함께 쓰여 그 상태가 보통으로 보아 넘길 만한 것임을 나타내는 부사이다. 따라서 '뜰에 핀 꽃이 여간 탐스럽지 않았다'로 고치는 것이 적절하다.

② 과업 지시서 '교부'와 서술어 '교부하다'는 의미상 중복되므로 앞의 '교부'를 삭제하는 것이 적절하다.

④ 무정 명사에는 '에'가 쓰이고, 유정 명사에는 '에게'가 쓰인다. 일본은 무정 명사에 해당하므로 '일본에게'를 '일본에'로 고쳐 쓰는 것이 적절하다.

09 정답 ②

정답해설

'어질병(--病), 총각무(總角-)'는 한자어 계열의 표준어이다.

오답해설

① '겸상(兼床)'은 한자어 계열의 표준어가 맞지만, '성냥'은 고유어 계열의 표준어이다.

③ '개다리소반(---小盤)'은 한자어 계열의 표준어가 맞지만, '푼돈'은 고유어 계열의 표준어이다.

④ '칫솔(齒-)'은 한자어 계열의 표준어가 맞지만, '구들장'은 고유어 계열의 표준어이다.

10 정답 ④

정답해설

㉠ ㉠의 앞에서는 '역사의 연구'에 대한 일반적인 진술을 하고 있으며, ㉠의 뒤에서는 '역사의 연구(역사학)'에 대한 부연 설명을 하고 있다. 따라서 ㉠에 들어갈 수 있는 접속 부사는 '즉' 또는 '다시 말해'이다.

㉡ ㉡의 뒤에 제시된 문장은 앞의 내용을 예를 들어서 보충하고 있다. 따라서 ㉡에 들어갈 수 있는 접속 부사는 '가령'이다.

㉢ ㉢의 뒤에 제시된 문장은 앞에서 언급했던 모든 내용을 정리하고 있다. 따라서 ㉢에 들어갈 수 있는 접속 부사는 '요컨대'이다.

11 정답 ①

정답해설

독도: Docdo(×) → Dokdo(○)

12 정답 ①

정답해설

㉠ 어른이면서 남성인 '아저씨'가 들어가는 것이 적절하다.

㉡ 어른이 아니면서 남성인 '소년'이 들어가는 것이 적절하다.

㉢ 어른이면서 남성이 아닌 '아주머니'가 들어가는 것이 적절하다.

㉣ 어른이 아니면서 남성도 아닌 '소녀'가 들어가는 것이 적절하다.

13 정답 ①

정답해설

가난할수록 기와집 짓는다: 당장 먹을 것이나 입을 것이 넉넉지 못한 가난한 살림일수록 기와집을 짓는다는 뜻으로, 실상은 가난한 사람이 남에게 업신여김을 당하기 싫어서 허세를 부리려는 심리를 비유적으로 이르는 말

오답해설

② 가난한 집 신주 굶듯: 가난한 집에서는 산 사람도 배를 굶는 형편이므로 신주까지도 제사 음식을 제대로 받아 보지 못하게 된다는 뜻으로, 줄곧 굶기만 한다는 말

③ 가난한 집에 자식이 많다: 가난한 집은 먹고 살 걱정이 큰데 자식까지 많다는 뜻으로, 이래저래 부담되는 것이 많음을 이르는 말

④ 가난한 집 제사 돌아오듯: 살아가기도 어려운 가난한 집에 제삿날이 자꾸 돌아와서 그것을 치르느라 매우 어려움을 겪는다는 뜻으로, 힘든 일이 자주 닥쳐옴을 비유적으로 이르는 말

14 정답 ①

오답해설

② 이순(耳順): 예순 살

③ 미수(米壽): 여든여덟 살

④ 백수(白壽): 아흔아홉 살

15

정답해설

(가) 고려 시대 문충이 지은 가요인 「오관산곡(五冠山曲)」이다. 문충의 홀어머니에 대한 효성이 잘 드러난 작품이다.

(나) 작자 미상의 「정석가(鄭石歌)」로, 임에 대한 영원한 사랑이 드러나 있다.

(다) 조식의 시조로, 임금님의 승하를 애도하는 내용이다.

(라) 조선 초기에 지어진 작자 미상의 악장 「감군은」이다. '바다보다 깊은 임금님의 은혜'가 나타나 있는 송축가이며 향악의 곡명이기도 하다.

(마) 이항복의 평시조로, 연군(戀君)과 자신의 억울함을 호소하는 내용이 나타나 있다.

(바) 서경덕의 시조로, 임을 기다리는 마음이 나타나 있다.

③ '볕뉘'와 '덕퇵'은 둘 다 임금님의 은혜를 의미한다.

The 알아보기

(가) 문충, 「오관산곡」

• 형식 및 갈래: 한시(7언 절구), 서정시
• 특성
  − 불가능한 상황의 설정을 통한 역설적 표현이 두드러짐
  − 어머니가 오래 살기를 바라는 간절한 마음과 결코 헤어지지 않겠다는 의지를 노래함
• 구성
  − 기 · 승: 나무로 만든 닭을 벽 위에 올려 놓음 − 실현 불가능한 상황 설정
  − 전 · 결: 그 닭이 울면 그제야 어머니와 헤어짐 − 실현 불가능한 상황의 설정으로 어머니에 대한 영원한 사랑을 기원함
• 주제: 어머니에 대한 지극한 효심

(다) 조식, 「三冬(삼동)에 뵈옷 입고」

• 갈래: 단형 시조, 평시조, 서정시, 연군가(戀君歌)
• 성격: 애도적, 유교적
• 소재: 베옷, 볕뉘, 해(임금)
• 제재: 중종(中宗)의 승하
• 주제: 임금의 승하를 애도함
• 출전: 『청구영언』, 『해동가요』, 『화원악보』
• 구성
  − 초장[기(起)]: 은사(隱士)의 청빈한 생활(베옷 → 벼슬하지 않은 은사)
  − 중장[승(承)]: 왕의 은혜를 조금도 받지 않음(구름 낀 볕뉘 → 임금의 조그만 은총, 낮은 벼슬)

  − 종장[결(結)]: 중종의 승하를 슬퍼함(서산에 해지다 → 중종의 승하)

(라) 작자 미상, 「감군은」

• 갈래: 악장
• 성격: 송축가(頌祝歌)
• 표현: 과장적, 교술적, 예찬적
• 특징
  − 각 장마다 똑같은 내용의 후렴구가 붙어 있어 고려 속요와 비슷한 형식을 갖추고 있음
  − 자연과의 비교를 활용해 임의 덕과 은혜를 강조 − 반복법, 과장법, 설의법 등을 통해 주제 강화
• 제재: 임금님의 은덕
• 주제: 임금님의 은덕과 송축
• 출전: 『악장가사』

(마) 이항복, 「철령 높은 봉에」

• 작자: 이항복(李恒福: 1556~1618)
• 갈래: 평시조, 단시조, 연군가(戀君歌)
• 소재: 구름, 원루(寃淚), 님
• 제재: 구름, 비
• 발상 동기: 자신의 정의(正義)를 끝까지 관철하겠다는 의지에서 지음
• 성격: 풍유적(諷諭的), 비탄적(悲歎的), 우의적(寓意的), 호소적
• 표현: 감정이입, 의인법(擬人法)
• 핵심어: 원루(寃淚)
• 주제: 억울한 심정 호소 / 귀양길에서의 정한(情恨)
• 출전: 『청구영언』, 『해동가요』, 『가곡원류』, 『고금가곡』

(바) 서경덕, 「ᄆᆞ음이 어린 後(후)ㅣ니」

• 연대: 조선 중종
• 해설: 마음이 어리석으니 하는 일마다 모두 어리석다. / 겹겹이 구름 낀 산중이니 임이 올 리 없건만, / 떨어지는 잎이 부는 바람 소리에도 행여나 임이 아닌가 착각했노라.
• 성격: 감성적, 낭만적
• 표현: 도치법, 과장법
• 주제: 임을 기다리는 마음, 연모(戀慕)의 정
• 출전: 『청구영언』

16 정답 ①

정답해설

(가) 「오관산곡」과 (나) 「정석가」에 역설적 표현이 사용되었다. 두 작품은 모두 실현 불가능한 것을 가능한 것으로 설정하는 역설적 표현 기법을 사용하여 간절한 소망을 드러내고 있다.

> **The 알아보기**　(나) 작자 미상, 「정석가」
> • 갈래: 고려 가요, 고려 속요, 장가(長歌)
> • 성격: 서정적, 민요적
> • 형식: 전 6연, 3음보
> • 특징
> 　– 과장법, 역설법, 반어법 사용
> 　– 각 연에 반복되는 구절을 통해 화자의 감정을 강조함
> 　– 대부분의 고려 속요가 이별이나 향락적 삶을 노래하는 반면, 이 작품은 임에 대한 사랑을 노래함
> 　– 불가능한 상황을 역설적으로 표현하여 영원한 사랑을 노래함
> 　– 반어법, 과장법 등 다양한 표현과 기발한 발상이 돋보임
> • 내용: 태평성대를 구가하고 남녀 간의 사랑이 무한함을 표현한 노래
> • 주제: 임에 대한 영원한 사랑, 태평성대(太平聖代)의 기원

17 정답 ③

정답해설

주체가 제3의 대상에게 동작이나 행동을 하도록 시키는 사동 표현은 ③이다.

오답해설

① 철수가 자의로 옷을 입은 것이므로 주동 표현이 쓰였다.

②・④ 주체의 행위가 타의에 의한 것이므로 피동 표현이 쓰였다.

18 정답 ④

정답해설

3연과 4연은 극한적 상황과 그에 대한 화자의 대응(초극 의지)이 드러나 있다. 따라서 화자의 심화된 내적 갈등을 단계적으로 보여 주고 있는 것이 아니다.

오답해설

① 1연과 2연은 화자의 현실적 한계 상황을 단계적으로 제시하고 있다.

② 1연은 북방이라는 수평적 한계가, 2연은 고원이라는 수직적 한계가 드러난다. 즉, 극한적 상황이 중첩되어 나타나고 있다.

③ 1, 2연의 중첩된 상황으로 인해 3연에서는 절박한 상황에 처해 있음을 드러내고 있다.

19 정답 ③

정답해설

묘사의 방식으로 내용을 전개하고 있는 것은 ③이다. 묘사란 어떤 사물에 대해 그림을 그리듯이 생생하게 표현하는 방식이다.

오답해설

① 비교와 대조의 방식으로 내용을 전개하고 있으며 지구와 화성의 공통점과 차이점에 대해 서술하고 있다.

② 유추의 방식으로 내용을 전개하고 있다. 유추란 같은 종류의 것 또는 비슷한 것에 기초하여 다른 사물을 미루어 추측하는 방법이다.

④ 정의와 예시의 방식으로 내용을 전개하고 있다. '제로섬이란 ~' 부분에서 용어의 정의를 밝히고 있으며 그 뒤에 운동 경기를 예로 들어 설명하였다.

20 정답 ③

정답해설

㉠과 ㉢은 안은문장에서 목적어로 쓰이는 명사절이고, ㉡과 ㉣은 안은문장에서 부사어로 쓰이는 명사절이다.

㉠ '비가 오기'는 목적격 조사와 결합하여 안은문장에서 목적어로 쓰인다.

㉡ '집에 가기'는 부사격 조사 '에'와 결합하여 안은문장에서 부사어로 쓰인다.

㉢ '그는 1년 후에 돌아오기'는 부사격 조사 '로'와 결합하여 안은문장에서 부사어로 쓰인다.

㉣ '어린 아이들은 병원에 가기'는 안은문장에서 목적어로 쓰인다. 이때 목적격 조사는 생략되기도 한다.

21 정답 ①

정답해설

구름, 무덤(묻-+-엄), 빛나다(빛-+나-+-다)로 분석할 수 있다.

오답해설

② 지우개(파생어), 헛웃음(파생어), 덮밥(합성어)

③ 맑다(단일어), 고무신(합성어), 선생님(파생어)

④ 웃음(파생어), 곁눈(합성어), 시나브로(단일어)

22
정답 ①

정답해설

'종성부용초성'이란 초성의 글자가 종성에도 사용되는 표기법으로, 밑줄 친 단어들 중에서는 ① '곶'이 그 예이다.

The 알아보기　「용비어천가」 제2장

- 갈래: 악장
- 주제: 조선 왕조의 번성과 무궁한 발전 기원
- 특징
  - 15세기 중세 국어 연구의 귀중한 자료
  - 2절 4구의 대구 형식을 취함
- 현대어 풀이
  뿌리가 깊은 나무는 바람에 흔들리지 아니하므로, 꽃이 좋고 열매가 많이 열리니
  샘이 깊은 물은 가뭄에 그치지 아니하므로, 내가 이루어져 바다에 가나니

23
정답 ②

정답해설

㉠의 앞 문장에서 '인간의 활동과 대립에 통일이 있듯이, 자연의 내부에서도 대립과 통일은 존재한다.'라고 했고, ㉠ 다음 문장에서는 '인간의 역사와 자연사의 변증법적 지양과 일여(一如)한 합일을 지향했다.'라고 했으므로 ㉠ 안에 들어갈 문장은 인간사와 자연사를 대립적 관계로 보면 안 된다는 ②의 내용이 적절하다.

오답해설

① 제시된 글에서는 인간과 자연의 경쟁 관계에 관한 내용이 제시되지 않았으므로 이는 논점에서 벗어난 진술이다.

③ 제시된 글에서는 인간의 역사와 자연의 역사를 구분하지 않아야 한다고 주장하고 있으므로 자연이 인간의 역사에 흡수된다는 내용은 적절하지 않다.

④ 제시된 글에서는 인간사를 연구하는 일과 자연사를 연구하는 일에 관한 내용이 제시되지 않았으므로 이는 논점에서 벗어난 진술이다.

24
정답 ②

정답해설

물에 젖어서 부피가 커진다는 의미를 지닌 동사는 '붇다'로, '불어, 불으니, 붇는'의 형태로 활용한다. 한편, '붓다'는 액체나 가루 따위를 다른 곳에 담는다는 의미의 동사이다.

25
정답 ④

정답해설

4문단의 '코흐를 비롯한 과학자들은 한센병, 임질, 장티푸스, 결핵 등의 질병 뒤에 도사리고 있는 세균들을 속속 발견했다. 이러한 발견을 견인한 것은 새로운 도구였다.'를 통해 코흐는 새로운 도구의 도움을 받아 질병을 유발하는 미생물들을 발견하였음을 확인할 수 있다. 따라서 새로운 도구의 개발 이전에 미생물들을 발견했다는 ④의 내용은 적절하지 않다.

오답해설

① 4문단에서 탄저병이 연구된 뒤 20년에 걸쳐 코흐를 비롯한 과학자들은 한센병, 임질, 장티푸스, 결핵 등의 질병 뒤에 도사리고 있는 세균들을 속속 발견했고, 순수한 미생물을 배양하는 방법이 개발되었으며, 새로운 염색제가 등장하여 세균의 발견과 확인을 도왔다고 하였다. 따라서 세균은 미생물의 일종이라는 내용은 적절하다.

② 5문단에서는 '세균을 확인하자 과학자들은 거두절미하고 세균을 제거하는 작업에 착수했다.', '그(조지프 리스터)는 자신의 스태프들에게 손과 의료 장비와 수술실을 화학적으로 소독하라고 지시함으로써 수많은 환자들을 극심한 감염으로부터 구해냈다.'라고 하였다. 따라서 세균을 화학적인 방법으로 제거할 수 있다는 것은 적절한 내용이다.

③ 1~3문단에 따르면 1762년 마르쿠스 플렌치즈가 미생물이 체내에서 증식함으로써 질병을 일으키고 이는 공기를 통해 전염될 수 있다고 주장하였지만 증거가 없어 무시되었으나, 19세기 중반 루이 파스퇴르와 로베르트 코흐가 각각 미생물이 질병을 일으킨다는 배종설을 입증하면서 미생물과 질병의 연관성에 대한 인식이 변화하기 시작했다고 하였다. 따라서 미생물과 질병의 연관성에 대한 인식이 통시적으로 변화해 왔다는 것은 적절한 내용이다.

01	02	03	04	05	06	07	08	09	10
④	②	④	①	③	③	③	②	③	②
11	12	13	14	15	16	17	18	19	20
①	③	①	①	③	④	②	③	②	①
21	22	23	24	25					
③	③	③	④	③					

01
정답 ④

정답해설

수랭식은 물 재킷이 방음벽이 되어 소음이 적은 편이다.

02
정답 ②

정답해설

스탠딩 웨이브는 타이어 공기압이 낮은 상태에서 자동차가 고속으로 달릴 때 일정 속도 이상이 되면 타이어 접지부의 바로 뒷부분이 열에 의해 부풀어 물결처럼 주름이 접히는 현상이다.

② 스탠딩 웨이브 현상이 계속되면 타이어의 파열이나 박리 현상의 발생 가능성이 높아진다.

오답해설

①·③ 스탠딩 웨이브 현상은 레이디얼 타이어보다 바이어스 타이어에서 많이 발생하고 하중과 관련이 있다.

④ 스탠딩 웨이브를 줄이기 위해서는 고속 주행 시 공기압을 10% 정도 높여야 한다.

03
정답 ④

정답해설

산소 분압과 저항이 비례하는 특징을 이용해 전기 저항값 변화를 통한 산소량을 측정하는 것은 티타니아 산소센서의 특징이다.

The 알아보기 티타니아 산소센서의 특징

· 전자 전도성의 원리를 이용하였다.

· 온도와 산소분압에 따라서 저항값이 변하는 티타니아의 특징을 활용하였다.

· 산소 분압과 저항이 비례하는 특징을 이용해 전기 저항값 변화를 통한 산소량을 측정한다.

· 온도 변화로도 저항값이 변하기 때문에 온도를 일정하게 유지한다.

04
정답 ①

정답해설

흡입공기량을 간접적으로 검출하기 위해 흡기 매니폴드의 압력변화를 감지하는 센서이다. 실제 측정하려고 하는 물리량은 흡입공기량인데 비해 공기 진공압을 측정하여 사용하므로 간접 측정 방식이 된다.

The 알아보기 MAP(Manifold Absolute Pressure) 센서

흡기 매니폴드의 압력 변화를 전압으로 환산하여 흡입되는 공기량을 간접 계측하여 ECU로 보낸다. ECU에서는 이 신호를 이용하여 기본연료 분사시간 및 점화시기를 결정하는데, 엔진의 부하상태를 판단할 수 있고 흡입공기량을 간접 계측할 수 있으므로 연료 분사시간을 결정하는 주 신호로 사용한다. 고온에 의한 영향이 작고 진동과 압력 변화가 심한 곳에서 사용 가능하다는 장점이 있다. 또한 주파수 범위의 제한과 히스테리시스가 없고, 소형 경량으로 내구성이 좋고 가격이 저렴하다.

05
정답 ③

정답해설

앞바퀴 구동(FF) 방식은 전륜에 엔진이 설치되어 후륜보다 무거운 구조로 고속 주행 시 코너링이 불안정해 피쉬테일 현상이 발생한다.

06 정답 ③

오답해설

① 블로바이에 대한 설명이다.

② 블로다운에 대한 설명이다.

④ 블로백에 대한 설명이다.

07 정답 ③

정답해설

총 배기량 $V = A \cdot L \cdot Z = \dfrac{\pi D^2}{4L \cdot Z}$

($\because$ A: 단면적, L: 행정, Z: 실린더 수, D: 실린더 내경)

오답해설

① · ② 압축비: 엔진 실린더의 연소실 체적에 대한 실린더 총 체적을 말하며, 피스톤이 하사점에 있을 때 실린더 총 체적(행정체적+연소실 체적)과 피스톤이 상사점에 있을 때 연소실 체적(또는 간극체적)과의 비이다. 엔진의 출력 성능과 연료 소비율, 노킹 등에 영향을 주는 매우 중요한 요소이다.

압축비 $\varepsilon = \dfrac{\text{실린더 최대 체적}(V_{max})}{\text{실린더 최소 체적}(V_{min})} = \dfrac{\text{총 체적}}{\text{연소실 체적}}$

$= \dfrac{\text{연소실 체적} + \text{행정체적}}{\text{연소실 체적}}$

$= \dfrac{V_c + V_h}{V_c} = 1 + \dfrac{V_h}{V_c}$

($\because$ V_c: 연소실 체적[cm³], V_h: 행정체적[cm³])

④ 행정체적 $V = \dfrac{\pi D^2}{4} L \text{[cm}^3\text{]}$

($\because$ D: 실린더 내경[cm], L: 행정[cm], V: 행정체적)

08 정답 ②

정답해설

②는 토크 컨버터에 대한 설명이다. 토크 컨버터는 유체클러치와 기본 구성은 동일하지만, 스테이터를 추가하여 전달토크를 증가시킨다.

09 정답 ③

정답해설

축마력(제동마력) $BHP = \dfrac{T \times R}{716}$

($\because$ T: 회전력[m · kg], R: 회전수[rpm])

$\therefore BHP = \dfrac{52 \times 3{,}580}{716} = 260\text{[PS]}$

10 정답 ②

정답해설

전기자동차(EV; Electric Vehicle)는 부품 수가 적어 시스템이 단순하다.

11 정답 ①

정답해설

성능곡선은 기계의 여러 성능을 나타내는 곡선이다. 엔진의 성능곡선은 엔진의 회전력(축 토크), 엔진의 출력(축 출력), 연료 소비율을 나타낸다.

12 정답 ③

정답해설

전자제어 연료분사 장치(MPI)는 가속하거나 감속할 때 엔진의 응답성을 향상시켜 준다.

> **The 알아보기** 전자제어 연료분사 장치(MPI)의 특징
> • 저속 또는 고속에서 토크 영역 변경 가능
> • 냉간과 온간 모두에서 최적의 성능을 낼 수 있음
> • 설계 시 최적화된 흡기다기관 설계 가능
> • 엔진의 응답성 향상

13 정답 ①

정답해설

공기식 배력장치(압축공기식 배력장치)는 압축공기의 압력과 대기압력의 차이를 이용하며, 구조상 공기 압축기와 공기 저장 탱크를 별도로 장착하여야 하기 때문에 대형 차량에 많이 적용된다.

오답해설

② 일체형 진공배력식 브레이크에 대한 설명이다. 진공배력 장치가 브레이크 페달과 마스터 실린더 사이에 장착되며, 기관의 흡기다기관 내에서 발생하는 절대압력과 대기압과의 압력차를 이용하여 배력작용을 발생시키는 것으로 브레이크 부스터(Brake Booster) 또는 마스터 백이라고도 한다. 주로 승용차와 소형 트럭에 사용된다.

③ · ④ 진공배력식 브레이크에 대한 설명이다. 유압식 브레이크에서 제동력을 증가시키기 위해 흡기다기관에서 발생하는 진공압과 대기압의 차이를 이용하는 진공배력식 하이드로백이다. 브레이크 작동이 나빠지는 것은 하이드로백의 고장일 수 있다. 배력장치 고장 시 페달 조작력은 로드와 푸시로드를 거쳐 마스터 실린더에 작용하므로 유압식 브레이크로 작동할 수 있다.

14 정답 ①

오답해설

② 슬립 현상: 타이어에 미끄럼이 발생하여 자동차에 스핀이 발생하고 일정방향으로 차량이 미끄러지는 현상이다.

③ 스탠딩 웨이브 현상: 타이어 공기압이 낮은 상태에서 자동차가 고속으로 달릴 때 일정 속도 이상이 되면 타이어 접지부의 바로 뒷부분이 열에 의해 부풀어 물결처럼 주름이 접히는 현상이다.

④ 베이퍼 록 현상: 브레이크액 내에 기포가 발생하여 제동압력의 전달 작용을 방해하는 현상이다.

15 정답 ③

오답해설

ⓒ 행정체적은 실린더에서 상사점과 하사점 사이의 체적을 의미한다.

16 정답 ④

정답해설

직류 직권전동기에서 토크 T는 회전수 N의 제곱에 반비례한다.

$T \propto \dfrac{1}{N^2}$ 이므로, 회전수를 $\dfrac{1}{2}$로 줄이면 토크는 $\dfrac{1}{\left(\dfrac{1}{2}\right)^2}=4$,

즉 4배가 된다.

17 정답 ②

정답해설

배선 수리 시 같은 굵기의 전선을 사용해야 접촉저항을 줄일 수 있다.

18 정답 ③

정답해설

종감속비 $= \dfrac{\text{링기어 잇수}}{\text{구동피니언 잇수}} = \dfrac{60}{6} = 10$

'종감속비 $= \dfrac{\text{구동피니언 회전수}}{\text{링기어 회전수}}$'로도 나타낼 수 있으므로,

$\dfrac{\text{구동피니언 회전수}}{\text{링기어 회전수}} = 10$, $\dfrac{x}{3} = 10$

∴ $x = 30$(회전)

19 정답 ②

정답해설

시정수가 짧고, 속응성 및 기계적 응답성이 좋아야 한다.

> **The 알아보기   서보모터의 특징**
> • 기동토크가 크다.
> • 회전자 관성 모멘트가 작다.
> • 회전자에서 팬에 의한 냉각효과가 없다.
> • 시정수가 짧고, 속응성 및 기계적 응답성이 좋다.
> • 제어권선 전압이 0일 때는 기동하지 말고 즉시 정지한다.
> • 교류 서보모터의 기동토크에 비하여 직류 서보모터의 기동토크가 크다.

20
정답 ①

정답해설

유체를 한쪽 방향으로만 흐르게 하고 반대 방향으로는 흐르지 못하도록 하는 체크밸브는 연료장치에서 연료라인의 잔압 유지와 이를 통한 재시동성의 향상을 목표로 한다.

오답해설

② 어큐뮬레이터에 대한 설명이다.

③ 안전밸브에 대한 설명이다.

④ 인젝터에 대한 설명이다.

21
정답 ③

정답해설

스테이터 2상의 검출 권선의 출력전압 진폭이 회전각에 비례하여 변화된다(sin/cos 형태).

The 알아보기 레졸버 센서(Resolver Sensor)

- 동작원리(변압기의 원리)
  - 전동기 회전자의 회전각과 위치를 검출한다.
  - 고정자(Stator) 여자권선에 고주파 여자신호 인가(예 10kHz) 시 외부 구동회로가 필요하다.
  - 회전자(Rotator, Rotor)가 회전하면 릴럭턴스 변화에 따라 1차와 2차 측 상호 쇄교 자속이 주기적으로 변화된다.
  - 출력신호를 RDC(Resolver to Digital Converter)를 거쳐 위치각으로 변환시킨다.
- 특징
  - 변위량을 아날로그 양으로 변환한다.
  - 진동과 충격에 강하다.
  - 소형화가 가능하다.
  - 장거리 전송이 가능하다.
  - 사용온도의 범위가 넓다.
  - 신호처리회로가 복잡하고, 로터리 엔코더에 비하여 고가이다.

22
정답 ③

정답해설

산소 센서 출력전압을 측정할 때에는 아날로그 시험기를 사용하면 파손되기 쉽기 때문에 디지털 시험기를 사용해야 한다.

23
정답 ③

정답해설

세탄가(Cetane Number)에 대한 설명이다. 디젤연료의 착화성을 나타내는 수치로 디젤연료의 안티 노크성의 척도이다.

$$CN = \frac{세탄}{세탄 + \alpha - 메틸나프탈렌} \times 100$$

오답해설

① 옥탄가(Octane Number): 가솔린 연료의 내폭성을 수치로 나타낸 것(표준 옥탄가=80)으로 가솔린 기관에서 이소옥탄의 항 노크성을 옥탄가 0으로 하여 제정한 안티 노크성의 척도이다. 저옥탄가의 가솔린을 사용할 때 노킹이 발생할 수 있다.

$$ON = \frac{이소옥탄}{이소옥탄 + 정헵탄} \times 100$$

④ 내폭성 향상제: 에틸납(T·E·L; Tetra Ethyl Lead), 에틸 아이오다이드, 벤젠, 티탄 테트라 클로라이드, 에틸 알코올, 테트라 에틸 주석, 익실롤, 니켈 카보닐, 아날린, 철 카보닐 등이 있다.

24
정답 ④

정답해설

축출력 $PS = \dfrac{T \times N}{716}$

여기서, T: 토크(회전력), N: 회전속도(회전수)

$\therefore$ 회전속도 $N = \dfrac{PS \times 716}{T} = \dfrac{500 \times 716}{143.2} = 2,500[rpm]$

25
정답 ③

정답해설

트레이스 제어를 위해 TCU에 입력되는 항목은 휠스피드 센서, 조향 각속도 센서, 액셀러레이터 페달 위치 센서 등이 있고, 차고 센서는 입력되지 않는다.

The 알아보기 TCS 제어 항목

- 슬립 제어: 구동바퀴의 유압을 제어하는 역할을 한다.
- 트레이스 제어: 구동력을 제어하여 안정적으로 선회하도록 하는 역할을 한다.

01	02	03	04	05	06	07	08	09	10
③	④	①	③	④	③	③	②	③	①
11	12	13	14	15	16	17	18	19	20
②	②	④	②	③	④	③	④	②	④
21	22	23	24	25					
②	②	①	④	②					

01 정답 ③
정답해설
조향휠의 회전과 구동휠의 선회차가 커지면 조향 조작이 늦어져 운전 시 매우 위험해진다.

02 정답 ④
정답해설
습식 라이너는 냉각수가 들어 있는 물 재킷과 직접 접촉하는 형태이지만, 건식 라이너는 냉각수가 들어 있는 물 재킷과 라이너 사이에 실린더 블록이 위치해 있어 간접 접촉하는 형태이다.

03 정답 ①
정답해설
피스톤의 평균속도를 올리지 않고 엔진 회전수 및 단위체적당 출력을 높이기 위해서는 단행정 엔진을 적용해야 한다.

04 정답 ③
정답해설
클러치 페달의 자유간극(유격)이 작을 경우 동력 전달 시 미끄러짐이 발생하고 연비가 나빠진다. 페달의 자유간극이 크면 동력 전달은 원활하나 동력 차단이 어렵다.
오답해설
④ 클러치 스프링의 장력이 약화되면 압력판을 통해 디스크를 플라이 휠에 압착시키는 압착력이 저하되어 디스크의 미끄러짐 현상이 발생한다.

The 알아보기 클러치 미끄러짐의 원인
- 페이싱의 심한 마모
- 클러치 스프링의 장력 약화
- 이물질 및 오일 부착
- 압력스프링의 약화
- 클러치 유격이 작을 경우
- 플라이 휠 및 압력판의 손상

05 정답 ④
정답해설
냉각수 온도 센서가 고장났을 때 나타나는 현상은 냉간 시동성이 저하되고 공회전 상태가 불량하며, 공연비의 부조화로 검은 연기 및 CO, HC의 배출량이 증가한다.

06 정답 ③
정답해설
전자제어식 자동변속기는 차량의 속도(차속센서)와 스로틀밸브 개도량(TPS)을 기반으로 변속시점을 결정한다.

07 정답 ③
정답해설
ⓒ · ⓒ · ⓔ 타이어 편마모의 원인으로는 대부분 공기압 과부족이거나 정렬(휠 얼라인먼트) 불량, 사용 조건의 영향(브레이크, 노면, 속도, 도로경사, 기온, 하중, 운전자의 운전습관)에 있다.
오답해설
ⓒ 디스크 런 아웃이 과다할 경우에는 제동 시 페달 진동 및 떨림의 원인이 된다.

08 정답 ②
정답해설
유압식 브레이크는 공기가 침입하거나 베이퍼 록이 발생하게 되면 제동이 되지 않는다. 유압식 브레이크의 원리는 파스칼의 원리를 적용한 것으로 폐회로 내에서 작용하는 압력은 모든 방향으로 동일하게 작용한다.

09

정답해설

속도 변화에 따른 적용 범위가 넓다.

> **The 알아보기 교류발전기의 특징**
> - 소형·경량이고, 저속에서도 충전이 가능하다.
> - 출력이 크고, 고속 회전에 잘 견딘다.
> - 속도 변화에 따른 적용 범위가 넓다.
> - 실리콘 다이오드를 사용하기 때문에 정류 특성이 좋다.
> - 컷 아웃 릴레이 및 전류 제한기를 필요로 하지 않는다. 즉, 전압 조정기만 사용한다.
> - 회전부분에 정류자를 두지 않으므로 허용 회전 속도 한계가 높다.

10
정답 ①

정답해설

쿨롱의 법칙(Coulomb's law)

$$F = k\left(\frac{q_1 q_2}{r^2}\right)$$

전기력 F는 거리 제곱에 반비례하고 전기량의 곱에 비례한다. 같은 극성의 전하는 서로 미는 척력을 다른 극성의 전하는 서로 잡아당기는 인력이 작용한다.

11
정답 ②

정답해설

에어컨 작동 시 냉매의 순환 경로는 '압축기 → 응축기 → 리시버 드라이어 → 팽창밸브 → 증발기'의 순서로 진행된다.

12
정답 ②

정답해설

편평비란 타이어의 단면폭에 대한 타이어의 높이의 비율을 의미하는 것으로, 식으로 나타내면 다음과 같다.

$$편평비 = \frac{타이어의 높이}{타이어의 너비(폭)} \times 100$$

$$= \frac{110}{200} \times 100 = 55[\%]$$

13
정답 ④

정답해설

오버닝 클러치의 종류로는 스프래그, 다판 클러치, 롤러가 있다. 전기자는 발전기의 발전자나 전동기의 전동자의 총칭으로 오버닝 클러치에 해당하지 않는다.

14
정답 ②

정답해설

전동식 동력조향장치는 유압제어를 하지 않으므로 오일이 필요 없고 엔진동력손실이 적어져 연비가 향상된다.

15
정답 ③

정답해설

1기통의 배기량은 실린더 행정체적과 같으므로,

$$배기량\ V = A \times L = \frac{\pi D^2}{4} \times L$$

$$= \frac{3.14 \times 10^2}{4} \times 20 = 1,570[\text{cc}]$$

($\because$ A: 단면적, L: 행정, D: 실린더 내경)

16
정답 ④

정답해설

고전압 배터리 점검·정비 시 반드시 세이프티 플러그를 탈거하여 5분 이상 경과된 후 작업을 시작하는 것이 좋다.

17
정답 ③

정답해설

주행 및 제동 시 핸들이 한쪽으로 쏠리는 현상은 좌우 타이어 공기압의 불균형, 한쪽 바퀴만 편제동 시, 휠 얼라인먼트 불량 등의 원인으로 발생한다.

핸들 축 방향 유격이 큰 것은 핸들이 한쪽으로 쏠리는 원인으로 보기 어렵다.

18 정답 ④

정답해설

점화 플러그의 자기 청정 온도는 400~600℃이다. 전극 부분의 온도가 800~950℃ 이상이 되면 조기 점화를 일으켜 노킹이 발생하고 엔진의 출력이 저하된다.

19 정답 ②

정답해설

제동 열효율＝기계효율×지시 열효율

지시 열효율＝100－(배기손실＋냉각손실)

$$= 100 - (32 + 30) = 38[\%]$$

∴ 정미 열효율(제동 열효율)＝$\dfrac{\text{기계효율} \times \text{지시 열효율}}{100}$

$$= \dfrac{85 \times 38}{100} = 32.3 ≒ 32[\%]$$

20 정답 ④

정답해설

하이브리드 자동차의 직렬형 동력전달 방식은 '기관 → 발전기 → 축전지 → 전동기 → 변속기 → 구동바퀴'의 순서로 전달된다.

21 정답 ②

정답해설

부동액은 냉각수가 동결되는 것을 방지하기 위해 냉각수와 혼합하여 사용하는 액체로, 부동액의 종류에는 에틸렌글리콜, 메탄올, 글리세린 등이 있다. 현재는 에틸렌글리콜이 주로 사용된다.

22 정답 ②

정답해설

조속기는 엔진의 부하 및 회전속도 등의 변화에 따라 연료 분사량을 조절하는 장치이다.

오답해설

① 타이머: 디젤 기관에서 엔진의 회전속도 및 부하에 따라 분사시기를 변화시키는 장치이다.

③ 분사 노즐: 노즐의 압력실에 고압의 연료가 공급되면 연료의 압력에 의해 열린 니들 밸브에 고압의 연료를 미세한 안개 형태로 분사하는 장치이다.

④ 공급 펌프: 연료 탱크 내의 연료를 분사 펌프에 공급하는 장치이다.

23 정답 ①

정답해설

타이어의 트레드 패턴은 타이어에서 발생된 열을 방출시켜 타이어 펑크를 방지한다.

24 정답 ④

오답해설

① 매일 윤활유량을 점검하고 6개월에 1회 간격으로 교환한다.

② 매월 1회 공기여과기를 점검하고 세정한다.

③ 매일 공기탱크의 수분을 배출시킨다.

25 정답 ②

정답해설

맵(MAP) 센서는 흡기다기관의 진공도를 계측하여 흡입공기량을 간접 계측하는 센서로 점검 시 엔진부하 등의 영향에 따라 엔진 회전수의 변동이 일어나지 않는 조건에서 점검하여야 하므로 정상 웜업온도, 각종 램프 및 전장부하 OFF, 변속기 N 또는 P, 파워스티어링 중립을 유지한 상태에서 점검하여야 한다. 공전상태에서 맵 센서의 점검은 전기적 부하 및 기계적 부하를 주지 않은 상태에서 공전 시 출력 전압 및 파형을 점검한다.

제3회 모의고사 정답 및 해설

제1과목: 국어

01	02	03	04	05	06	07	08	09	10
③	③	②	④	④	③	②	③	②	②

11	12	13	14	15	16	17	18	19	20
②	③	③	②	②	①	③	④	④	①

21	22	23	24	25
③	④	②	④	③

01　　　　　　　　　　　　　　　　　　　정답 ③

정답해설

'주말(朱抹: 붉을 주, 지울 말)'은 '붉은 먹을 묻힌 붓으로 글자 따위를 지우다.'라는 뜻으로, 붉은 선으로 '표시'하는 것이 아니라 '지우는' 행위이다.

오답해설

① • 개임(改任: 고칠 개, 맡길 임): 다른 사람으로 바꾸어 임명함
   • 교체(交替: 사귈 교, 바꿀 체): 사람이나 사물을 다른 사람이나 사물로 대신함
   • 임명(任命: 맡길 임, 목숨 명): 일정한 지위나 임무를 남에게 맡김
② • 계리(計理: 셀 계, 다스릴 리): 계산하여 정리함
   • 회계(會計: 모일 회, 셀 계): 나가고 들어오는 돈을 따져서 셈을 함 / 개인이나 기업 따위의 경제 활동 상황을 일정한 계산 방법으로 기록하고 정보화함
④ • 게기(揭記: 걸 게, 기록할 기): 기록하여 내어 붙이거나 걸어 두어서 여러 사람이 보게 함
   • 기재(記載: 기록할 기, 실을 재): 문서 따위에 기록하여 올림

02　　　　　　　　　　　　　　　　　　　정답 ③

정답해설

'갖은'은 골고루 다 갖춘, 여러 가지의 등의 의미로 사용되는 관형사이다.

오답해설

① '바로'는 거짓이나 꾸밈없이 있는 그대로라는 의미로 사용되는 부사이다.
② '혼자'는 다른 사람과 어울리거나 함께 있지 아니하고 동떨어져서라는 의미로 사용되는 부사이다.
④ '그리고'는 단어, 구, 절, 문장 따위를 병렬적으로 연결할 때 쓰는 접속 부사이다.

03　　　　　　　　　　　　　　　　　　　정답 ②

정답해설

제시된 글은 언어와 사고가 서로 깊은 관계를 맺고 상호 작용을 한다는 점을 설명하고 있다. 하지만 ②와 같이 어떤 사물의 개념이 머릿속에서 맴도는데도 그 명칭을 떠올리지 못하는 것은 언어와 사고가 상호작용을 하는 사례로 보기 어렵다.

오답해설

① '산', '물', '보행 신호의 녹색등'의 실제 색은 다르지만 모두 '파랗다'라고 표현하는 것은 색에 대해 범주화된 사고가 언어로 나타난다는 것을 의미한다. 따라서 언어와 사고가 상호작용을 하는 사례로 볼 수 있다.
③ 우리나라는 수박을 '박'의 일종으로 인식하여 '수박'이라고 부르지만, 어떤 나라는 '멜론(melon)'과 유사한 것으로 인식하여 'watermelon'이라고 부른다. 이는 인간의 사고가 언어에 반영된다는 것을 보여주는 사례이다.
④ 쌀을 주식으로 삼는 우리나라 문화권에서 '쌀'과 관련된 단어가 구체화되어 '모', '벼', '쌀', '밥' 등으로 다양하게 표현되고 있다는 것은 사회와 문화가 언어의 분화 · 발전에 영향을 준다는 것을 의미한다. 따라서 언어와 사고가 상호작용을 하는 사례로 볼 수 있다.

04

정답 ④

정답해설

'치르+어 → 치러'는 '으' 탈락 현상이므로 규칙 활용이다. 참고로, 'ㄹ' 탈락과 '으' 탈락은 규칙 활용에 해당한다.

오답해설

① 'ㅅ' 불규칙 활용에 해당한다.

② 'ㄷ' 불규칙 활용에 해당한다.

③ '르' 불규칙 활용에 해당한다.

The 알아보기 용언의 활용

㉠ 규칙 활용: 모습이 바뀌지 않거나, 바뀌어도 일반적인 음운 규칙으로 설명할 수 있는 것

- 모음 조화: '-아/-어'의 교체
- 축약: 보+아 → 봐
- 탈락
  - 'ㄹ' 탈락: 울+는 → 우는, 울+오 → 우오
  - '으' 탈락: 쓰+어 → 써, 치르+어 → 치러

㉡ 불규칙 활용: 용언이 활용할 때 어간이나 어미의 기본 형태가 달라지는데, 이를 일정한 규칙으로 설명할 수 없는 활용을 말함

- 어간이 바뀌는 경우

구분	조건	용례	규칙 활용
'ㅅ' 불규칙	'ㅅ'이 모음 어미 앞에서 탈락	잇+어 → 이어, 짓+어 → 지어, 낫+아 → 나아	벗어, 씻어
'ㄷ' 불규칙	'ㄷ'이 모음 어미 앞에서 'ㄹ'로 변함	듣+어 → 들어, 걷[步]+어 → 걸어, 묻[問]+어 → 물어, 깨닫다, 싣다	묻어, 얻어
'ㅂ' 불규칙	'ㅂ'이 모음 어미 앞에서 '오/우'로 변함	눕+어 → 누워, 줍+어 → 주워, 돕+아 → 도와, 덥+어 → 더워	잡아, 뽑아
'르' 불규칙	'르'가 모음 어미 앞에서 'ㄹㄹ' 형태로 변함	흐르+어 → 흘러, 이르+어 → 일러, 빠르+아 → 빨라	따라, 치러
'우' 불규칙	'우'가 모음 어미 앞에서 탈락	퍼(푸+어)	주어, 누어

- 어미가 바뀌는 경우

구분	조건	용례	규칙 활용
'여' 불규칙	'하-' 뒤에 오는 어미 '-아/-어'가 '-여'로 변함	공부하+어 → 공부하여, '하다'와 '-하다'가 붙는 모든 용언	파+아 → 파
'러' 불규칙	어간이 '르'로 끝나는 일부 용언에서 어미 '-어'가 '러'로 변함	이르[至]+어 → 이르러, 누르[黃]+어 → 누르러, 푸르+어 → 푸르러	치르+어 → 치러

- 어간과 어미가 모두 바뀌는 경우

구분	조건	용례	규칙 활용
'ㅎ' 불규칙	'ㅎ'으로 끝나는 어간에 '-아/-어'가 오면 어간의 일부인 'ㅎ'이 없어지고 어미도 변함	파랗+아 → 파래, 퍼렇+어 → 퍼레, 하얗+아서 → 하얘서, 허옇+어서 → 허예서	좋+아서 → 좋아서

05

정답 ④

정답해설

'발(을) 끊다'는 오가지 않거나 관계를 끊는 것을 의미하는 표현이므로 문맥상 적절하지 않다. 아이가 돌아오지 않아 매우 안타까워하거나 다급해하는 표현으로는 '발(을) 구르다'가 적절하다.

오답해설

① 발(을) 디딜 틈이 없다: 복작거리어 혼잡스럽다.

② 발(이) 묶이다: 몸을 움직일 수 없거나 활동할 수 없는 형편이 되다.

③ 발(을) 빼다: 어떤 일에서 관계를 완전히 끊고 물러나다.

06 정답 ③

정답해설

제시된 작품은 김기택의「우주인」이다. 화자는 '허공', '없다는 것은', '모른다', '보고 싶다', '삐뚤삐뚤', '발자국' 등의 시어 반복을 통해 무기력한 삶에서 벗어나고자 하는 화자의 소망과 의지를 강조하고 있다.

오답해설

① 화자는 '~고 싶다'를 반복하며 미래에 대한 희망을 찾고 있다. 과거로 돌아가고 싶다는 소망은 나타나지 않는다.

② 시적 화자의 옛 경험에 대한 사실적인 묘사는 찾아볼 수 없다.

④ 현실의 고난이 허구적 상상을 통해 드러나고 있지만, 극복하는 모습은 나타나지 않는다.

07 정답 ②

정답해설

(가)는 모두 5개의 발화와 1개의 담화로 이루어져 있다. 담화는 둘 이상의 발화나 문장이 연속되어 이루어지는 말의 단위를 가리킨다.

오답해설

③ 마지막 A의 발화를 통해 버스 정류장에서 나눈 대화임을 알 수 있다.

④ (가)의 A와 B 사이의 대화에서 사회·문화적 맥락은 간접적으로 작용했겠지만 그것이 뚜렷하게 드러나 있다고 보기는 어렵다.

08 정답 ③

정답해설

제시된 대화의 맥락은 추석 명절을 맞아 일어나는 일들에 대한 것이다. 그중 밑줄 친 ㉠ '해마다 가셨지?'라는 발화는 B의 할머니가 매년 임진각에 간 것을 물어보는 것인데, 이 발화의 역사적 맥락을 파악하기 위해서는 임진각이 어떤 공간인지를 알아야 한다. 임진각은 군사 분계선에서 7km 남쪽에 있는 1972년에 세워진 관광지로 분단의 아픔을 상징하는 공간이다. 따라서 B의 할머니가 임진각에 해마다 갔다는 발화를 통해 할머니가 한국 전쟁 때 월남한 실향민이시며 명절마다 갈 수 없는 고향에 대한 그리움을 임진각에 가서 대신 달래시는 것임을 추측해 볼 수 있다. 이러한 내용은 우리나라 근현대사에 대한 지식이 없으면 이해하기 힘든 발화이다.

09 정답 ②

정답해설

'지민이가 감기에 걸렸다.'를 능동 표현으로 바꿀 경우 '감기가 지민이를 걸다.'라는 비문이 된다. '감기'가 주체가 될 수 없으므로 능동 표현으로 바꿀 수 없다.

오답해설

① '그 문제가 어떤 수학자에 의해 풀렸다.'를 능동 표현으로 바꿀 경우 '어떤 수학자가 그 문제를 풀었다.'라는 문장이 성립한다.

③ '딸이 아버지에게 안겼다.'를 능동 표현으로 바꿀 경우 '아버지가 딸을 안았다.'라는 문장이 성립한다.

④ '그 수필은 많은 사람들에게 읽혔다.'를 능동 표현으로 바꿀 경우 '많은 사람들이 그 수필을 읽었다.'라는 문장이 성립한다.

10 정답 ②

정답해설

현재진행형이란 현재 움직임이 계속되고 있음을 나타내는 동사 시제의 형태이다. '고르다³'은 동사가 아닌 형용사이므로 현재진행형으로 나타낼 수 없다.

11 정답 ②

정답해설

제시문에 따르면 언어 표현은 자연시간의 순서를 따른다. 그런데 ② '문 닫고 들어와라.'는 안으로 들어온 후에 문을 닫으라는 의미이므로 논리적으로 시간의 순서에 맞지 않는다.

오답해설

①·③ 각각 꽃이 펴야 질 수 있고, 수입이 들어와야 지출을 할 수 있으므로 제시문의 설명에 부합한다.

④ '머리끝부터 발끝' 역시 위쪽이 앞서고 아래쪽이 나중에 온다는 어순 병렬의 원리에 부합한다.

12   정답 ③

정답해설

제시된 글은 '위기'라는 단어의 의미를 파악하고, 위기에 어떻게 대응하느냐에 따라 결과가 달라진다고 보았다. 위기 상황에서 위축되지 않고 사리에 맞는 해결 방안을 찾기 위해 노력하고, 위기를 통해 새로운 기회를 모색해야 함을 강조하고 있다.

13   정답 ③

정답해설

국어의 로마자 표기는 국어의 표준 발음법에 따라 적는 것을 원칙(로마자 표기법 제1항)으로 한다. ③ 마천령은 [마철령]으로 소리 나므로 'Macheollyeong'으로 표기하는 것이 적절하다.

오답해설

① Gapyeong-goon(×) → Gapyeong-gun(○): 가평군은 'Gapyeong-goon'이 아닌 'Gapyeong-gun'으로 표기한다. '도, 시, 군, 구, 읍, 면, 리, 동'의 행정 구역 단위와 '가'는 각각 'do, si, gun, gu, eup, myeon, ri, dong, ga'로 적고, 그 앞에는 붙임표(-)를 넣는다(로마자 표기법 제5항).

② Galmaibong(×) → Galmaebong(○): 갈매봉은 'Galmaibong'이 아닌 'Galmaebong'으로 표기한다. 로마자 표기법에서 단모음 'ㅐ'는 'ae'로 표기한다.

④ Baeknyeongdo(×) → Baengnyeongdo(○): 백령도는 [뱅녕도]로 소리 나므로 자음 사이에서 동화 작용이 일어나는 경우 그 결과에 따라 표기한다는 규정(로마자 표기법 제1항)에 따라 'Baengnyeongdo'로 표기한다.

14   정답 ②

정답해설

'상이(相異)'는 '서로 다르다'라는 의미를 가진다.

오답해설

① '상관(相關)'은 '서로 관련 있다'라는 의미를 가진다.

③ '상응(相應)'은 '서로 응하다'라는 의미를 가진다.

④ '상충(相衝)'은 '서로 충돌하다'라는 의미를 가진다.

15   정답 ②

정답해설

무빙워크(moving walk): 안전길(×) → 자동길(○)

16   정답 ①

정답해설

친구 따라 강남 간다: 자기는 하고 싶지 아니하나 남에게 끌려서 덩달아 하게 됨을 이르는 말

오답해설

② 대항해도 도저히 이길 수 없는 경우를 비유적으로 이르는 말

③ 어느 곳에서나 그 자리에 없다고 남을 흉보아서는 안 된다는 말. 다른 사람에 관한 이야기를 하는데 공교롭게 그 사람이 나타나는 경우를 이르는 말

④ 주관하는 사람 없이 여러 사람이 자기주장만 내세우면 일이 제대로 되기 어려움을 비유적으로 이르는 말

17   정답 ③

정답해설

• 문맥의 제일 처음에 올 수 있는 내용은 (나)와 (다)이다. (가)는 접속 부사 '그러나', (라)는 접속 부사 '하지만', (마)는 앞의 내용에 대한 원인을 밝히는 '~ 때문이다'가 있으므로 다른 문장의 뒤에 연결되어야 한다.

• (마)는 '불만과 불행에 사로잡히기 때문'이라고 하였으므로 그 앞부분에는 그 원인인 '만족할 때까지는 행복해지지 못한다.'는 내용이 와야 한다. 따라서 (다) - (마)의 순서가 되어야 한다.

• (라)는 (마)의 내용에 대한 반론을 제시하며 '차원 높은 행복'이라는 새로운 화제를 제시하고 있으므로 (마) - (라)의 순서가 되어야 한다.

• (가)와 (나)는 '소유에서 오는 행복'이라는 공통 화제를 가지고 있으므로 인접해 있어야 하며, 접속 부사를 고려할 때 (나) - (가)의 순서가 적절하다.

따라서 문맥에 따른 배열로 가장 적절한 것은 ③ '(다) - (마) - (라) - (나) - (가)'이다.

18 정답 ④

정답해설

시적 화자는 달에게 말을 건네는 방식을 통해 근심과 소망 등 자신의 정서를 전달하고 있다.

오답해설

① 후렴구가 반복적으로 사용되었지만 특별한 뜻이 없이 운율을 맞추기 위한 것이므로 후렴구가 주제 의식을 부각한다고 볼 수 없다.

② 제시된 작품에서 반어적 의미를 가진 표현은 찾아볼 수 없다.

③ 성찰적 어조로 볼 수 없으며 엄숙한 분위기가 조성된 것도 아니다.

The 알아보기 작자 미상, 「정읍사(井邑詞)」

- 갈래: 고대 가요, 서정시
- 성격: 서정적, 애상적, 기원적
- 제재: 남편에 대한 염려
- 주제: 남편의 안전을 바라는 여인의 간절한 마음
- 특징: 후렴구 사용
- 의의
  - 현전하는 유일한 백제 노래
  - 한글로 기록되어 전하는 가요 중 가장 오래된 작품
  - 시조 형식의 기원인 작품
- 연대: 백제 시대로 추정
- 출전: 『악학궤범(樂學軌範)』
- 함께 읽으면 좋은 작품: 김소월, 「초혼」
  「초혼」은 초혼이라는 전통 의식을 통해 사랑하는 사람을 잃은 슬픔을 노래한 김소월의 작품이다. 이 작품에서 임과의 이별 상황에 마주한 화자가 임을 애타게 기다리며 만나고자 하는 소망의 극한이 '돌'로 응축되어 나타나는데, 이는 「정읍사」의 화자가 임을 기다리다가 돌이 되고야 말았다는 망부석 모티프와 연결된다.

---

19 정답 ④

정답해설

'노피곰'이 상승 이미지를 환기하는 것은 맞지만, 달이 초월적 세계에 대한 화자의 동경을 표상한다고 볼 수는 없다. '노피곰'은 '높이높이'라는 뜻으로 이 시어에는 달이 멀리 또는 밝게 비추어 남편의 안전이 지켜지기를 바라는 화자의 소망이 투영되어 있다.

오답해설

① 화자의 시적 진술이 달이 뜨는 시간에 이루어지고 있음을 알려준다.

② 대상에 대한 화자의 근심과 걱정을 완화해 주는 존재이다.

③ 높임의 호격 조사 '하'로 볼 때 존경의 의미를 함축하고 있음을 알 수 있다.

---

20 정답 ①

정답해설

이 작품은 섬진강이 흐르는 호남 지방의 자연과 그곳에서 살아가는 사람들을 제재로 하여 섬진강의 끈질긴 생명력을 부드러우면서도 단호한 어조로 표현하였다. 반어적인 어조를 활용하여 현실을 풍자한 부분은 찾을 수 없다.

오답해설

② '실핏줄 같은', '쌀밥 같은', '숯불 같은'처럼 직유를 활용하여 섬진강과 소박한 민중의 모습을 인상적으로 드러내고 있다.

③ '영산강으로 가는 물줄기를 불러 뼈 으스러지게 그리워 얼싸안고', '지리산 뭉툭한 허리를 감고 돌아가는'과 같은 의인화를 통해 섬진강의 강한 생명력을 표현하고 있다.

④ 섬진강의 마르지 않는 속성을 통해 '민중의 건강한 삶과 끈질긴 생명력'이라는 주제 의식을 강화하고 있다.

The 알아보기 김용택, 「섬진강 1」

- 갈래: 자유시, 서정시
- 주제: 민중의 소박하고 건강한 삶과 끈질긴 생명력
- 특징
  - 의인법, 반복법, 설의법을 통해 주제를 강조
  - 명령 투의 어조가 나타남

---

21 정답 ③

정답해설

'부패'라는 단어에 담긴 서로 다른 의미로 인해 ③은 논리적 오류가 발생하였다.

오답해설

① 삼단 논법

② 결합의 오류

④ 분해의 오류

22

정답해설

시적 화자는 '그리웠던 순간들을 호명하며' 따뜻하고 행복했던 지난 때를 그리워하고 있으며, 톱밥 난로에 톱밥을 던지는 행위를 '한 줌의 눈물을 불빛 속에 던져 주었다'라고 표현하여 현재의 고단한 삶에 대한 정서를 화자의 행위에 투영하고 있다.

오답해설

① '유리창마다 / 톱밥난로가 지펴지고'는 대합실 유리창에 난로의 불빛이 비치는 것을 묘사한 것으로, 여러 개의 난로가 지펴진 대합실의 상황을 비유적으로 표현했다는 설명은 적절하지 않다.

② '청색'과 '불빛'의 대조적 색채 이미지가 나타나지만, 이를 통해 막차를 기다리는 사람들의 고단한 삶을 드러낼 뿐 겨울 풍경의 서정적 정취를 강조한 것은 아니다.

③ '오래 앓은 기침 소리'와 '쓴 약 같은 입술담배 연기'를 통해 힘겨운 삶의 모습을 드러내고는 있으나, 이것이 비관적 심리를 드러낸다고 할 수 없다. 또한 담배를 피우는 행위를 무례하다고 보는 것은 작자의 의도와 거리가 멀다.

The 알아보기 곽재구, 「사평역에서」
- 갈래: 자유시, 서정시
- 성격: 회고적, 애상적, 묘사적
- 주제: 가난하고 소외된 사람들의 삶의 애환
- 특징
  - 간이역 대합실을 장면화하여 묘사적으로 제시함
  - 감각적 이미지로 서정적이고 쓸쓸한 분위기를 연출함
  - 반복적 변주로 시상을 전개함

23

정답 ②

정답해설

'집단으로 모인 사람들이 자신들의 감성을 침묵하게 하고 지성만을 행사하는 가운데 그들 중 한 개인에게 그들의 모든 주의가 집중되도록 할 때 희극이 발생한다고 보았다.'를 통해 희극이 관객의 감성이 집단적으로 표출된 결과라는 설명이 적절하지 않음을 알 수 있다. '관객은 이러한 결함을 지닌 인물을 통하여 스스로 자기 우월성을 인식하고 즐거워질 수 있게 된다.'에서 희극은 관객 개개인이 결함을 지닌 인물에 비하여 자기 우월성을 인식함으로써 발생한다는 사실을 확인할 수 있다.

오답해설

① '희극의 발생 조건에 대하여 베르그송은 집단, 지성, 한 개인의 존재 등을 꼽았다.'를 통해 적절한 내용임을 확인할 수 있다.

③ '한 인물이 우리에게 희극적으로 보이는 것은 우리 자신과 비교해서 그 인물이 육체의 활동에는 많은 힘을 소비하면서 정신의 활동에는 힘을 쓰지 않는 경우이다.'라는 프로이트의 말을 통해 적절한 내용임을 확인할 수 있다.

④ '웃음을 유발하는 단순한 형태의 직접적인 장치는 대상의 신체적인 결함이나 성격적인 결함을 들 수 있다.'를 통해 적절한 내용임을 확인할 수 있다.

24

정답 ④

정답해설

제시문은 '문학이 구축하는 세계는 실제 생활과는 다르다.'는 것을 건축가가 집을 짓는 과정에 빗대어 표현하였다. 즉, 유추의 설명 방식이 사용된 것으로, 유추는 생소한 개념이나 복잡한 주제를 친숙한 개념 또는 단순한 주제와 비교하여 설명하는 방식이다.

④ '목적을 지닌 인생은 의미 있다.'는 것을 목적을 갖고 뛰어야 완주가 가능한 마라톤에 빗대어 설명하고 있다.

오답해설

① 국어 단어를 일정한 기준에 따라 종류별로 묶어서 설명하는 방법인 분류의 방식이 사용되었다.

② 르네상스 시대 화가들과 인상주의 화가들의 공통점을 비교해서 설명하고 있다.

③ 둘 이상의 대상, 즉 남자와 여자의 차이점을 밝히는 설명 방법인 대조의 방식이 사용되었다. 또한, 남녀의 관심사를 열거하고 있다.

25

정답 ③

정답해설

3·1 운동과 관련된 제시문으로, 문맥상 〈보기〉의 내용은 (다)의 뒤에 들어가야 한다. 〈보기〉에서는 학자들이 3·1 운동에 관해 부단한 연구를 해왔고, 각 분야에 걸쳐 수많은 저작을 내놓고 있다고 했다. 그 다음 (라)에서는 언론 분야에 대한 예가 나오고 있다.

제2과목: 자동차공학

01	02	03	04	05	06	07	08	09	10
③	①	②	④	④	④	①	③	②	③
11	**12**	**13**	**14**	**15**	**16**	**17**	**18**	**19**	**20**
④	②	③	③	④	③	②	②	③	④
21	**22**	**23**	**24**	**25**					
①	①	④	①	③					

01

정답 ③

정답해설

교류 전기를 직류 전기로 변환하는 장치는 '컨버터(Converter)'이다.

오답해설

① BMS(Battery Management System): 고전압 배터리 제어 시스템으로, 하이브리드 자동차에서 배터리 시스템의 열적·전기적 기능을 제어 또는 관리하고 배터리 시스템과 다른 차량 제어기 사이에서 통신을 제공한다.

② ECU(Electronic Control Unit): 자동차의 엔진, 자동변속기, 구동·제동·조향계통 등을 제어하는 전자제어 장치이다.

④ 인버터(Invverter): 직류 전기를 교류 전기로 변환하는 장치이다.

02

정답 ①

정답해설

엔진 부하와 속도 변화에 기인하는 흡입 매니폴드 압력의 변화를 측정하는 역할을 한다.

오답해설

② 크랭크 각 센서에 대한 설명이다.

③ 산소센서(O_2 Sensor)에 대한 설명이다.

The 알아보기   흡입공기량을 계측하는 공기유량 센서
- 직접계측방식(L−제트로닉식)
  - 칼만와류 방식
  - 핫와이어, 핫필름 방식
  - 메저링 플레이트 방식(베인식)
- 간접계측방식(D−제트로닉식)
  - MAP 방식(흡기다기관)

03

정답 ②

정답해설

②는 일의 단위를 나타낸다($1J=1N \cdot m$).

오답해설

일률은 일의 효율을 나타내는 양으로, 단위시간 동안 한 일의 양이다. 단위로는 W(와트)=J/s, HP(마력), PS, kg · m/s 등을 사용한다.

$$P = \frac{\text{일의 양}(W)}{\text{걸린 시간}(t)} = \frac{\text{힘}(F) \times \text{이동거리}(s)}{\text{걸린 시간}(t)} = \text{힘}(F) \times \text{속력}(v)$$

※ $1kW = 1,000W$

The 알아보기   일률, 공률, 동력 단위 환산표

구분	kgf · m/s	kW	PS	kcal/h
1kgf · m/s	1	0.009807	0.01333	8.4322
1kW	101.972	1	1.3596	859.848
1PS	75	0.735499	1	632.415
1kcal/h	0.118593	0.001163	0.00158	1

04

정답 ④

정답해설

리시버 드라이어(Receiver Drier)

용기, 여과기, 튜브, 건조제, 사이드 글라스 등으로 구성되어 있다. 건조제는 용기 내부에 내장되어 있고, 이물질이 냉매 회로에 유입되는 것을 방지하기 위해 여과기가 설치되어 있다. 건조기는 저장, 수분 제거, 압력 조정, 냉매량 점검, 기포 분리 기능을 한다.

오답해설

① 압축기(Compressor): 증발기 출구의 냉매는 거의 증발이 완료된 저압의 기체 상태이므로 이를 상온에서도 쉽게 액

화시킬 수 있도록 냉매를 압축기로 고온, 고압(약 70℃, 15MPa)의 기체 상태로 만들어 응축기로 보낸다.
② 응축기(Condenser): 라디에이터 앞쪽에 설치되며, 압축기로부터 공급된 고온, 고압의 기체 상태인 냉매의 열을 대기 중으로 방출시켜 액체 상태의 냉매로 변화시킨다.
③ 증발기(Evaporator)는 팽창 밸브를 통과한 냉매가 증발하기 쉬운 저압이 되어 안개 상태의 냉매가 증발기 튜브를 통과할 때 송풍기에서 부는 공기에 의해 증발하여 기체상태의 냉매가 된다.

05
정답 ④

정답해설

압축비 $\varepsilon = \dfrac{\text{연소실 체적} + \text{행정체적}}{\text{연소실 체적}}$

$= \dfrac{V_c + V_h}{V_c} = 1 + \dfrac{V_h}{V_c}$

($\because$ V_c: 연소실 체적[cm³], V_h: 행정체적[cm³])

$\therefore \varepsilon = \dfrac{250 + 4,750}{250} = 20$

06
정답 ④

오답해설

유량제어 밸브는 최적상태의 유량을 제어하여 조향휠의 조향력을 적절하게 변화시키는 역할을 한다.

07
정답 ①

정답해설

축전지의 격리판은 양극판과 음극판의 단락을 방지하여 절연의 역할을 하고 다공성의 성질을 띠어 전해액의 확산을 높인다.

08
정답 ③

정답해설

2행정 엔진은 4행정 엔진에 비해 유효행정이 짧아 압축압력 및 평균유효압력이 낮다(작다).

The 알아보기   4행정 사이클 기관과 2행정 사이클 기관의 비교

구분	4행정	2행정
행정 및 폭발	크랭크축 2회전(720°)에 1회 폭발행정	크랭크축 1회전(360°)에 1회 폭발행정
기관 효율	4개 행정의 구분이 명확하고 작용이 확실하며 효율이 우수함	행정의 구분이 명확하지 않고 흡기와 배기 시간이 짧아 효율이 낮음
밸브 기구	밸브기구가 필요하고 구조가 복잡함	밸브기구가 없어 구조는 간단하나 실린더 벽에 흡기구가 있어 피스톤 및 피스톤링의 마멸이 큼
연료 소비율	연료소비율이 비교적 좋음(크랭크축 2회전에 1번 폭발)	연료소비율 나쁨(크랭크축 1회전에 1번 폭발)
동력	단위 중량당 출력이 2행정 기관에 비해 낮음	단위 중량당 출력이 4행정 기관에 비해 높음
엔진 중량	무거움(동일한 배기량 조건)	가벼움(동일한 배기량 조건)

- 2행정 사이클 엔진의 장점
  - 4행정 사이클 엔진에 비하여 이론상 약 2배의 출력이 발생된다.
  - 크랭크 1회전당 1번의 폭발이 발생되기 때문에 엔진 회전력의 변동이 적다.
  - 실린더 수가 적어도 엔진구동이 원활하다.
  - 마력당 중량이 적고 값이 싸며, 취급이 쉽다(단위 중량당 마력이 크다).
- 2행정 사이클 엔진의 단점
  - 각 행정의 구분이 명확하지 않고, 유해 배기가스의 배출이 많다.
  - 흡입 시 유효행정이 짧아 흡입효율이 저하된다.
  - 소기 및 배기포트의 개방시간이 길어 평균유효압력 및 효율이 저하된다.
  - 피스톤 및 피스톤링이 손상되기 쉽다.
  - 저속 운전이 어려우며, 역화가 발생된다.
  - 흡배기가 불완전하여 열 손실이 크며, 미연소가스(HC)의 배출량이 많다.
  - 연료 및 윤활유의 소모율이 높다.
- 4행정 사이클 엔진의 장점
  - 각 행정이 명확히 구분되어 있다.
  - 흡입행정 시 공기(공기+연료)의 냉각효과로 각 부분의 열적 부하가 적다.

- 저속에서 고속까지 엔진 회전속도의 범위가 넓다.
- 흡입행정의 구간이 비교적 길고 블로다운 현상으로 체적 효율이 높다.
- 블로바이 현상이 적어 연료소비율 및 미연소가스의 생성이 적다.
- 불완전연소에 의한 실화가 발생되지 않는다.
• 4행정 사이클 엔진의 단점
  - 밸브기구가 복잡하고 부품 수가 많아 충격이나 기계적 소음이 크다.
  - 가격이 고가이고 마력당 중량이 무겁다(단위 중량당 마력이 적다).
  - 2행정에 비해 폭발횟수가 적어 엔진 회전력의 변동이 크다.
  - 탄화수소(HC)의 배출량은 적으나 질소산화물(NOₓ)의 배출량이 많다.

09
정답 ②

정답해설

베어링은 회전축을 지지하고 마찰을 방지하여 출력의 손실을 적게 하는 역할을 하므로 내피로성이 커야 한다.

> **The 알아보기** 베어링의 구비조건
> • 고온 하중부담 능력이 있을 것
> • 내피로성이 클 것
> • 내식성이 우수할 것
> • 매입성이 좋을 것
> • 마찰 저항이 작을 것
> • 열전도성이 우수하고 밀착성이 좋을 것
> • 고온에서 내마멸성이 우수할 것
> • 추종 유동성이 있을 것

10
정답 ③

정답해설

피스톤의 행정이 150mm라면 크랭크축의 회전반지름의 길이는 75mm가 되므로 커넥팅로드의 길이는 크랭크 회전반지름의 $\frac{300}{75}$ =4배가 된다.

11
정답 ④

정답해설

캐스터는 차량이 노면에서 받는 충격에 의해 변화되지 않는다. 따라서 일체식 차축의 현가 스프링이 피로해지더라도 바퀴의 캐스터는 변화가 없다.

> **The 알아보기** 캐스터(Caster)
> • 정의: 자동차의 앞바퀴를 옆에서 볼 때 앞바퀴의 조향축이 지면의 수직선에 대하여 앞으로 또는 뒤로 기운 각도를 말한다. 너클과 앞 차축을 고정하는 스트럿이 수직선과 어떤 각도를 두고 설치되는데 이를 캐스터 각이라 한다. 주행 중 조향 바퀴에 방향성을 부여하고, 바퀴에 복원력을 발생하며, 주행 중 앞차축의 주행 안정성을 부여한다. 캐스터 각은 일반적으로 1~3° 정도이다. 그리고 스트럿이 자동차의 뒤쪽으로 기울어진 상태를 정의 캐스터, 스트럿이 수직선과 일치된 상태를 0(Zero) 캐스터, 스트럿이 앞쪽으로 기울어진 상태를 부의 캐스터라 한다.
> • 정(+)의 캐스터: 정의 캐스터는 자동차를 옆에서 볼 때 스트럿이 자동차의 뒤쪽으로 기울어져 있는 상태이다. 정의 캐스터는 주행할 때 직진성이 유지되며 시미 현상을 감소시킨다. 또한 정의 캐스터는 선회 후 바퀴가 직진 위치로 복귀하도록 하는 복원력을 발생시킨다.
> • 부(-)의 캐스터: 부의 캐스터는 자동차를 옆에서 볼 때 스트럿이 자동차의 앞쪽으로 기울어져 있는 상태이다. 부의 캐스터를 사용하면 선회 후 바퀴의 복원력이 감소하고 직진성능은 감소하나 사이드 포스에 대한 저항력은 증대된다.

12
정답 ②

정답해설

배기밸브 열림각
= 배기밸브 열림 각도 + 180° + 배기밸브 닫힘 각도
= 50° + 180° + 20° = 250°

13
정답 ③

정답해설

마멸 및 희석작용은 엔진오일의 작용에 해당하지 않는다.

14
정답 ③

정답해설

$$I=\frac{V}{R}=\frac{12\times4}{3+5}=\frac{48}{8}=6[A]$$

15
정답 ④

오답해설

① ABS(Anti-lock Brake System): 미끄러짐을 방지하는 장치로 조향의 안정성을 유지하며 제동거리가 단축된다.

② BAS(Brake Assist System): 차량의 긴급 상황에서 브레이크 압력을 증대시켜 제동거리가 단축된다.

③ EBD(Electronic Brake force Distribution): 뒷바퀴와 앞바퀴를 동일하게 제어하거나 뒷바퀴가 늦게 고착되도록 제어하여 제동력을 향상시키므로 제동거리가 단축된다.

16
정답 ③

정답해설

경유는 세탄가가 높아야 한다.

17
정답 ②

오답해설

① 에어 스프링: 감쇠작용이 있어 작은 충격이라도 흡수율이 좋고 차고가 일정하게 유지된다.

③ 코일 스프링: 주로 승용차의 앞·뒤 차축에 사용되며 비틀림 탄성을 이용한다.

④ 토션 바 스프링: 스프링강으로 된 막대의 비틀림 탄성을 이용하여 완충 작용을 한다.

18
정답 ②

정답해설

구조 및 조작이 간단하여 패드 점검 및 교환이 용이한 것은 디스크 브레이크이다.

19
정답 ③

정답해설

타이어 편마모 방지는 전자제어 제동장치(ABS)의 기능이다.

오답해설

전자제어 현가장치(ESC)는 차량의 높이를 조절하는 기능과 감쇠력 제어 기능이 있어 조정 안정성을 향상시켜 준다.

20
정답 ④

정답해설

인젝터는 솔레노이드 밸브를 가지고 있는 연료 분사장치로 엔진 ECU에 의해 제어된다. ECU는 각종 센서를 통해 필요한 연료의 양을 파악한 후 솔레노이드 코일의 통전 시간에 따라 연료의 분사량을 파악한다. 이때 솔레노이드 코일의 통전 시간이 길어지면 분사량이 많아진다.

21 정답 ①

정답해설

소구 엔진은 실린더 상부의 소구를 가열해 연료를 연소시키는 엔진으로 디젤 엔진보다 압축비가 낮다.

22 정답 ①

정답해설

클러치(Clutch)

엔지의 동력을 차단하거나 연결해 주는 장치로 플라이휠과 변속기 사이에 설치되어 있으며, 회전 관성이 작고 회전 부분의 평형이 좋아야 한다.

23 정답 ④

오답해설

① 스로틀 위치 센서: 밸브축이 회전하며 변화한 출력 전압을 바탕으로 엔진의 회전 상태를 파악하고 필요한 연료 분사량을 결정한다.
② 흡기 온도 센서: 흡입되는 공기의 온도를 감지하고 공기의 밀도에 따라 필요한 연료 분사량을 조절한다.
③ 산소센서: 배기가스 중 산소의 농도를 측정하여 이를 전압값으로 변환시키는 센서로, 이론 공연비에 가깝도록 연료 분사량을 보정하는 피드백 제어를 한다.

24 정답 ①

정답해설

변속 수가 높을수록 토크가 작아진다. 따라서 가장 큰 토크를 발생시키는 변속 단은 '1단'이고, 가장 작은 토크가 발생되는 것은 '오버드라이브'이다.

25 정답 ③

정답해설

한쪽 바퀴의 회전수: $\frac{40}{8} \times x = 1{,}250$rpm, $x = 250$[rpm]

양쪽 바퀴의 회전수 합: 250rpm $\times$ 2 = 500rpm
따라서 오른쪽 바퀴의 회전수가 80rpm일 때 왼쪽 바퀴의 회전수는 420rpm이다.

제3과목: 자동차정비

01	02	03	04	05	06	07	08	09	10
③	②	②	①	①	④	②	④	②	②
11	12	13	14	15	16	17	18	19	20
①	③	①	③	②	④	①	④	④	④
21	22	23	24	25					
③	④	③	①	②					

01 정답 ③

정답해설

정류자는 기동전동기에서 회전운동을 하는 부분에 해당한다.

The 알아보기 기동전동기의 구조	
회전운동을 하는 부분	고정된 부분
• 전기자 • 정류자	• 계철과 계자철심 • 계자코일 • 브러시와 브러시 홀더 • 마그네틱 스위치

02 정답 ②

정답해설

유성기어 장치는 작은 전달 동력이 전달됐을 때 일반 변속기어보다 더 많은 비용을 발생시키는 단점을 가지고 있다.

03 정답 ②

오답해설

① 시미 현상: 타이어의 동적 불평형으로 인해 바퀴가 좌우로 진동하는 현상이다.
③ 베이퍼 록 현상: 브레이크액 내에 기포가 발생하여 제동 압력의 전달 작용을 방해하는 현상이다.
④ 헤지테이션: 가속하기 위해 페달을 밟아도 원활하게 가속되지 않는 현상이다.

04 정답 ①

정답해설

디젤 엔진의 진동과 소음, 효율성을 개선시켜서 나온 엔진으로 소음과 진동은 감소되었다.

> **The 알아보기 커먼레일 엔진(CRDI; Common Rail Direct Injection engine)의 특징**
> • 초고압에 의한 연소효율의 증대
> • 연료 분사량의 정밀제어로 디젤 엔진의 출력 향상
> • 유해 배기가스의 현저한 감소
> • 엔진의 고속 회전 및 소음과 진동이 감소
> • 기계식 저압펌프의 연료공급 순서: '연료탱크 → 연료필터 → 저압펌프 → 고압펌프 → 커먼레일 → 인젝터'

05 정답 ①

정답해설

가솔린 엔진의 열효율은 25~32%이고 디젤 엔진의 열효율은 32~38%이다. 따라서 디젤 엔진이 가솔린 엔진보다 열효율이 높다.

06 정답 ④

정답해설

정차 시에 뒷좌석에 많은 사람이 탑승한 것은 전자제어 현가장치의 감쇠력 조절과 관련이 없다.

> **The 알아보기 전자제어 현가장치**
> 전자제어 현가장치는 각종 요소에 따라 차고와 현가특성(감쇠력 조절)이 자동적으로 조절되는 장치로, 다음과 같은 조건에서 조절된다.
> • 선회 시 자동차의 롤링 방지
> • 불규칙한 노면 주행 시 자동차의 피칭 방지
> • 급출발 시 자동차의 스쿼트(노즈업) 방지
> • 적재량 및 노면의 상태에 관계없이 자동차의 자세 안정
> • 주행 중 급제동 시 자동차의 다이브 방지
> • 도로의 조건에 따라 자동차의 바운싱 방지
> • 고속 주행 시 자동차의 주행 안정성 향상
> • 하중 변화에 따라 차체가 흔들리는 셰이크 방지
> • 조향 시 언더 스티어링 및 오버 스티어링 특성에 영향을 주는 롤링제어 및 강성배분 최적화
> • 노면에서 전달되는 진동을 흡수하여 차체의 흔들림 및 차체의 진동 감소

07 정답 ②

정답해설

외기온도센서는 냉난방장치의 구성 부품으로, 외기온도는 냉난방장치의 입력 신호이다.

08 정답 ④

정답해설

엔진오일의 압력에 따라 작동하는 오일 압력 스위치가 단선되면, 차량의 rpm이 급격히 떨어지면서 경고등 점멸 및 시동이 꺼지는 현상이 발생할 수 있다.

09 정답 ②

정답해설

클러치 페달의 리턴 스프링이 약하면 클러치 페달이 복원이 안 되는 등의 조정 불량이 나타날 수 있다.

10 정답 ②

정답해설

타이어의 공기압이 너무 낮은 경우가 저속 시미 현상의 원인이다.

> **The 알아보기 시미 현상의 원인**
> • 저속 시미 현상의 원인
> − 링키지 연결부가 마모된 경우
> − 타이어 공기압이 낮은 경우
> − 앞바퀴 정렬이 불량할 경우
> − 볼 조인부가 마모된 경우
> − 스프링정수가 작은 경우
> − 조향기어가 마모된 경우
> − 휠 및 타이어가 변형된 경우
> − 좌우 타이어의 공기압 차이가 발생된 경우
> − 쇽 업소버의 작동이 불량한 경우
> • 고속 시미 현상의 원인
> − 바퀴의 동적 불평형이 발생할 경우
> − 엔진고정 보트가 헐거울 경우
> − 타이어가 변형될 경우
> − 자재이음이 마모되었거나 오일이 부족할 경우
> − 추진축에 진동이 발생할 경우

11
정답 ①

정답해설

오일의 색깔이 회색에 가까운 것은 4에틸납과 같이 연소가스의 생성물이 혼입되었기 때문이다.

> **The 알아보기 오일의 색깔에 따른 현상**
> - 검은색: 심한 오염
> - 붉은색: 오일에 가솔린이 유입된 상태
> - 회색: 연소가스의 생성물 혼입(가솔린 내의 4에틸납)
> - 우유색: 오일에 냉각수 혼입

12
정답 ③

정답해설

자기 작동 작용이 큰 것은 드럼 브레이크의 특징으로, 회전 중인 브레이크 드럼에 제동력이 작용하면 회전 방향 쪽의 브레이크 슈에 마찰력으로 인해 드럼과 함께 회전하려는 힘이 발생하여 마찰력이 증대되는 작용이다. 디스크 브레이크는 자기 작동 작용이 없어 고속에서 반복적으로 사용해도 제동력 변화가 적다.

13
정답 ①

정답해설

하이브리드(Hybrid) 자동차는 내연기관과 전기모터를 동시에 작동시키는 시스템으로, 내연기관 자동차보다 동력 전달 계통이 복잡하다.

14
정답 ③

정답해설

디젤기관에서 연료 분사 시기가 빠를 경우 기관의 출력이 저하된다.

> **The 알아보기 디젤기관에서 연료 분사 시기가 빠를 경우에 발생하는 현상**
> - 디젤 노크가 발생한다.
> - 노크로 인한 소음이 증가한다.
> - 배기가스 색이 흑색이 된다.
> - 기관의 출력이 저하된다.
> - 저속 회전이 불량하다.

15
정답 ②

정답해설

(+)단자가 아니라 (−)단자를 먼저 분리해야 한다.

16
정답 ④

정답해설

역방향으로는 전류를 흐르게 하지 못하는 다이오드와 달리 제너 다이오드는 항복현상을 이용하여 정방향으로 전류를 흐르게 하지만 특정 전압에 이르면 역방향으로 전류를 흘려보낸다.

17
정답 ①

정답해설

> P230/60R17 85H

- 230: 타이어의 단면 폭[mm]
- 60: 타이어 편평비[%], 편평비＝높이/너비(단면폭)×100
- R: 타이어의 구조, 레이디얼 타이어
- 17: 림 직경, 타이어의 내경[inch]
- H: 속도기호(최고속도 210km/h)

> **The 알아보기 속도기호와 최고속도**
>
> | 속도기호 | 최고속도 [km/h] | 속도기호 | 최고속도 [km/h] |
> |---|---|---|---|
> | S | 180 | V | 240 |
> | T | 190 | W | 270 |
> | U | 200 | Y | 300 |
> | H | 210 | | |

18
정답 ④

정답해설

오일링 홈의 구멍 크기는 피스톤 점검사항과 관련이 없다.

오답해설

피스톤과 관련된 점검사항으로는 중량, 실린더 간극, 마모 및 균열 등이 있다.

19

정답 ④

정답해설

모터 구동식 동력조향장치(MDPS; Motor Driven Power Steering)는 전기모터를 구동시켜 조향핸들의 조향력을 보조하는 장치로서 기존의 전자제어식 동력조향장치보다 연비 및 응답성이 향상되어 조종 안전성을 확보할 수 있으며, 전기에너지를 이용하므로 친환경적이고 구동 소음과 진동 및 설치 위치에 대한 설계의 제약이 감소되었다.

20

정답 ④

정답해설

연료 차단 지시등은 커먼레일 디젤 엔진 차량의 계기판에서 엔진의 기동과 관련이 있는 경고등 및 지시등이 아니다.

21

정답 ③

정답해설

공기 청정기가 막혔을 때는 흑색의 배기가스가 나온다.

22

정답 ④

오답해설

① 오버 스티어에 대한 설명이다.
② 리버스 스티어에 대한 설명이다.
③ 뉴트럴 스티어에 대한 설명이다.

23

정답 ③

정답해설

로터는 배전기 점화장치의 부품으로, 배전기 캡 중심단자로부터 받은 고전압을 각 점화 플러그에 보내는 역할을 한다.

24

정답 ①

정답해설

전자제어식 동력조향장치는 저속 주행에서는 조향력을 가볍게, 고속 주행에서는 무겁게 되도록 한다.

오답해설

② 전자제어식 동력조향장치는 기존의 유압식 조향장치시스템에 차속감응, 조타력 조절 등의 기능을 추가하여 조향 안전성 및 고속 안전성 등을 구현하는 시스템이다.

④ 조향회전각 및 횡가속도를 감지하고 고속 시 또는 급조향 시 조향하는 방향으로 잡아당기려는 현상을 보상한다.

25

정답 ②

오답해설

① 토션 바 스프링: 스프링강으로 된 막대의 비틀림 탄성을 이용하여 완충 작용을 한다.
③ 쇽 업소버: 흔들림을 소멸시켜 승차감을 향상시키며 주행하거나 제동할 때 안정성을 높여준다.
④ 에어 스프링: 감쇠작용이 있어 작은 충격이라도 흡수율이 좋고 차고가 일정하게 유지된다.

제4회 모의고사 정답 및 해설

제1과목: 국어

01	02	03	04	05	06	07	08	09	10
②	④	②	③	④	①	①	②	③	④
11	**12**	**13**	**14**	**15**	**16**	**17**	**18**	**19**	**20**
②	④	④	③	③	③	②	③	④	①
21	**22**	**23**	**24**	**25**					
③	②	④	②	①					

01
정답 ②

정답해설

집에서 손님을 보낼 때 하는 인사말은 '안녕히 가십시오.'인데, 특별한 경우 손윗사람에게는 '살펴 가십시오.'도 가능하다. 간혹 '안녕히 돌아가십시오.'라고 쓰는 경우가 있는데 '돌아가다'라는 말이 '죽는다'는 의미나 '빙 돌아서 간다'는 뜻을 나타내는 경우가 있어 되도록 쓰지 않는 것이 좋다.

오답해설

① '좋은 아침!'은 외국어를 직역한 말이므로 이에 대한 전통적인 인사말인 '안녕하십니까?'를 쓰는 것이 좋다.

③ 윗사람의 생일을 축하하는 말로는 '내내 건강하시기 바랍니다.'나 '더욱 강녕하시기 바랍니다.'가 적절하다. 이 밖에 '건강하십시오.'는 바람직하지 않다. '건강하다'는 형용사이므로 명령문을 만들 수 없을뿐더러 어른에게 하는 인사말로 명령형의 문장은 될 수 있으면 피해야 하기 때문이다.

④ 손님이 들어오면 우선 인사를 하고 나서 무엇을 도와 드릴지 여쭈어보는 것이 적절하다.

02
정답 ④

정답해설

'식이요법이 알코올 중독에 이르게 한다.'는 연쇄반응은 서로 인과관계가 없으므로 ④는 '잘못된 인과관계의 오류'를 범하고 있다.

오답해설

① · ② · ③ '미끄러운 경사면의 오류'를 범하고 있다. 미끄러운 경사면의 오류란 미끄럼틀을 한 번 타기 시작하면 끝까지 미끄러져 내려갈 수밖에 없듯이 연쇄반응이 이어지면서 잘못된 결론에 도달하게 되는 오류를 뜻한다. 그런데 그 연쇄반응 사이에는 서로 인과성이 있어서 처음의 시작과 결론만 보면 논리적으로 말이 되지 않지만 이어지는 연쇄반응끼리는 서로 관련된다.

> **The 알아보기** 미끄러운 경사면의 오류(Fallacy of slippery slope)
>
> 일명 '도미노의 오류'로, 미끄럼틀을 한 번 타기 시작하면 끝까지 미끄러져 내려간다는 점에서 '연쇄반응 효과의 오류'라고 할 수 있다.
>
> 예 인터넷 실명제를 시행해서는 안 된다. 인터넷 실명제를 시행하게 되면 개인은 자신의 사적인 면을 인터넷에 노출하기를 꺼리게 될 것이고, 인터넷을 통해 자유롭게 개성을 표현하는 일이 극도로 줄어들게 될 것이다. 그렇게 되면 머지않아 우리나라 문화 예술계는 창의성과 상상력을 잃게 될 것이다.

03
정답 ②

정답해설

㉠ 의존 명사 '때'는 앞말(관형어) '알아볼'과 띄어 써야 하며, 조사 '까지'는 앞말과 붙여 써야 한다.

㉢ 단위성 의존 명사 '채'는 수 관형사 '한'과 띄어 써야 한다.

오답해설

㉡ 관형어 다음의 '만큼'은 의존 명사이므로 띄어 써야 하지만, 체언 다음의 '만큼'은 조사이므로 붙여 쓴다.

㉣ 체언 다음의 '입니다'는 서술격 조사이므로 반드시 붙여 써야 한다.

04 정답 ③

정답해설

'멀찌가니'는 사이가 꽤 떨어지게라는 의미로, '멀찌가니'의 복수 표준어는 '멀찌감찌'가 아닌 '멀찌감치'이다.

05 정답 ④

정답해설

④는 서술어가 '피었다' 하나만 나타나고 있다. 이와 같이 홑문장은 서술어가 한 번만 나타나야 한다.

오답해설

① 겹문장(명사절을 안은문장)

② 겹문장(명사절을 안은문장)

③ 겹문장(대등하게 이어진 문장)

06 정답 ①

정답해설

①은 다의 관계, ② · ③ · ④는 동음이의 관계이다.

① • 가다⁵: 금, 줄, 주름살, 흠집 따위가 생기다.
　• 가다¹: 지금 있는 곳에서 어떠한 목적을 가지고 다른 곳으로 옮기다.

오답해설

② • 철: 규칙적으로 되풀이되는 자연 현상에 따라서 일 년을 구분한 것
　• 철: 사리를 분별할 수 있는 힘

③ • 타다: 불씨나 높은 열로 불이 붙어 번지거나 불꽃이 일어나다.
　• 타다: 도로, 줄, 산, 나무, 바위 따위를 밟고 오르거나 그것을 따라 지나가다.

④ • 묻다: 물건을 흙이나 다른 물건 속에 넣어 보이지 않게 쌓아 덮다.
　• 묻다: 가루, 풀, 물 따위가 그보다 큰 다른 물체에 들러붙거나 흔적이 남게 되다.

07 정답 ①

정답해설

(가)는 시간의 흐름에 따라 어휘의 의미가 변화하는 양상을 보여주므로 '언어의 역사성'과 관련이 있다. 언어의 규칙성이란 언어를 사용하기 위해서는 여러 가지 규칙(문법, 규범)이 필요함을 의미한다.

오답해설

② (나)는 사회적 약속을 어기고 대상을 마음대로 다른 기호로 표현하면 사회 구성원들 간에 의사소통이 되지 않는다는 것이므로 '언어의 사회성'의 예로 볼 수 있다.

③ (다)는 문장의 구조에 대한 이해를 바탕으로 한정된 어휘로 서로 다른 문장을 생성하는 예이므로 '언어의 창조성'과 관련이 있다.

④ (라)는 언어에 따라 같은 의미에 대한 기호가 자의적으로 결합되는 사례로 '언어의 자의성'에 해당된다.

08 정답 ②

정답해설

㉠ • 주체 높임 표현: 아버지께서(조사), '-시-'(높임 선어말 어미)
　• 객체 높임 표현: 모시고(객체를 높이는 특수 어휘)

㉡ • 상대 높임 표현: 하셨습니다('하십시오체'의 종결 어미)
　• 주체 높임 표현: 어머니께서(조사), '-시-'(높임 선어말 어미)
　• 객체 높임 표현: 아주머니께(조사), 드리다(객체를 높이는 특수 어휘)

㉢ • 상대 높임 표현: 바랍니다('하십시오체'의 종결 어미)
　• 주체 높임 표현: 주민 여러분께서는(조사), '-시-'(높임 선어말 어미)

09 정답 ③

정답해설

㉠ 비전(○): 'vision'은 '비젼'이 아닌, '비전'이 옳은 표기이다.

㉡ 카디건(○): 'cardigan'은 '가디건'이 아닌, '카디건'이 옳은 표기이다.

㉣ 옐로(○): 'yellow'는 '옐로우'가 아닌, '옐로'가 옳은 표기이다.

오답해설

㉢ 콘테이너(×) → 컨테이너(○): 'container'는 '컨테이너'로 표기한다.

㉤ 롭스터(×) → 랍스터/로브스터(○): 'lobster'는 '로브스터'로 표기하며, 2015년 12월 개정에 따라 '랍스터'도 복수 표기로 인정되었다.

- 외래어는 국어의 현용 24 자모만으로 적는다.
- 외래어의 음운은 원칙적으로 1 기호로 적는다.
- 받침에는 'ㄱ, ㄴ, ㄹ, ㅁ, ㅂ, ㅅ, ㅇ'만을 쓴다.
- 파열음 표기에는 된소리를 쓰지 않는 것을 원칙으로 한다.
- 이미 굳어진 외래어는 관용을 존중하되, 그 범위와 용례는 따로 정한다.

10 정답 ④

정답해설

비나리: 남의 환심을 사려고 아첨하는 것을 의미하는 말이다.

11 정답 ②

정답해설

홑이불: [홑니불]('ㄴ' 첨가) → [혼니불](음절의 끝소리 규칙) → [혼니불](자음 동화 – 비음화)

The 알아보기 두음 법칙
두음 법칙은 한자음의 어두에 올 수 있는 자음을 제한하는 현상을 말한다.
- ㄴ > ㅇ: 녀, 뇨, 뉴, 니 > 여, 요, 유, 이
- ㄹ > ㅇ: 랴, 려, 례, 료, 류, 리 > 야, 여, 예, 요, 유, 이
- ㄹ > ㄴ: 라, 래, 로, 뢰, 루, 르 > 나, 내, 노, 뇌, 누, 느

12 정답 ④

정답해설

제시된 작품에서 '나'는 '그'의 연주에 대해 '규칙 없고 되지 않은 한낱 소음', 야성·힘·귀기를 느낄 수 없는 '감정의 재' 등으로 표현하였다. 반면 이와 대비되는 나의 연주는 '빈곤, 주림, 야성적 힘, 기괴한 감금당한 감정'으로 표현하였다. 따라서 '나의 연주'와 대비되어 '감정의 재'로 묘사된 그의 연주를 가장 잘 표현한 것은 ④ '기괴한 감정이 느껴지지 않는 연주'이다.

오답해설

① '기교'와 관련된 내용은 본문에 드러나 있지 않다.
② 그의 연주가 '규칙 없고 되지 않은 소음에 지나지 못하였습니다.'라고 하였으나, 이것은 악보와 일치하지 않은 연주이기 때문이 아니라 감정이 느껴지지 않기 때문이다.
③ 연주를 이해할 수 없다는 내용은 드러나 있지 않다.

The 알아보기 김동인, 「광염 소나타」
- 갈래: 단편 소설
- 성격: 탐미적, 예술 지상주의적
- 주제: 미에 한 한 예술가의 광기 어린 동경
- 특징
  - 액자식 구성으로 이야기를 전개함
  - 순수한 예술성을 추구한 작자의 의식을 엿볼 수 있음

13 정답 ④

정답해설

제시문은 동물들이 자연적으로 치유하는 방법에 대해 선천적으로 알고 있는 예를 열거하고 있다.

14 정답 ③

정답해설

ⓒ은 '올벼논과 텃밭이 여드레 동안 갈 만한 큰 땅(조선 팔도)이 되었도다.'로 해석할 수 있다. 이는 조선의 땅이 기름지고 넓어짐을 비유한 말이지 '외침으로 인해 피폐해진 현실'을 의미하는 것이 아니다.

오답해설

① ㉠은 '한 어버이(태조 이성계를 비유)가 살림을 시작하였을 때'로 해석할 수 있다. 이는 태조 이성계가 조선 왕조를 창업한 사실과 관련지을 수 있다.
② ㉡은 '풀을 베고 터를 닦아 큰 집(조선 건국)을 지어 내고'로 해석할 수 있다. 이는 나라의 기초를 닦은 조선 왕조의 모습과 관련지을 수 있다.
④ ㉣은 '마음을 다투는 듯 우두머리를 시기하는 듯'으로 해석할 수 있다. 이는 신하들이 서로 다투고 시기하는 상황과 관련지을 수 있다.

The 알아보기 허전, 「고공가(雇工歌)」

- 갈래: 조선 후기 가사, 경세가(警世歌), 풍자가
- 성격: 풍자적, 비유적, 교훈적, 계도적, 경세적(警世的)
- 표현
  - 3 · 4조, 4음보의 율격을 사용하여 음악성을 확보함
  - 나라의 일을 집안의 농사일로, 화자를 주인으로, 탐욕을 추구하는 관리들을 머슴(고공)으로 비유하여 표현함
- 특징
  - 농부의 어려움을 국사(國事)에 비유하여, 농가의 한 어른이 바르지 못한 머슴들의 행동을 나무라는 표현 형식을 취함
  - 정사(政事)에 게을리하는 조정 백관의 탐욕과 무능함을 은유적으로 표현함
- 주제: 나태하고 이기적인 관리들의 행태 비판
- 현대어 풀이

제 집 옷과 밥을 두고 빌어먹는 저 머슴아.
우리 집 소식(내력)을 아느냐 모르느냐?
비 오는 날 일 없을 때 새끼 꼬면서 말하리라.
처음에 조부모님께서 살림살이를 시작할 때에,
어진 마음을 베푸시니 사람들이 저절로 모여,
풀을 베고 터를 닦아 큰 집을 지어 내고,
써레, 보습, 쟁기, 소로 논밭을 기경하니,
올벼논과 텃밭이 여드레 동안 갈 만한 큰 땅이 되었도다.
자손에게 물려주어 대대로 내려오니,
논밭도 좋거니와 머슴들도 근검하였다.
저희들이 각각 농사지어 부유하게 살던 것을,
요새 머슴들은 생각이 아주 없어서,
밥그릇이 크거나 작거나 입은 옷이 좋거나 나쁘거나,
마음을 다투는 듯 우두머리를 시기하는 듯,
무슨 일에 얽혀들어 힐끗거리며 반목을 일삼느냐?

15 정답 ③

정답해설

㉢ 학교 마당에들 모여 소주에 오징어를 찢다: 막막한 농촌의 현실에 가슴 답답해하며 학교 마당에 모여 소주를 마시며 울분을 토하는 모습일 뿐, 어려움을 극복한 농민들의 흥겨움과는 아무 관련이 없다.

오답해설

① ㉠ '못난 놈들'은 서글픔이 깔린 친근감과 동료애를 느끼게 하는 표현이고, '서로 얼굴만 봐도 흥겹다'는 시적 화자의 농민에 대한 진한 애정과 비극적 인식으로 '농민들이 서로에게 느끼는 유대감'을 보여 주고 있다.

② ㉡ 농민들의 여러 가지 어려움을 제유적으로 표현하고 있다.

④ ㉣ 현실의 울적한 이야기를 들으면 그들은 자포자기하고 싶기도 하지만 파장 무렵의 장에서 이것저것 집안에 필요한 것들을 산 후 무거운 발걸음으로 다시 집으로 향할 수밖에 없는 농촌 현실의 불구성을 시적으로 형상화한 부분이다. '절뚝이는 파장'은 실제로 술에 취해 비틀거리는 걸음걸이를 나타내면서, 삶의 무게와 어려움에 절뚝이는 모습을 동시에 담은 중의적 표현으로도 볼 수 있다.

The 알아보기 신경림, 「파장」

- 성격: 향토적, 비판적, 서정적, 서사적
- 제재: 장터의 서민들의 모습
- 특징
  - 시간의 경과에 따른 시상의 전개
  - 일상어와 비속어의 적절한 구사로 농민들의 삶을 진솔하게 나타냄
  - 4음보 중심의 경쾌하고 투박한 리듬의 운율감
  - 적절한 서사적 제재를 선택하여 소외된 농촌의 모습을 보여 줌
- 주제: 황폐화되어 가는 농촌의 현실을 살아가는 농민들의 애환과 비통함

16 정답 ③

정답해설

근거(3문단): "움직도르래를 이용하여 물체를 들어 올리면 줄의 길이는 물체가 움직여야 하는 높이의 두 배가 필요하게 된다."와 ③의 '움직도르래로 물체를 들어 올릴 수 있는 높이는 줄의 길이에 영향을 받는다.'는 내용이 일치함을 알 수 있다.

오답해설

① 근거(2문단): "고정도르래를 사용할 때는 줄의 한쪽에 물체를 걸고 다른 쪽 줄을 잡아 당겨 물체를 원하는 높이까지 움직인다."와 ①의 '고정도르래는 도르래 축에 물체를 직접 매달아 사용한다.'는 내용이 일치하지 않는다.

② 근거: 1문단에서 "그렇다면 두 도르래의 차이는 어떤 것이 있을까?"하고 물음을 제시한 다음 2문단과 3문단은 각각 고정도르래와 움직도르래의 '원리와 특징'의 차이점만

을 제시하고 있을 뿐 ②의 '움직도르래와 고정도르래를 함께 사용해야 물체의 무게가 분산된다.'라는 내용은 제시문에 나와 있지 않다.

④ 근거(2문단): "고정도르래는 ~ 직접 들어 올리는 것과 비교해 힘의 이득은 없으며 단지 고정도르래 때문에 줄을 당기는 힘의 방향만 바뀐다."와 ④의 '고정도르래는 줄을 당기는 힘의 방향과 물체에 작용하는 힘의 방향이 일치한다.'는 내용이 일치하지 않는다.

17 정답 ②

정답해설

1문단의 "그렇다면 두 도르래의 차이는 어떤 것이 있을까?"라는 물음에 대해 2문단과 3문단은 각각 고정도르래와 움직도르래의 차이점을 중심으로 원리와 특징을 설명하고 있다.

오답해설

① 고정도르래와 움직도르래의 원리와 특징의 차이점을 설명하여 개념 이해를 돕고 있을 뿐 구체적 사례(예시)는 사용되지 않았다.

③ 고정도르래와 움직도르래의 인과 관계에 초점을 맞춘 설명은 찾아볼 수 없다.

④ 특정 기술이 발달한 과정의 순서는 찾아볼 수 없다.

18 정답 ③

정답해설

• (다)에서 '제임스 러브록'이라는 인물에 대해 처음 소개하고 있으므로 (다)가 가장 첫 번째 순서임을 알 수 있다.

• (다)의 마지막 문장에서 제임스 러브록이 말한 '사이보그'를 (가)가 이어 받아 제임스 러브록이 말하는 '사이보그'의 의미를 설명하고 있다.

• (나)에서 제임스 러브록의 말을 인용하며 사이보그에 대한 설명을 구체화하고 있다.

• 이를 바탕으로 마지막으로 (라)에서 지구 멸망 시 사이보그의 행동을 예측하며 글을 마무리하고 있다.

따라서 ③ '(다) − (가) − (나) − (라)'의 순서가 적절하다.

19 정답 ④

정답해설

④는 예의가 없는 후배들에 대하여 말하고 있으므로 '젊은 후학들을 두려워할 만하다는 뜻으로, 후진들이 선배들보다 젊고 기력이 좋아, 학문을 닦음에 따라 큰 인물이 될 수 있으므로 가히 두렵다는 말'인 後生可畏(후생가외)보다는 '눈 아래에 사람이 없다는 뜻으로, 방자하고 교만하여 다른 사람을 업신여김을 이르는 말'인 眼下無人(안하무인)을 쓰는 것이 문맥상 적절하다.

• 後生可畏: 뒤 후, 날 생, 옳을 가, 두려워할 외

• 眼下無人: 눈 안, 아래 하, 없을 무, 사람 인

오답해설

① 口蜜腹劍(구밀복검): 입에는 꿀이 있고 배 속에는 칼이 있다는 뜻으로, 말로는 친한 듯하나 속으로는 해칠 생각이 있음을 이르는 말

　• 口蜜腹劍: 입 구, 꿀 밀, 배 복, 칼 검

② 一敗塗地(일패도지): 싸움에 한 번 패하여 간과 뇌가 땅바닥에 으깨어진다는 뜻으로, 여지없이 패하여 다시 일어날 수 없게 되는 지경에 이름을 이르는 말

　• 一敗塗地: 하나 일, 패할 패, 진흙 도, 땅 지

③ 首鼠兩端(수서양단): 구멍에서 머리를 내밀고 나갈까 말까 망설이는 쥐라는 뜻으로, 머뭇거리며 진퇴나 거취를 정하지 못하는 상태를 이르는 말

　• 首鼠兩端: 머리 수, 쥐 서, 두 양, 바를 단

20 정답 ①

정답해설

「베틀 노래」는 베 짜기의 고달픔을 덜어 주면서도 가족들에 대한 애정을 드러내고 있는 강원도 통천 지방의 구전 민요이자 노동요이다. 노동 현실에 대한 한과 비판은 나타나지 않는다.

오답해설

② • 대구법: 기심 매러 갈 적에는 갈뽕을 따 가지고 / 기심 매고 올 적에는 올뽕을 따 가지고
   • 직유법: 배꽃같이 바래워서 참외같이 올 짓고 / 외씨같은 보선 지어 오빠님께 드리고

③ 4 · 4조, 4음보의 민요적 운율과 '갈뽕', '올뽕'의 언어유희로 리듬감을 형성하고 있다.

④ '강릉 가서 날아다가 서울 가서 매어다가 / 하늘에다 베틀 놓고 구름 속에 이매 걸어'의 과장된 표현으로 화자의 상상력을 드러내고 있다.

> **The 알아보기** 「베틀 노래」
> • 갈래: 민요, 노동요
> • 제재: 베 짜기
> • 특징
>   − 4 · 4조, 4음보의 운율을 가짐
>   − 대구법, 직유법, 반복법, 언어유희, 과장법 등 다양한 표현 기법을 사용
>   − 뽕잎을 따서 옷을 짓기까지의 과정을 추보식으로 전개
> • 주제
>   − 베 짜는 여인의 흥과 멋
>   − 베를 짜는 과정과 가족에 대한 사랑
> • 해제
>   부녀자들이 베틀에서 베를 짜면서 그 고달픔을 덜기 위해 부른 노동요로 4 · 4조, 4음보의 연속체로 되어 있다. 또한 강원도 통천 지방의 민요로, 그 내용은 뽕을 따서 누에를 치는 것으로부터 시작하여 누에고치에서 실을 뽑아 비단을 짜서 가족들의 옷을 지어 주는 데까지의 전 과정을 서사시적으로 노래하고 있다.

21 정답 ③

정답해설

대화의 맥락을 살펴보면 ⓒ과 ⓒ이 동일한 과자로 지희가 맛있다고 말한 과자이다. ㉠은 서은이가 샀던 과자로 서은이가 맛이 없다고 말한 과자이고, ㉣은 서은이가 아직 안 먹어본 과자이다.

22 정답 ②

정답해설

불경기와 호경기가 반복적으로 순환되는 사업의 경우 안정적으로 경제성을 창출하기 위해 '비관련' 분야의 다각화를 해야 함을 추론할 수 있으므로 ㉠에는 '비관련'이 들어가야 한다. 또한 다각화 전략을 활용하면 경기가 불안정할 때에도 자금 순환의 안정성을 확보할 수 있으므로 ㉡에는 '확보'가 들어가야 한다.

23 정답 ④

정답해설

4문단의 '새로운 인력을 채용하여 교육시키는 데 많은 시간과 비용이 들어감을 고려하면, 다각화된 기업은 신규 기업에 비해 훨씬 우월한 위치에서 경쟁할 수 있다.'를 통해 신규 기업은 새로운 인력을 채용하고 교육하는 것에 부담이 있음을 확인할 수 있으므로 ④가 적절하다.

오답해설

① 4문단의 '또한 다각화된 기업은 기업 내부 시장을 활용함으로써 새로운 가치를 창출할 수 있다. 여러 사업부에서 나오는 자금을 통합하여 활용할 수 있는 내부 자본시장을 갖추었을 뿐 아니라'를 통해 다각화된 기업은 여러 사업부에서 나오는 자금을 통합하여 활용할 수 있음을 확인할 수 있으므로 이는 적절하지 않다.

② 3문단의 '범위의 경제성이란 하나의 기업이 동시에 복수의 사업 활동을 하는 것이, 복수의 기업이 단일의 사업 활동을 하는 것보다 총비용이 적고 효율적이라는 이론이다.'를 통해 한 기업이 제품A, 제품B를 모두 생산하는 것이 서로 다른 두 기업이 각각 제품A, 제품B를 생산하는 것보다 효과적임을 확인할 수 있으므로 이는 적절하지 않다.

③ 2문단의 '리처드 러멜트는 미국의 다각화 기업을 구분하며, 관련 사업에서 70% 이상의 매출을 올리는 기업을 관련 다각화 기업, 70% 미만의 매출을 올리는 기업을 비관

련 다각화 기업으로 명명했다.'를 통해 리처드 러멜트에 의하면 관련 사업에서 70% 이상의 매출을 올리는 기업이 관련 다각화 기업임을 확인할 수 있으므로 이는 적절하지 않다.

24

정답해설

㉠에 들어갈 단어를 유추하기 위해서는 ㉠이 포함된 단락의 핵심 내용인 '포드사의 자동차 결함 수리에 대한 비용편익분석' 내용을 파악해야 한다. 차의 결함으로 배상해야 할 금액과 차의 결함을 수리하는 데 드는 비용을 따져서 이 비용 중에서 '편익'이 있는 쪽을 선택하는 것이다. 따라서 ㉠에 들어갈 어구로 가장 적절한 것은 ② '수리의 편익'이다.

25
정답 ①

정답해설

제시된 글은 '비용편익분석'에 대한 개념을 '필립 모리스 담배 문제'와 '포드사의 자동차 결함' 등 구체적 사례를 들어 설명하고, 문제점을 제기하는 방식으로 논지를 전개하고 있다.

오답해설

② 비교와 대조의 방식은 본문에서 파악할 수 없다.

③ 공리주의의 효용을 바탕으로 글이 전개되고 있지만, '공리주의'가 설득력을 높이는 근거로 이용되고 있지는 않다.

④ 문제점은 제시되었지만, 그에 대한 대안 및 대안의 타당성은 파악할 수 없다.

제2과목: 자동차공학

01	02	03	04	05	06	07	08	09	10
①	②	①	④	④	③	②	①	②	②
11	12	13	14	15	16	17	18	19	20
②	④	③	④	④	③	②	③	③	④
21	22	23	24	25					
②	②	①	②	③					

01
정답 ①

정답해설

추진축의 슬립 이음은 축의 길이를 변화시키고, 자재 이음은 축의 각도를 변화시킨다.

02
정답 ②

정답해설

냉각 수온 센서는 전자제어 디젤 엔진(CRDI)에 적용되는 센서이다. CRDI의 입력 신호로, 수온 센서는 실린더 헤드의 물 재킷에 설치되어 엔진의 온도를 검출하여 냉각수 온도의 변화를 전압으로 변화시킨 후 ECU로 입력시킨다.

오답해설

전자제어 현가장치의 입력신호에는 차속 센서, 차고 센서, 조향휠 각속도 센서, G 센서(중력 센서), 자동변속기 인히비터 스위치, 스로틀 위치 센서, 모드 선택 스위치 등이 있다.

① 차속 센서: 스피드미터 내에 설치되어 변속기 출력축의 회전수를 전기적인 펄스 신호로 변환하여 ECS ECU에 입력한다. ECU는 이 신호를 기초로 선회할 때 롤(Roll)량을 예측하며, 안티 다이브, 안티 스쿼트 제어 및 고속 주행 안정성을 제어할 때 입력 신호로 사용한다.

③ 자동변속기 인히비터 스위치: 자동변속기의 인히비터 스위치(Inhibitor Switch)는 운전자가 변속 레버를 P, R, N, D 중 어느 위치로 선택 이동하는지를 ECS ECU로 입력시키는 스위치이다. ECU는 이 신호를 기준으로 변속 레버를 이동할 때 발생할 수 있는 진동을 억제하기 위해 감쇠력을 제어한다.

④ 모드 선택 스위치: ECS 모드 선택 스위치는 운전자가 주행 조건이나 노면 상태에 따라 쇽 업쇼버의 감쇠력 특성과 차고를 선택할 때 사용한다.

03

정답 ①

정답해설

구름저항은 구름저항계수와 차량 총 중량의 곱이다.

04

정답 ④

정답해설

미끄러운 노면에 위치한 바퀴의 휠실린더에 작용하는 유압을 감압시키며, 차륜의 조기 고착을 방지한다.

오답해설 전자제어 제동장치(ABS; Anti-lock Brake System)는 마찰계수의 회복을 위해 자동차 바퀴의 회전속도를 검출하여 바퀴가 잠기지 않도록 유압을 제어하는 것이다. 제동 시 1초에 10회 이상 패드가 디스크를 잡았다 놓았다를 반복하여 바퀴가 고착되어 차량이 미끄러지는 현상이 발생되지 않도록 한다. 급제동 시 제동거리를 단축하고, 차량이 한쪽으로 쏠리거나 미끄러지는 것을 방지하며, 핸들의 방향 조정 기능을 유지하는 역할을 한다.

> **The 알아보기 전자제어 제동장치**
> • 급격한 도로상황과 예측이 불가능한 조건에서도 능동적으로 위험을 예상하고 판단해 운전자의 의지대로 차량을 제어하는 장치이다.
> • 대표기능
>   − ABS(Anti-lock Brake System): 조향 안정성 확보, 직진 안정성 확보, 제동거리 단축
>   − EBD(Electronic Brake Force Distribution): 브레이크 압력 분배 장치
>   − TCS(Traction Control System): 구동력 조절장치
>   − VDC(Vehicle Dynamic Control): 차체 자세제어 시스템
> • ABS의 장점
>   − 제동력을 최대한 발휘하여 제동거리를 단축시켜 최대의 제동효과를 얻을 수 있도록 한다.
>   − 제동할 때 차체의 조향 성능(조향능력/조향성 확보) 및 방향 안정성, 주행 안전성을 유지한다(장애물 회피 주행 도움).
>   − 미끄러운 노면에 위치한 바퀴의 휠실린더에 작용하는 유압을 감압시킨다.
>   − 어떤 조건에서도 바퀴의 미끄러짐이 없도록 한다.
>   − 제동할 때 후륜의 고착을 방지하여 차체의 스핀으로 인한 전복을 방지한다.
>   − 제동할 때 후륜의 조기 고착을 방지하여 옆방향 미끄러짐을 방지한다.

05

정답 ④

정답해설

병렬로 접속된 저항 3개의 합성저항

$$\frac{1}{R} = \frac{1}{R_1} + \frac{1}{R_2} + \frac{1}{R_3}$$

$$= \frac{1}{15} + \frac{1}{12} + \frac{1}{10} = \frac{4+5+6}{60} = \frac{15}{60} = \frac{1}{4} = 0.25[\Omega]$$

$$\therefore R = \frac{1}{0.25\Omega} = 4[\Omega]$$

> **The 알아보기 합성저항 공식**
> • 어느 회로에 저항 3개가 직렬로 접속되어 있을 때의 합성저항: $R = R_1 + R_2 + R_3$
> • 콘덴서의 경우는 저항과 반대이다.
>   − 어느 회로에 저항 3개가 병렬로 접속되어 있을 때:
> $C = C_1 + C_2 + C_3$
>   − 어느 회로에 저항 3개가 직렬로 접속되어 있을 때:
> $\frac{1}{C} = \frac{1}{C_1} + \frac{1}{C_2} + \frac{1}{C_3}$

06

정답 ③

정답해설

$15\text{kgf} \times 13\text{m/s} = 195\text{kgf} \cdot \text{m/s}$

$195\text{kgf} \cdot \text{m/s} \times \dfrac{1\text{PS}}{75\text{kgf} \cdot \text{m/s}} = 2.6[\text{PS}]$

07

정답 ②

정답해설

세탄가는 디젤의 착화성 수치를 나타내므로 세탄가가 높은 연료를 사용함으로써 디젤 노크를 방지할 수 있다. 그 밖에 흡입공기의 온도를 높게 유지하고, 연료의 분사 시기를 알맞게 조정하여 디젤 노크를 방지할 수 있다.

08
정답 ①

오답해설

② 속도감응식: 차량속도와 조향력에 필요한 정보에 의해 고속과 저속 모드에 필요한 유량으로 제어하는 방식

③ 유압반력제어식: 반력기구의 강성을 가변 제어하여 직접적으로 조향력을 제어하는 방식이다.

④ 밸브특성제어식: 밸브 특성을 가변으로 하여 조향력을 제어하는 방식이다.

09
정답 ②

오답해설

ㄹ 냉매에 기포가 포함되면 냉방성능의 저하를 초래하기 때문에 리시버 드라이어는 기포와 액체를 분리시킨다.

> **The 알아보기 리시버 드라이어의 기능**
> • 냉매의 이물질 제거
> • 냉매 속 수분 제거
> • 냉매 저장
> • 냉매 속 기포 분리
> • 압력 조절

10
정답 ②

오답해설

① PCSV(Purge Control Solenoid Valve): 캐니스터에 포집된 연료증발 가스를 서지탱크로 유입시키는 장치다.

③ 산소 센서: 배기가스 중의 산소 농도를 측정하여 이를 전압값으로 변환시키는 센서로서 이론 공연비에 가깝도록 연료 분사량을 보정하는 피드백 제어를 한다.

④ PCV(Positive Crankcase Ventilation): 블로바이 가스를 서지탱크부로 다시 유입하여 재연소시킴으로써 블로바이 가스를 제어하는 장치다.

11
정답 ②

정답해설

연소실의 표면적이 크면 열 손실이 커지므로 냉각에 의한 열 손실을 적게 하기 위해서 연소실이 차지하는 표면적은 최소가 되어야 한다.

> **The 알아보기 연소실의 구비조건**
> • 가열되기 쉬운 돌출부가 없을 것
> • 노킹을 일으키지 않는 형상일 것
> • 밸브 면적을 크게 하여 흡·배기 작용이 원활하게 될 것
> • 압축행정 끝에 강한 와류를 일으키는 구조일 것
> • 연소실 내의 표면적은 최소가 될 것
> • 열효율이 높으며 배기가스에 유해한 성분이 적을 것
> • 화염 전파에 소요되는 시간을 최소로 짧게 할 것

12
정답 ④

오답해설

가솔린 엔진의 연소 속도에 영향을 미치는 요소로는 온도, 압력, 난류의 영향, 혼합기의 농도(공연비) 등이 있다.

13
정답 ③

정답해설

$$기전력 = \frac{0.5H \times 6A}{0.04} = 75[V]$$

14
정답 ④

정답해설

감속 시 배기가스의 유해 성분(CO, HC)이 감소된다.

15
정답 ④

정답해설

휠 밸런스(Wheel Balance) 이상

타이어 무게가 균형 잡혀 있지 않으면, 회전에 따른 원심력으로 인하여 타이어에 진동이 발생하고 이로 인해 소음 및 타이어의 편마모 그리고 핸들이 떨리는 원인이 된다. 휠 밸런스는 크게 정적 불균형과 동적 불균형으로 구분된다.

타이어의 공기압이 규정 압력보다 낮은 상태에서 자동차가 고속으로 달릴 때 타이어가 완전하게 펴지 못하고 주름이 접히는 현상은 스탠딩 웨이브(Standing Wave)라고 한다.

오답해설

① 시미(Shimmy) 현상: 타이어의 동적 불평형으로 인해 바퀴가 좌우로 진동하는 현상이다.

② 하이드로 플래닝(Hydroplaning): 하이드로 플래닝(수막현상)은 물이 고인 도로를 고속으로 주행할 때 일정 속도

이상이 되면 타이어의 트레드가 노면의 물을 완전히 밀어
내지 못하고 타이어는 얇은 수막에 의해 노면으로부터 떨
어져 제동력 및 조향력을 상실하는 현상이다.

③ 트램핑(Tramping) 현상: 타이어의 정적 불평형으로 인해
회전운동으로 내려올 때에는 지면에 충격을 주고 위로 향
할 때는 원심력에 의해 바퀴를 들어 올리며 바퀴가 상하
로 진동하는 현상이다.

16 정답 ③

정답해설

C급 화재는 전기기구, 기계 등의 전기화재이다.

오답해설

① A급 화재: 목재, 종이 등의 재를 남기는 일반 가연물, 고
체 연료성 일반화재

② B급 화재: 가솔린, 알코올, 석유 등의 유류, 액체 또는 기
체상의 연료 관련 화재

④ D급 화재: 마그네슘 등의 금속화재

17 정답 ②

정답해설

히스테리시스는 시프트 업과 시프트 다운 시 변속점에 대하
여 속도의 차이를 두는 것을 말한다.

오답해설

① 킥 다운: 급가속하기 위해 액셀러레이터 페달을 끝까지
밟아 스로틀밸브 개도를 갑자기 증가시키면 현재의 기어
단수보다 한 단계 낮은 기어로 선택되면서 순간적으로 강
력한 가속력을 얻게 되는 현상이다.

③ 시프트 업: 저속기어에서 고속기어로 변속되는 것을 말한다.

④ 시프트 다운: 고속기어에서 저속기어로 변속되는 것을 말
한다.

18 정답 ③

정답해설

9kgf/mm×25mm=225[kgf]가 된다.

19 정답 ③

정답해설

에탁스(ETACS)는 자동차에서 각종 시간과 경보 기능이 관
련된 편의시설을 전자 제어하는 장치이다. 에어백은 자동차
의 안전장치과 관련된 시스템이다.

20 정답 ④

정답해설

조기 점화 또는 노크의 발생은 엔진 과열 현상이 발생했을 때
에 대한 문제점이다.

21 정답 ②

정답해설

선회 시 감쇠력을 조절하여 롤링을 방지하는 것은 전자제어
현가장치의 장점이다.

> **The 알아보기 독립 차축식 현가장치의 특징**
>
> • 장점
> – 바퀴의 시미 현상이 작아 로드홀딩이 우수하다.
> – 스프링 아래(밑) 질량이 작기 때문에 승차감이 우수하다.
> – 스프링 정수가 적은 스프링을 사용할 수 있다.
> – 차고를 낮게 설계할 수 있어 차량 안정성이 향상된다.
> – 작은 진동에 대한 흡수율이 좋아 승차감이 향상된다.
>
> • 단점
> – 바퀴의 상하 운동에 따른 얼라이먼트가 틀어져 타이어의
>   마모가 촉진된다.
> – 볼 이음주가 많아 마모에 의한 얼라이먼트가 틀어진다.
> – 일체 차축 현가장치에 비하여 구조가 복잡하고 정비가
>   어렵다.

22

정답해설

압축비(Compression Ratio)는 엔진 실린더의 연소실 체적에 대한 실린더 총 체적(Total Volume)을 말하며, 엔진의 출력 성능과 연료 소비율, 노킹 등에 영향을 주는 매우 중요한 요소이다.

$$압축비\ \varepsilon = \frac{실린더\ 최대\ 체적(V_{max})}{실린더\ 최소\ 체적(V_{min})} = \frac{총\ 체적}{연소실\ 체적}$$

$$= \frac{연소실\ 체적 + 행정체적}{연소실\ 체적} = \frac{V_c + V_h}{V_c} = 1 + \frac{V_h}{V_c}$$

($\because\ V_c$: 연소실 체적, V_h: 행정체적)

$$\therefore\ \varepsilon = 1 + \frac{200cm^3}{20cm^3} = 11$$

23

정답 ①

정답해설

LPG 연료를 사용하는 자동차는 'LPG봄베 → 솔레노이드 유닛 → 프리히터 → 베이퍼라이저 → 믹서 → 엔진' 순서로 연료가 공급된다.

24

정답 ②

정답해설

엔진의 토크를 오일을 통하여 전달하므로 연료 소비율이 증대하여 비경제적이다.

25

정답 ③

정답해설

클러치를 밟음과 동시에 동력을 차단하기 위해서는 클러치의 회전관성이 작아야 한다.

> ## 제3과목: 자동차정비

01	02	03	04	05	06	07	08	09	10
②	④	③	①	④	③	③	③	②	③
11	**12**	**13**	**14**	**15**	**16**	**17**	**18**	**19**	**20**
④	①	②	③	②	③	①	③	①	①
21	**22**	**23**	**24**	**25**					
②	②	①	④	③					

01

정답 ②

정답해설

냉매 가스는 자동차로부터 배출되는 유해가스의 종류로 분류되지 않는다.

> **The 알아보기 자동차에서 배출되는 유해가스의 3종류**
> - 블로바이 가스(Blow-by Gas): 피스톤과 실린더 사이에서 압축 시 발생하여 크랭크 케이스로부터 배출. 주성분은 탄화수소(HC)
> - 연료 증발 가스: 연료탱크로부터 배출
> - 배기 가스: 연소 후 배기관으로부터 배출

02

정답 ④

정답해설

교류 모터는 보수 유지비용이 상대적으로 저렴하고 수명이 길다.

> **The 알아보기 전기자동차용 모터**
> 전기자동차용으로 직류(브러시) 모터를 많이 사용하였으나, 최근에는 교류 모터나 브러시리스 모터 등도 사용하고 있다. 이러한 교류 모터는 같은 출력을 내는 직류 모터에 비하여 가격이 3배 이상 저렴하고, 크기에 비하여 모터의 효율과 토크가 비교적 크다. 또 보수 유지비용이 상대적으로 저렴하고 수명이 더 길다는 장점을 가지고 있다.

- 전기자동차용 모터의 조건
  - 시동 시의 토크가 커야 한다.
  - 전원은 축전지의 직류전원이다.
  - 속도 제어가 용이해야 한다.
  - 구조가 간단하고 기계적인 내구성이 커야 한다.
  - 취급 및 보수가 간편하고 위험성이 없어야 한다.
  - 소형이고 가벼워야 한다.

03 정답 ③

정답해설

실린더의 압축압력은 스로틀밸브를 완전히 열고 엔진을 크랭킹시켜 압축압력을 측정한다.

04 정답 ①

정답해설

펄스제너레이터 파형은 속도센서의 파형을 분석하여 상태를 점검하는 것으로 펄스제너레이터-A와 펄스제너레이터-B의 출력 전압을 측정하여 기록한다. 펄스제너레이터 출력전압 파형은 차량을 리프트업시켜 측정한다.

05 정답 ④

정답해설

밸브 스프링의 서징 현상을 방지하기 위해 밸브 스프링의 고유진동수를 높게 하거나 부등피치 스프링, 2중 스프링, 원추형 스프링 등을 사용한다.

06 정답 ③

정답해설

납산 축전지의 온도와 전해액의 비중은 반비례한다. 따라서 온도가 올라가면 전해액의 부피가 팽창해 비중은 낮아지고 온도가 낮아지면 전해액의 부피가 수축해 비중은 올라간다.

07 정답 ③

오답해설

십자형 자재 이음(혹 조인트): 주로 후륜 구동식 자동차의 추진축에 사용되며 십자 축과 두 개의 요크로 구성되어 각도 변화를 주는 이음 방식이다.

08 정답 ③

정답해설

세차할 때 발전기는 세척하지 않는다.

09 정답 ②

정답해설

리미팅 밸브는 오일의 압력으로 작용되어 출구의 압력 상승을 제어함으로써 항상 압력을 일정하게 유지하는 밸브로서 차량의 쏠림 등을 방지한다.

오답해설

① 하이드롤릭 유닛: 펌프, 구동 모터, 탱크 및 릴리프 밸브 등으로 구성된 유압원 장치 또는 유압원 장치의 제어 밸브를 포함하여 일체로 구성된 유압 장치를 말한다.
③ 스피드 센서: 자동차의 속도를 검출하여 엔진 제어 시스템이나 AT 제어 시스템 등에 알려주는 기능을 말한다.
④ 솔레노이드 밸브: 전자 밸브로 도선을 나선형으로 감아서 전기가 통하면 자장의 힘으로 밸브가 열고 닫히는 것을 말한다.

10 정답 ③

정답해설

스티어링 기어박스의 과다한 백래시로 인하여 바퀴가 좌우로 흔들리면 핸들이 떨리게 된다.

> **The 알아보기** 핸들(스티어링 휠)이 무거운 경우
> - 타이어 공기압이 너무 적거나 규격에 맞지 않는 광폭타이어를 장착한 경우
> - 파워핸들 오일이 부족한 경우
> - 파워핸들 기어박스 불량으로 오일순환이 제대로 되지 않을 경우
> - 현가장치나 조향장치의 관련 부품이 충격을 받아 휠 얼라인먼트에 변형이 생길 경우
> - 조향장치의 전자제어 불량
> - 스티어링 내에 공기가 유입된 경우

11 정답 ④

정답해설

공기유량을 가변적으로 조절하여 rpm에 관계없이 고른 출력을 낸다.

> **The 알아보기 가변흡기 시스템**
>
> 가변흡기 시스템은 각 실린더로 공급되는 흡기다기관의 일부를 고속용과 저속용으로 각각 분리하여 기관 회전수에 맞게 변환하는 시스템으로, 각각의 조건에 맞는 최적의 흡입효율을 적용하도록 개발된 시스템이다.

12 정답 ①

정답해설

조향 각도를 최대로 하고 선회할 때 선회하는 안쪽 바퀴의 조향 각이 바깥쪽 바퀴의 조향 각보다 크게 된다.

> **The 알아보기 애커먼 장토식의 조향원리**
>
> 조향 각도를 최대로 하고 선회할 때 선회하는 안쪽 바퀴의 조향각이 바깥쪽 바퀴의 조향 각보다 크게 되며, 뒷 차축 연장 선상의 한 점을 중심으로 동심원을 그리면서 선회하여 사이드슬립 방지와 조향 핸들 조작에 따른 저항을 감소시킬 수 있는 방식이다.

13 정답 ②

정답해설

밸브를 열어 놓은 상태로 에어컨 사이클에 접속하면 안 된다. 매니폴드 게이지는 모든 밸브를 잠근 후에 연결한다.

14 정답 ③

정답해설

공기 유동 저항을 감소시키기 위해 내부의 표면을 매끄럽게 가공하여 적용한다.

> **The 알아보기 흡기다기관**
>
> 흡기다기관은 엔진의 각 실린더로 유입되는 혼합기 또는 공기의 통로로, 스로틀 보디로부터 균일한 혼합기가 유입될 수 있도록 설계하여 적용하고 있고 연소가 촉진되도록 혼합기에 와류를 일으키게 해야 한다. 또한 일반적으로 알루미늄 경합금 재질로 제작하며 최근에 들어서는 강화 플라스틱을 적용하여 무게를 감소시키는 추세이다.

15 정답 ②

정답해설

자동차용 히터 또는 블로워 유닛에 장착되어 블로워 모니터의 회전수를 조절하는 데 사용하는 것은 레지스터이다.

16 정답 ③

정답해설

$R = \dfrac{L}{\sin\alpha} + r$

(여기서, R＝최소 회전반경[m], L＝축간 거리[m], α＝바퀴쪽 외측바퀴의 조향 각[°], r＝바퀴 접지면 중심과 킹핀과의 거리[m])

$\sin 30° = 0.5$

$\therefore R = \dfrac{2.5}{0.5} + 0.2 = 5.2[\text{m}]$

17 정답 ①

정답해설

LPG는 황 성분이 없어 부식이 적은 것이 장점이다.

오답해설

④ 안전성 측면에서 LPG는 CNG보다 낮은 압력으로 보관 및 운반할 수 있으나, 공기보다 밀도가 커서 대기 중에 누출될 경우 공중으로의 확산이 어려워 누출된 지역에 화재 및 폭발의 위험성이 있다. 또한 가솔린이나 경유에 비해서 에너지 밀도가 70~75% 정도로 낮아 연료의 효율이 낮다.

> **The 알아보기   LPG의 장단점**
> ・장점
> − 옥탄가가 높고 안티 노크성이 크다.
> − 연료의 발열량이 약 12,000kcal/kg으로 높다.
> − 4에틸납이 없어 유해물질에 대하여 비교적 유리하다.
> − 황 성분이 없어 부식이 적다.
> − 기체 연료이므로 윤활유의 오염이 적다.
> − 경제적이다.
> ・단점
> − 고압가스이므로 위험성이 있다.
> − 고압용기의 무게가 무겁다.
> − 충전소가 한정되어 충전이 불편하다.

18
정답 ③

정답해설

오버플로 파이프는 라디에이터 주입구에 설치되어 넘치거나 팽창된 냉각수를 밖으로 흐르도록 하는 파이프로, 라디에이터 호스의 파손(파열)을 방지하기 위해 설치한다. 오버플로 파이프가 막히면 라디에이터의 코어튜브가 파열되는데, 이는 코어 안쪽이 막혀서 오버플로 파이프로 냉각수가 흐르게 되고 이 오버플로 파이프가 막혀 라디에이터 내의 압력이 상승하기 때문이다.

19
정답 ①

정답해설

엔진이 저온일 때는 농후한 혼합비를 공급하므로 연소온도가 낮아 NO_x의 발생량이 감소한다.

20
정답 ①

정답해설

부동액의 비등점은 물보다 높아야 하며, 응고점은 물보다 낮아야 한다.

21
정답 ②

정답해설

무단변속기는 회전 저항이 커 전달효율이 낮으며 마멸에 의해 정상적으로 출력을 내지 못할 가능성이 크다.

> **The 알아보기   무단변속기의 장점**
> ・변속 시 발생하는 충격이 없다.
> ・락 업(Lock-up)의 사용 범위가 넓다.
> ・기존의 자동변속기에 비하여 무게가 가벼우며 구조가 간단하다.
> ・유단 변속기에 비하여 연비 및 가속성이 향상된다.

22
정답 ②

정답해설

브레이크 휠 실린더는 공기 브레이크가 아닌 유압식 브레이크의 구성 부품이다.

> **The 알아보기   공기 브레이크의 특징**
> ・공기가 다소 누출되어도 제동성능이 현저하게 저하되지 않는다.
> ・공기 압축기를 구동시켜 엔진의 동력을 소모시킨다.
> ・구조가 복잡하고 값이 비싸다.
> ・베이퍼 록 현상이 발생하지 않는다.
> ・차량 중량에 제한이 없다.

23
정답 ①

정답해설

냉각수의 온도는 엔진의 해체 정비 기준에 해당하지 않는다.

> **The 알아보기   엔진 해체 정비 시기**
> ・실린더 압축압력이 규정값의 70% 이하
> ・연료소비율이 표준 소비율의 60% 이상
> ・윤활유 소비율이 표준 소비율의 50% 이상
> ・엔진의 작동시간 및 일정 주행거리 이상
> ・엔진의 내부적 결함이 발생한 경우

24

정답해설

엔진의 회전수가 2,000rpm 이하에서 스로틀밸브의 열림이 클 때는 작동되지 않는다.

The 알아보기 댐퍼 클러치가 작동하지 않는 범위

- 출발 또는 가속성을 확보하기 위해 1속 및 후진 시는 작동되지 않는다.
- 감속 시에 발생되는 충격을 방지하기 위해서 엔진 브레이크 시는 작동되지 않는다.
- 변속이 원활하게 이루어지기 위해서 변속 시는 작동되지 않는다.
- 작동의 안정화를 위해서 유온이 60℃ 이하일 때는 작동되지 않는다.
- 엔진의 냉각수 온도가 50℃ 이하일 때는 작동되지 않는다.
- 엔진의 회전수가 1,500rpm 이하일 때는 작동되지 않는다.
- 엔진의 회전수가 2,000rpm 이하에서 스로틀밸브의 열림이 클 때는 작동되지 않는다.

25

정답 ③

정답해설

엔진 진공도는 엔진 상부의 서지 탱크에서 측정하는데, 리프트를 눈높이까지 올리면 차량이 너무 높아져 측정을 할 수가 없다.

제5회 모의고사 정답 및 해설

제1과목: 국어

01	02	03	04	05	06	07	08	09	10
①	①	④	③	④	③	④	②	①	②

11	12	13	14	15	16	17	18	19	20
④	②	④	②	④	②	④	③	②	①

21	22	23	24	25					
①	①	③	③	②					

01 정답 ①

정답해설

'노기(怒氣)'의 '노(怒)'는 본음이 '성낼 노'이다. 두음 법칙은 첫 음에 한자음 '니, 녀, 뇨, 뉴' 등이 오지 못하는 것이므로 노기(怒氣)와는 상관없다. 참고로, '희로애락(喜怒哀樂)'의 '로'는 음을 부드럽게 발음하기 위해 변한 '활음조(滑音調)'일 뿐이다.

오답해설

② 論: 말할 론(논)

③ 泥: 진흙 니(이)

④ 略: 간략할 략(약)

02 정답 ①

정답해설

'동격 관형절'은 안긴문장 그 자체가 뒤에 오는 체언과 동일한 의미를 갖는 것으로 안긴문장 내 성분의 생략이 불가능하다. '관계 관형절'은 안긴문장 안에서 쓰인 주어, 목적어, 부사어와 같은 문장 성분 중 하나와 안긴문장 뒤에 와서 수식을 받는 체언이 일치할 때 그 성분을 생략한 관형절을 말한다.

① '급히 학교로 돌아오라는'은 성분의 생략이 없이 체언 '연락'과 같은 의미를 지니는 '동격 관형절'이다. 또한 '긴 관형절'은 항상 '동격 관형절'이라는 것에 주의한다.

오답해설

② '충무공이 (거북선을) 만든'은 목적어가 생략된 관계 관형절이다.

③ '사람이 (그 섬에) 살지 않는'은 부사어가 생략된 관계 관형절이다.

④ '수양버들이 (돌각담에) 서 있는'은 부사어가 생략된 관계 관형절이다.

03 정답 ④

정답해설

'ㆁ(옛이응)'은 아음의 이체자이다. 후음의 기본자는 'ㅇ', 가획자는 'ㆆ, ㅎ'이다.

오답해설

① 아음의 기본자는 'ㄱ', 가획자는 'ㅋ', 이체자는 'ㆁ(옛이응)'이다.

② 설음의 기본자는 'ㄴ', 가획자는 'ㄷ, ㅌ', 이체자는 'ㄹ'이다.

③ 치음의 기본자는 'ㅅ', 가획자는 'ㅈ, ㅊ', 이체자는 'ㅿ'이다.

04 정답 ③

정답해설

'모색(摸索)'은 일이나 사건 따위를 해결할 수 있는 방법이나 실마리를 찾는 것을 의미하므로 적절하게 사용되었다.

• 탐색(探索): 드러나지 않은 사물이나 현상 따위를 찾아내거나 밝히기 위하여 살피어 찾음

05 정답 ④

정답해설

ㄹ에 쓰인 '풀다'는 '사람을 동원하다.'라는 뜻이다. 따라서 '금지되거나 제한된 것을 할 수 있도록 터놓다.'라는 뜻을 가진 '풀다'의 예문으로 적절하지 않으며, ㄹ에 들어갈 수 있는 적절한 예문으로는 '구금을 풀다.'가 있다.

오답해설

① ㄱ에 쓰인 '풀다'는 '모르거나 복잡한 문제 따위를 알아내거나 해결하다.'라는 뜻으로, ㄱ에 들어가기에 적절한 예문이다.

② ㄴ에 쓰인 '풀다'는 '어려운 것을 알기 쉽게 바꾸다.'라는 뜻으로, ㄴ에 들어가기에 적절한 예문이다.

③ ㄷ에 쓰인 '풀다'는 '긴장된 상태를 부드럽게 하다.'라는 뜻으로, ㄷ에 들어가기에 적절한 예문이다.

- 묶이거나 감기거나 얽히거나 합쳐진 것 따위를 그렇지 아니한 상태로 되게 하다.
  - 예 보따리를 풀다.
- 생각이나 이야기 따위를 말하다.
  - 예 생각을 풀어 나가다.
- 일어난 감정 따위를 누그러뜨리다.
  - 예 노여움을 풀다.
- 마음에 맺혀 있는 것을 해결하여 없애거나 품고 있는 것을 이루다.
  - 예 회포를 풀다.
- 모르거나 복잡한 문제 따위를 알아내거나 해결하다.
  - 예 궁금증을 풀다.
- 금지되거나 제한된 것을 할 수 있도록 터놓다.
  - 예 통금을 풀다.
- 가축이나 사람 따위를 우리나 틀에 가두지 아니하다.
  - 예 미국에서는 원칙적으로 개는 풀어서 기르지 못하게 되어 있다.
- 피로나 독기 따위를 없어지게 하다.
  - 예 노독을 풀다.
- 사람을 동원하다.
  - 예 사람을 풀어 수소문을 하다.
- 콧물을 밖으로 나오게 하다.
  - 예 코를 풀다.

06   정답 ③

정답해설

물건이나 일의 내용을 가리지 아니하는 뜻을 나타내는 조사와 어미는 '(-)든지'로 적고, 지난 일을 나타내는 어미는 '-더라, -던'으로 적는다.

07   정답 ④

오답해설

① 남편의 형은 '아주버님'으로 불러야 한다.
② '말씀이 있겠습니다.' 또는 '말씀이 있으시겠습니다.'로 바꿔 써야 한다.
③ '품절'의 주체는 사물인 '상품'이므로 높여서 말할 수 없다. 따라서 '품절입니다'로 고치는 것이 적절하다.

08   정답 ②

정답해설

ⓒ 나는 젊어 있고 임은 오직 나를 사랑하시니

- 갈래: 가사
- 주제: 연군의 정, 임금을 그리는 마음
- 특징
  - 정철의 「속미인곡」과 더불어 가사 문학의 절정을 이룬 작품
  - 우리말 구사의 극치를 보여준 작품
  - 비유법, 변화법을 비롯하여 연정을 심화시키는 점층적 표현이 사용됨
- 현대어 풀이
  이 몸 만드실 때 임을 좇아서 만드시니, 한평생 인연임을 하늘이 모를 일이던가? 나는 젊어 있고 임은 오직 나를 사랑하시니 이 마음과 이 사랑 견줄 데가 전혀 없다. 평생에 원하건대 (임과) 함께 살아가고자 하였더니, 늙어서야 무슨 일로 외따로 두고 그리워하는가. 엊그제까지는 임을 모시고 광한전에 오르고는 했는데, 그 사이에 어찌하여 속세에 내려오게 되니 떠나올 적에 빗은 머리가 헝클어진 지 삼 년이구나. 연지분 있지만 누구를 위하여 곱게 단장할까? 마음에 맺힌 시름이 겹겹이 쌓여 있어 짓는 것은 한숨이고, 떨어지는 것은 눈물이구나. 인생은 유한한데 근심도 끝이 없다. 무정한 세월은 물 흐르듯 하는구나. 덥고 시원함이 때를 알아 가는 듯 다시 오니, 듣거니 보거니 느낄 일이 많기도 많구나.

09

정답해설

제시된 글에서 우리 대표팀은 더 강도 높은 훈련을 이어가며 경기력 향상에 매진하였다고 하였으므로 이러한 상황에 어울리는 한자성어는 '달리는 말에 채찍질한다는 뜻으로, 잘하는 사람을 더욱 장려함을 이르는 말'을 뜻하는 走馬加鞭(주마가편)이다.

• 走馬加鞭: 달릴 주, 말 마, 더할 가, 채찍 편

오답해설

② 走馬看山(주마간산): 말을 타고 달리며 산천을 구경한다는 뜻으로, 자세히 살피지 아니하고 대충대충 보고 지나감을 이르는 말

  • 走馬看山: 달릴 주, 말 마, 볼 간, 뫼 산

③ 切齒腐心(절치부심): 몹시 분하여 이를 갈며 속을 썩임

  • 切齒腐心: 끊을 절, 이 치, 썩을 부, 마음 심

④ 見蚊拔劍(견문발검): 모기를 보고 칼을 뺀다는 뜻으로, 사소한 일에 크게 성내어 덤빔을 이르는 말

  • 見蚊拔劍: 볼 견, 모기 문, 뺄 발, 칼 검

10

정답해설

파놉티콘이란 교도관이 다수의 죄수를 감시하는 시스템으로, 이는 권력자에 의한 정보 독점 아래 다수가 통제되는 구조이다. 따라서 ⓒ에는 그대로 '다수'가 들어가는 것이 적절하다.

오답해설

① ㉠의 앞부분에서는 교도관은 죄수들을 바라볼 수 있지만, 죄수들은 교도관을 바라볼 수 없는 구조인 파놉티콘에 대해 제시하였다. 따라서 죄수들은 교도관이 실제로 없어도 그 사실을 알 수 없으므로 ㉠을 '없을'로 고치는 것이 적절하다.

③ ⓒ의 뒷부분에서는 인터넷에서 권력자에 대한 비판을 신변 노출 없이 자유롭게 표현할 수 있게 되었다고 제시하였다. 이는 인터넷에서는 어떤 행위를 한 사람이 누구인지 드러나지 않는다는 것이므로 ⓒ을 '익명성'으로 고치는 것이 적절하다.

④ ⓔ의 앞부분에서는 인터넷에서 권력자에 대한 비판을 신변 노출 없이 자유롭게 표현할 수 있게 되었다고 제시하였고, ⓔ의 뒷부분에서는 네티즌의 활동으로 권력자들을 감시하는 전환이 일어났다고 제시하였다. 따라서 다수가 자유롭게 정보를 수용하고 생산할 수 있기 때문에 권력자

를 감시하게 된 것이므로 ⓔ을 '누구나가'로 고치는 것이 적절하다.

11

정답해설

제시문은 현재의 사건을 진행하면서 '언젠가는', '어저께'와 같이 과거의 사건을 끌어들이고 있다. 이와 같은 사건 구성을 역순행적 구성이라 한다('과거 → 현재'로 시간의 흐름에 따라 사건을 구성하는 방식은 순행적 구성 또는 순차적 구성이라 함).

오답해설

②와 같은 방식을 삽화식 구성이라고 하고, ③과 같은 방식을 액자식 구성이라 한다. 제시문에서는 이러한 구성 방식을 찾아볼 수 없다.

> **The 알아보기** 김유정, 「봄봄」
> • 갈래: 단편 소설, 농촌 소설, 순수 소설
> • 시점: 1인칭 주인공 시점
> • 배경
>   – 시간: 1930년대 봄
>   – 공간: 강원도 산골의 농촌 마을
> • 주제: 교활한 장인과 우직한 데릴사위 간의 갈등
> • 해제: 「봄봄」은 혼인을 핑계로 일만 시키는 교활한 장인과 그런 장인에게 반발하면서도 끝내 이용당하는 순박하고 어수룩한 머슴 '나'의 갈등을 재미있게 그려 내고 있다. 일제 강점하의 궁핍한 농촌 생활을 배경으로 하면서도 토속적인 어휘를 사용하여 농촌의 모습을 해학적으로 묘사하고 있으며, 농촌의 문제성을 노출시키면서도 그것을 능동적으로 그리기보다는 웃음으로 치환시켰다.
> • 제목의 의미: '봄봄'은 '봄'을 두 번 강조한 제목으로, 봄날 만물이 생장하듯이 '나'와 점순이의 사랑도 성장함을 드러내려는 작가의 의도를 반영하고 있다.

12 정답 ②

정답해설

작품 내적 요소인 사건의 전달 방식에 초점을 맞추어 감상한 것으로 ②는 절대주의적 관점에 해당한다.

오답해설

① 반영론적 관점에 해당한다.

③ 효용론적 관점에 해당한다.

④ 표현론적 관점에 해당한다.

13 정답 ④

정답해설

제시된 작품은 임을 간절하게 기다리는 심정을 원망의 어조로 표현한 사설시조이다. 따라서 '간절히 기다리다'라는 뜻의 ④ '눈이 빠지다'가 화자의 심정으로 적절하다.

오답해설

① '눈이 가다'는 '눈길을 사로잡다'는 뜻의 관용어이다.

② '눈이 맞다'는 '서로 마음이 통하다'는 뜻의 관용어이다.

③ '눈이 뒤집히다'는 '이성을 잃다'는 뜻의 관용어이다.

The 알아보기 작자 미상, 「어이 못 오던다」

- 갈래: 사설시조
- 성격: 과장적, 해학적
- 표현: 열거법, 연쇄법, 과장법
- 제재: 오지 않는 임
- 주제: 임에 대한 원망과 그리움
- 특징
  - 연쇄법을 활용하여 시상을 전개함
  - 기발한 상상력을 통해 해학적 효과를 얻고 있음
- 해제: 자신을 찾아오지 않는 임에 대한 그리움과 원망의 심정을 과장과 해학을 통해 표현하고 있다.
- 현대어 풀이

  어이 못 오는가 무슨 일로 못 오는가.

  너 오는 길 위에 무쇠로 성을 쌓고 성 안에 담을 쌓고 담 안에는 집을 짓고 집 안에는 뒤주 놓고 뒤주 안에 궤를 놓고 궤 안에 너를 결박하여 놓고 쌍배목과 외걸새로 용거북 자물쇠로 깊숙이 잠갔더냐 네 어이 그리 안 오던가.

  한 달이 서른 날이거늘 날 보러 올 하루가 없으랴.

---

14 정답 ②

정답해설

윤수의 이야기에 대한 민재의 반응인 '나도 그런 적이 있어.'를 보았을 때, 민재는 자신의 경험을 들어 윤수가 스스로 해결점을 찾도록 도와주고 있다. 이는 공감적 듣기의 적극적인 들어주기에 해당한다.

오답해설

① 민재는 윤수의 짝꿍과 연관이 없는 제삼자로, 이야기를 듣는 역할을 수행하고 있다. 따라서 민재가 상대의 입장을 고려해 용서함으로써 갈등을 해결한다는 설명은 적절하지 않다.

③ 민재는 이전에 겪은 자신의 경험을 이야기하여 윤수에게 도움을 주려고 할 뿐, 윤수를 비판하면서 스스로의 장점을 부각하고 있지는 않다.

④ 민재는 '왜? 무슨 일이 있었어?' 등의 말을 하며 윤수의 말을 경청하고 있지만, 윤수의 말에 대한 타당성을 평가하고 있지는 않다.

15 정답 ④

정답해설

(라)에서는 화성을 변화시키는 '테라포밍'의 계획을 구체적으로 설명하고 있을 뿐, 개별적인 사실로부터 일반적인 명제를 이끌어 내는 귀납의 방법을 사용하고 있지는 않다.

오답해설

① (가)에서는 화성의 특성을 설명하고 인간이 살 수 있도록 변화시키는 것을 말하는 '테라포밍'에 대해 제시하고 있다.

② (나)에서는 영화 「레드 플래닛」을 예로 들어 '테라포밍'에 대해 구체적으로 설명하고 있다.

③ (다)에서는 '영화가 아닌 현실에서 화성을 변화시키는 일이 가능할까?'라고 질문을 던지며 '테라포밍'을 현실화할 수 있는 방법을 제시하고 있다.

16 정답 ②

정답해설

(나)에서 '이끼가 번식해 화성 표면을 덮으면 그들이 배출하는 산소가 모여 궁극적으로는 인간이 호흡할 수 있는 대기층이 형성되기 때문이다.'라고 언급한 부분을 통해 '테라포밍' 계획의 핵심이 되는 마지막 작업은 인간이 화성에서 살 수 있도록 공기를 공급하는 대기층을 만들어 주는 일임을 확인할 수 있다.

오답해설

① (라)에서 '극관은 점점 녹게 될 것이다. 그러나 이런 방법을 택하더라도 인간이 직접 호흡하며 돌아다니게 될 때까지는 최소 몇백 년의 시간이 걸릴 것이다.'라고 언급한 부분을 통해 화성의 극관을 녹이는 일은 '테라포밍' 계획의 최종적인 작업이 아님을 확인할 수 있다.

③ (다)에서 '극관에 검은 물질을 덮어 햇빛을 잘 흡수하게 만든 후 온도가 상승하면 극관이 자연스럽게 녹을 수 있도록 하는 방법인 것이다.'라고 언급한 부분을 통해 화성의 온도를 상승시키는 일은 극관을 녹이기 위한 과정임을 확인할 수 있다. 따라서 이 작업은 '테라포밍' 계획의 핵심이 되는 최종 작업이라 할 수는 없다.

④ (다)에서 '극관에 검은 물질을 덮어 햇빛을 잘 흡수하게 만든 후 온도가 상승하면 극관이 자연스럽게 녹을 수 있도록 하는 방법인 것이다.'라고 언급한 부분을 통해 극관을 검은 물질로 덮는 일은 햇빛을 잘 흡수하게 만들기 위한 과정임을 확인할 수 있다. 따라서 이 작업은 '테라포밍' 계획의 핵심이 되는 최종 작업이라 할 수는 없다.

17 정답 ④

정답해설

제시된 글에는 상대방이 충분히 그 의미를 파악할 수 있다고 판단될 때 간접 발화를 전략적으로 사용함으로써 의사소통을 원활하게 하기도 한다는 내용만 언급되었을 뿐 간접 발화와 직접 발화 중 어느 것이 화자의 의도를 더 잘 전달하는지에 대한 내용은 나와 있지 않다.

18 정답 ③

정답해설

대구에 계신 할아버지와의 대화를 통해 지역 간 사용 어휘의 차이, 어머니와의 대화를 통해 세대 간 사용 어휘의 차이로 인해 생기는 불편함에 대해 서술하고 있기는 하지만, ③ '성별에 따라 사용하는 어휘가 달라지기도 한다.'라는 내용은 〈보기〉에 없다.

오답해설

① "어머니께서는 '문상'이 무엇이냐고 물으셨고 나는 '문화상품권'을 줄여서 사용하는 말이라고 말씀드렸다."라는 부분과 "학교에서 친구들과 이야기할 때 흔히 사용하는 '컴싸'나 '훈남', '생파' 같은 단어들을 부모님과 대화할 때는 설명을 해드려야 해서 불편할 때가 많다."는 내용을 통해 어휘는 세대에 따라 달라지기도 한다는 것을 알 수 있다.

② '할아버지께서 나에게 심부름을 시키셨는데 사투리가 섞여 있어서 잘 알아들을 수가 없었다.'라는 부분을 통해 어휘가 지역에 따라 달라지기도 한다는 것을 알 수 있다.

④ "학교에서 친구들과 이야기할 때 흔히 사용하는 '컴싸'나 '훈남', '생파' 같은 단어들을 부모님과 대화할 때는 설명을 해드려야 해서 불편할 때가 많다."라는 부분을 통해 청소년들이 은어나 유행어를 많이 쓴다는 것을 알 수 있다.

19 정답 ②

정답해설

앞뒤가 대등한 내용이면 문장 구조를 일치시켜 쓰도록 한다. '중국 음식의 모방이나 정통 중국 음식을 본뜨거나 하여'라는 문장을 풀어 보면, '중국 음식의 모방을 본뜨거나, 정통 중국 음식을 본뜨거나'로 되어서 서술어 호응이 이루어지지 않는다. 따라서 ② '중국 음식을 모방하거나, 정통 중국 음식을 본뜨거나 하여'로 바꿔야 한다.

20 정답 ①

정답해설

㉠에는 겉으로는 모순되어 보이나 진리를 내포하는 표현, 즉 역설의 수법이 사용되었다. ①에는 은유적 표현이 쓰였다.

오답해설

② · ③ · ④ 역설법이 나타난다.

The 알아보기　정호승, 「슬픔이 기쁨에게」
- 갈래: 자유시, 서정시
- 성격: 의지적, 상징적
- 제재: 소외된 이웃들의 슬픔
- 주제: 이기적인 삶에 대한 반성 및 더불어 살아가는 삶의 가치 추구
- 특징
  - 상대방에게 말을 건네는 방식으로 시상을 전개함
  - 어미 '-겠다'의 반복을 통해 운율감을 형성하고 화자의 의지적인 자세를 효과적으로 나타냄

21
정답 ①

정답해설

제시된 글에서는 1960년대 이후 중앙아메리카 숲의 25% 이상이 벌채되었다는 것, 1970년대 말에 전체 농토의 2/3가 축산 단지로 점유되었다는 것, 그리고 1987년 이후 멕시코에서 1,497만 3,900ha의 열대 우림이 파괴되었다는 것 등의 통계 수치를 제시하고 있다. 통계 수치를 제시하는 것은 문제 상황의 심각성을 구체적으로 보여주고, 근거의 신뢰성을 높여서 타당성을 높이는 역할을 한다.

22
정답 ①

정답해설

15세기 국어에서 현대 국어로 오는 과정에서 모음들이 연쇄적으로 조음 위치의 변화를 겪는 현상은 발견되지 않았다.

오답해설

② 국어 단모음의 개수가 15세기에는 7개, 19세기 초에는 8개, 현재는 10개이므로, 단모음의 개수가 점차 늘어났다는 설명은 적절하다.

③ 15세기 국어의 단모음이었던 'ㆍ'가 현대 국어로 오면서 소멸되었으므로 모음 중에서 음소 자체가 소멸된 것이 있다는 설명은 적절하다.

④ 15세기 국어의 이중모음이었던 'ㅐ, ㅔ, ㅚ, ㅟ'가 현대 국어로 오면서 단모음으로 변화했으므로 일부 이중모음의 단모음화가 발견된다는 설명은 적절하다.

23
정답 ③

정답해설

㉠ 부엌+일 → [부억닐]: 음절의 끝소리 규칙, 'ㄴ' 첨가 → [부엉닐]: 비음화

㉡ 콧+날 → [콛날]: 음절의 끝소리 규칙 → [콘날]: 비음화

㉢ 앉+고 → [안꼬]: 자음군 단순화, 된소리되기

㉣ 훑+는 → [훌른]: 자음군 단순화, 유음화

③ '앓+고 → [알코]'는 자음 축약(ㅎ+ㄱ → ㅋ)이 일어났지만 ㉢에서는 자음군 단순화와 된소리되기가 나타난다.

오답해설

① '맞+불 → [맏뿔]'에는 음절의 끝소리 규칙과 된소리되기가 나타나므로, 음절 끝에 오는 자음이 제한되는 음운 변동이 일어난다는 설명은 적절하다. ㉠~㉣ 중 음절의 끝소리 규칙이 나타나는 것은 ㉠, ㉡이다.

② '잊+니 → [인니]'에는 음절의 끝소리 규칙과 비음화 현상이 나타난다. 인접하는 자음과 조음 방법이 같아지는 음운 변동 현상은 자음 동화 현상으로, 비음화(㉠, ㉡)와 유음화(㉣)가 있다.

④ '몫+도 → [목또]'에는 자음군 단순화와 된소리되기 현상이 나타난다. 음절 끝에 둘 이상의 자음이 오지 못하기 때문에 나타나는 자음군 단순화 현상이 나타나는 것은 ㉢, ㉣이다.

24
정답 ③

정답해설

'넉넉하다'는 크기나 수량 따위가 기준에 차고도 남음이 있다는 뜻이고, '푼푼하다'는 모자람이 없이 넉넉하다는 의미로, 이 두 단어의 의미 관계는 '유의 관계'이다. ③의 '괭이잠'은 깊이 들지 못하고 자주 깨면서 자는 잠을 의미하고, '노루잠'은 깊이 들지 못하고 자꾸 놀라 깨는 잠을 의미하며, 이 두 단어의 의미 관계는 '유의 관계'이다.

오답해설

①·②·④는 '반의 관계'이다.

25

정답해설

②의 '대응'은 '유추의 근거 영역의 요소들과 대상 영역의 요소들을 연결하는 단계'로 '워싱턴'과 '링컨'을 연결하고, 숫자 '1'과 미지항 x를 연결하는 과정이 이에 해당한다고 했으므로 미국의 몇 번째 대통령인지 정보가 없는 사람이라면 정보를 연결하는 과정인 '대응'의 단계까지는 성공하겠지만, 자신이 찾아낸 규칙을 대상 영역에 적용하는 '적용'의 단계에서 미지항 x의 값에 16을 적용할 수가 없어 실패할 것이다.

오답해설

① '추리'는 '앞의 두 항이 어떠한 연관성을 갖는지 규칙을 찾는 과정'이므로 '워싱턴'이 미국의 대통령이 아니라 미국의 도시 이름이라는 정보만 갖고 있는 사람이라면 미국의 초대 대통령인 '워싱턴'과 숫자 '1'로부터 연관성을 찾아낼 수 없으므로 '추리'의 단계에서 실패할 것이라는 이해는 적절하다.

③ '적용'은 '자신이 찾아낸 규칙을 대상 영역에 적용하는 과정'이므로 미국 역대 대통령의 순서에 대한 정보가 있는 사람이라면, '적용' 단계에서 '16'을 선택하겠지만, 조지 워싱턴이 1달러 지폐의 인물이고 아브라함 링컨이 5달러 지폐의 인물이라는 미국의 화폐에 대한 정보만 갖고 있는 사람이라면 '적용'의 단계에서 '5'를 선택할 것이라는 이해는 적절하다.

④ '정당화'는 '비교의 결과 더 적합하다고 생각되는 답을 선택하는 과정'이므로 'x'에 들어갈 수 있는 답으로 '5'와 '16'을 찾아낸 사람이라면, 'x는 순서를 나타낸다'라는 새로운 기준을 제시했을 때 '정당화'의 단계에서 링컨이 미국의 열여섯 번째 대통령임을 생각하여 '16'을 선택할 것이다. 따라서 '정당화' 단계에서 '16'을 선택할 것이라는 이해는 적절하다.

제2과목 : 자동차공학

01	02	03	04	05	06	07	08	09	10
④	②	①	④	②	②	④	③	①	③
11	**12**	**13**	**14**	**15**	**16**	**17**	**18**	**19**	**20**
①	①	④	③	①	②	①	④	①	①
21	**22**	**23**	**24**	**25**					
②	③	③	②	②					

01

정답해설

㉠ N · m, ㉢ cal, ㉣ Joule은 에너지 단위이다.

오답해설

㉡ HP는 마력으로 동력이나 일률을 측정하는 단위이며 1PS $=75$kgf · m/s이다.

02

정답해설

피스톤 링은 피스톤 바깥 둘레의 홈에 끼우는 부품으로 기밀작용, 열 전달작용, 오일제어작용 및 냉각작용을 한다.

※ 피스톤 핀은 커넥팅 로드의 상단부와 피스톤을 연결하는 부품으로 피스톤에 작용하는 큰 힘을 커넥팅 로드에 전달한다.

> **The 알아보기 피스톤 핀의 구비조건**
> • 무게가 가벼울 것
> • 고온 · 고압가스에 충분히 견딜 수 있을 것
> • 열 전도율이 좋을 것
> • 열 팽창률이 적을 것
> • 블로바이가 없을 것
> • 피스톤 상호 간의 무게 차이가 적을 것

03
정답 ①

정답해설

SCR(Selective Catalytic Reduction, 선택적 환원 촉매장치)는 디젤 자동차의 배기가스에 요소수(UREA) 등을 분사하여 선택적 환원 촉매장치에서 유해 배출가스 중 NO_x를 정화하는 시스템이다. 배기가스 온도가 낮은 영역에서도 정화효율이 우수하고 질소산화물 정화능력이 60~80%에 이른다.

오답해설

② DPF(Diesel Particulate Filter, 디젤 미립자 필터): 디젤 엔진에서 발생되는 입자상 물질(PM) 등을 정화시키는 필터로서 탄소성분 및 입자상 물질을 정화하여 배출시키는 역할을 하고 일정거리 주행 후 PM의 발화 온도(550~650℃) 이상으로 배기가스 온도를 상승시켜 연소시키는 장치이다. PM(입자상 물질) 제거를 위한 배출가스 후처리 장치는 CPF, CDPF 또는 DPF로 불리는데 디젤 배출가스 후처리 장치라는 같은 의미로 모두 DPF로 통칭한다.

③ DOC(Diesel Oxidation Catalyst, 디젤 산화촉매): 가솔린 엔진에서 삼원촉매가 개발되기 이전에 사용되던 산화촉매(이원촉매) 기술과 기본적으로 동일한 기술이기 때문에 기술효과나 성능은 이미 입증되어 있는 기술이다. 산화촉매는 백금(Pt), 파라듐(Pd) 등의 촉매 효과로 배기가스 중의 산소를 이용하여 탄화수소(HC), 일산화탄소(CO)를 제거하는 기능을 한다.

④ LNT(Lean NO_x Trap, 희박 NO_x[질소] 촉매): 디젤 엔진의 DOC와 유사하게, 백금 촉매를 쓰고 유해 배기가스인 CO(일산화탄소), HC(탄화수소) 등을 환원제로 이용하는 NO_x(질소산화물) 정화시스템이다. NO_x 물질을 질소(N_2), 물(H_2O)과 같은 무해한 상태로 환원시켜 정화한다. LNT의 특징은 유독물질을 바로 반응시키는 DOC와는 다르게 NO_x를 잠시 잡아두었다가 반응시키는 것이다.

04
정답 ④

정답해설

수소 연료전지자동차에서는 스택에 공급된 수소와 산소가 반응하여 전기를 생산하는데, 연료전지 셀을 여러 개 직렬로 연결하여 일체로 만든 것을 스택이라고 하며, 막전극 접합체(MEA), 분리판(Bipolar Plate), 밀봉재, 전류 집전체(Current Collector), 끝판(End Plate)으로 구성된다.

> **The 알아보기 수소 공급계의 주요 부품 및 기능**
> - 퍼지 밸브: 스택에서 반응 후 시스템 내에 누적된 불순물 및 물을 시스템 외부로 배출
> - 수소재순환 블로어: 스택에서 미반응 상태로 배출되는 고온 다습한 수소를 스택으로 다시 공급(저출력 구간)
> - 이젝터: 스택에서 미반응 상태로 배출되는 고온 다습한 수소를 스택으로 다시 공급(중/고출력 구간)
> - 솔레노이드 밸브: 스택에 공급되는 수소 가스를 제어

05
정답 ②

정답해설

오일 점도가 높아졌을 때가 아니라, 엔진 과열로 인해 오일 점도가 낮아지는 것이 내연기관 유압 저하의 원인이 된다.

06
정답 ②

정답해설

브레이크 작동 시 앞쪽이 내려가고 뒤쪽이 올라가는 현상을 방지하는 것을 '안티다이브 제어'라고 한다.

오답해설

① 안티롤 제어 – 선회 시 좌우 움직임을 작게 한다.

③ 안티스쿼트 제어 – 급발진 시 차체 앞부분이 들어 올려지는 정도를 작게 한다.

④ 안티바운싱 제어 – 노면 상태에 따라 차체 흔들림을 작게 한다.

07

정답해설

스프링 아래 질량이 크기 때문에 승차감이 떨어진다. 강도가 크고 구조가 간단하기 때문에 버스나 대형 트럭에 많이 적용된다.

오답해설

① 바퀴의 동적 불균형으로 인한 시미 현상이 발생한다.

② 차축의 위치를 접하는 링크나 로드가 필요하지 않으므로 부품 수가 적고 구조가 간단하다.

The 알아보기 일체 차축식 현가장치의 특징

- 일체 차축식은 좌우의 바퀴가 1개의 차축에 연결되며 그 차축은 스프링을 거쳐 차체에 장착하는 형식으로 구조가 간단하고 강도가 크므로 대형 트럭이나 버스 등에 많이 적용되고 있다.
- 장점
  - 커브길 선회 시 차체의 기울기가 적다.
  - 링크나 로드가 필요 없다.
  - 부품 수가 적어 구조가 간단하며 휠 얼라인먼트의 변화가 적다.
  - 정비가 용이하다.
- 단점
  - 스프링 아래 질량이 크기 때문에 승차감이 떨어진다(불량하다).
  - 스프링 상수(스프링 정수)가 너무 작은 것은 사용할 수 없다(사용이 어렵다).
  - 앞바퀴의 동적 불균형으로 인한 시미 현상이 발생하기 쉽고 반대편 바퀴의 진동에 영향을 받는다.

독립 차축식 현가장치의 특징

차축이 연결된 일체 차축식 방식과는 달리 차축을 각각 분할하여 양쪽 휠이 서로 관계없이 운동하도록 설계하며 승차감과 주행 안정성이 향상된다.

- 차고를 낮게 할 수 있으므로 주행 안전성이 향상된다.
- 스프링 아래 질량이 가벼워 승차감이 좋아진다.
- 조향바퀴에 옆 방향으로 요동하는 진동(Shimmy) 발생이 적고 타이어의 접지성(Road Holding)이 우수하다.
- 스프링 정수가 적은 스프링을 사용할 수 있다.
- 구조가 복잡하게 되고, 이음부가 많아 각 바퀴의 휠 얼라인먼트가 변하기 쉽다.
- 주행 시 바퀴가 상하로 움직임에 따라 윤거나 얼라인먼트가 변하여 타이어의 마모가 촉진된다.

08

정답해설

지르코니아 산소 센서는 지르코니아 소자 양면에 백금 전극으로 구성되어 있으며, 전극의 바깥쪽에 세라믹으로 코팅되어 전극을 보호한다.

09

정답해설

스키딩은 스프링 아래 질량의 진동(차축의 진동)에 해당한다. 차축에 대하여 수직인 축(Z축)을 기준으로 타이어가 슬립하며 동시에 요잉 운동을 하는 것을 말한다.

오답해설

자동차 스프링 위 질량의 진동(차체의 진동): 일반적으로 현가장치의 스프링을 기준으로 스프링 위의 질량이 아래 질량보다 클 경우 노면의 진동을 완충하는 능력이 향상되어 승차감이 우수해지며, 현재의 승용차에 많이 적용되는 방식이다. 그러나 스프링 위 질량이 지나치게 무거우면 연비, 조종성, 제동성능 등의 전반적인 주행성능이 저하될 수 있다.

② 요잉: 자동차 상부의 가운데로 통하는 상하 축을 중심으로 한 회전 작용의 모멘트로서 양력(수직) 방향 축(Z축)을 중심으로 회전하려는 움직임이다.

③ 바운싱: 차체가 수직축(Z축)을 중심으로 상하방향으로 운동하는 것을 말하며, 타이어의 접지력을 변화시키고 자동차의 주행 안정성과 관련이 있다.

④ 피칭: 자동차의 중심을 지나는 좌우 축 옆으로의 회전 작용의 모멘트를 말하며, 횡력(측면) 방향 축(Y축)을 중심으로 회전하려는 움직임이다.

※ 롤링: 자동차 정면의 가운데로 통하는 앞뒤축을 중심으로 한 회전 작용의 모멘트를 말하며, 항력 방향 축(X축)을 중심으로 회전하려는 움직임이다.

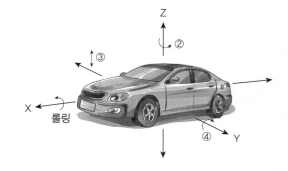

스프링 아래 질량의 진동은 승차감 및 주행 안전성과 관계가 깊으며 스프링 아래 질량이 무거울 경우 승차감이 떨어지는 현상이 발생한다.

- 휠 홉: 차축에 대하여 수직인 축(Z축)을 기준으로 상하 평행 운동을 하는 진동을 말한다.
- 휠 트램프: 차축에 대하여 앞뒤 방향(X축)을 중심으로 회전 운동을 하는 진동을 말한다.
- 와인드 업: 차축에 대하여 좌우 방향(Y축)을 중심으로 회전 운동을 하는 진동을 말한다.
- 스키딩: 차축에 대하여 수직인 축(Z축)을 기준으로 타이어가 슬립하며 동시에 요잉 운동을 하는 것을 말한다.

10　　　　　정답 ③

정답해설

동력전달장치로 벨트 등을 사용하기 때문에 미끄러짐(슬립)이 발생하는 것은 무단 변속기의 단점이다.

11　　　　　정답 ①

정답해설

토인은 캠버에 의해 토아웃 되는 것을 방지한다.

The 알아보기　토인(Toe In)

앞바퀴를 위에서 보면 양쪽 바퀴 중심선 간의 거리가 앞쪽이 뒤쪽보다 작게 되어 있는데 이를 토인이라 하며, 그 역할은 다음과 같다.

- 앞바퀴를 평행하게 회전시킨다.
- 바퀴의 사이드슬립의 방지와 타이어 마멸을 방지한다.
- 타이어의 마멸을 최소로 하고 로드홀딩 효과가 있다.
- 조향 링키지의 마멸에 의해 토아웃(바퀴의 앞쪽이 바깥쪽으로 벌어짐) 되는 것을 방지한다.
- 캠버에 의해 토아웃 되는 것을 방지한다.
- 토인은 타이로드의 길이로 조정한다.

12　　　　　정답 ①

정답해설

점화코일에서 배전기를 거치지 않고 직접 점화플러그에 배전한다.

13　　　　　정답 ④

정답해설

스노우 타이어는 눈길에 미끄러짐을 방지하기 위해 구동바퀴에 걸리는 하중을 크게 하여 트레드의 구동력을 극대화한다.

14　　　　　정답 ③

정답해설

수막현상을 방지하기 위해서는 타이어의 공기압을 높여야 한다.

15　　　　　정답 ①

정답해설

도로교통법 제2조 제18항

"자동차"란 철길이나 가설된 선을 이용하지 아니하고 원동기를 사용하여 운전되는 차(견인되는 자동차도 자동차의 일부로 본다)로서 다음 각 목의 차를 말한다.

가. 「자동차관리법」 제3조에 따른 다음의 자동차. 다만, 원동기장치자전거는 제외한다.

1) 승용자동차
2) 승합자동차
3) 화물자동차
4) 특수자동차
5) 이륜자동차

나. 「건설기계관리법」 제26조 제1항 단서에 따른 건설기계

16　　　　　정답 ②

정답해설

리터 마력의 단위는 PS/L이므로 $\dfrac{3.5\text{PS}}{0.07\text{L}}=50[\text{PS/L}]$이다.

17

정답 ①

정답해설

AND 회로는 A와 B의 입력이 모두 1일 때 출력이 1로 나타나고, 나머지의 경우에는 0이 출력된다(하나라도 0이면 0이 출력).

AND	0	1
0	0	0
1	0	1

18

정답 ④

정답해설

종감속기어의 감속비 $= \dfrac{\text{구동피니언 회전수}}{\text{링기어 회전수}}$ 이므로

$\therefore$ 구동피니언 회전수 = 종감속기어의 감속비 × 링기어 회전수

$= 4 \times 5 = 20(\text{회전})$

19

정답 ①

정답해설

발광 다이오드는 PN접합면에서 순방향으로 전압을 가하며 발광한다. 역방향으로 전류를 흐르게 하는 것은 제너 다이오드이다.

20

정답 ①

정답해설

병렬 회로에서는 전압이 일정하므로 $P_E = V \times I$에서 V는 상수이고 I는 변수가 된다.

$I = \dfrac{V}{R}$를 $P_E = V \times I$에 대입하면,

$P_E = V \times I = V \times \dfrac{V}{R} = \dfrac{V^2}{R}$

$R = \dfrac{V^2}{P_E} = \dfrac{(16V)^2}{8W + 8W} = \dfrac{256V^2}{16W} = \dfrac{16V^2}{V \times I} = \dfrac{16V}{I} = 16[\Omega]$

21

정답 ②

정답해설

전폭은 자동차의 전면 또는 후면을 투영시켜 차량중심선에 직각인 방향의 최대 거리를 말하는데, 좌우의 아웃사이드 미러는 포함하지 않는다.

오답해설

③ 축거(축간거리)는 전 · 후 차축 중심 간의 수평 거리이다.

④ 윤거(윤간거리)는 공차 상태에서 좌 · 우의 바퀴가 접하는 수평면에서 바퀴의 중심선과 직각인 바퀴 중심 간의 거리이다.

> **The 알아보기** **치수에 의한 자동차 제원**
> - 전장: 자동차의 총 길이(후미등, 범퍼등을 포함)
> - 전폭(너비): 자동차의 너비(아웃사이드 미러는 포함되지 않음). 자동차의 전면 또는 후면을 투영시켜 차량 중심선에 직각인 방향의 최대 거리
> - 전고(높이): 공차 상태에서 타이어의 접지면에서부터 자동차의 가장 높은 부분까지의 높이. 자동차의 전면, 후면 또는 측면을 투영시켜 차량 중심선에 수직인 방향의 최대 거리
> - 축거: 앞 차축 중심과 뒤 차축 중심 사이의 수평거리
> - 윤거: 공차 상태에서 좌우 타이어의 접지면 중심 간의 수평거리
> - 최저 지상고: 적재 상태에서 자동차의 접지부 이외에 지표면에서 차체의 가장 낮은 부분까지의 거리
> - 중심고: 접지면에서 자동차 무게중심까지의 높이
> - 오버행
>   - 프런트 오버행(앞 오버행): 앞 차축 중심으로부터 범퍼 등의 부속물을 포함하는 가장 앞쪽 끝까지의 수평거리. 바퀴의 중심을 지나는 수직면에서 자동차의 맨 앞부분까지의 수평거리를 말하며 범퍼나 훅(Hook) 등 자동차에 부착된 것은 모두 포함
>   - 리어 오버행: 뒤 차축 중심으로부터 부속물을 포함하는 자동차의 가장 뒤쪽 끝까지의 수평거리
> - 램프각: 축거의 중심점을 포함한 차체 중심면과 수직면의 가장 낮은 점에서 앞바퀴와 뒷바퀴 타이어의 바깥 둘레에 그은 선이 이루는 각도

22　정답 ③

정답해설

힘을 받으면 기전력이 발생하는 것을 '피에조 효과'라고 한다.

오답해설

① 홀 효과: 자기를 받으면 통전성능이 변화하는 효과이다.

② 제벡 효과: 반도체의 효과 중 열을 받으면 전류가 흐르는 효과이다.

④ 펠티에 효과: 직류전원 공급 시 한쪽 면은 고온이 되고 반대쪽 면은 저온이 되는 효과이다.

23　정답 ③

정답해설

반부동식은 구동 바퀴가 직접 차축 바깥에 설치되며, 차축의 안쪽은 차동 사이드 기어와 스플라인으로 결합되고 바깥쪽은 리테이너(Retainer)로 고정시킨 허브 베어링(Hub Bearing)과 결합된다. 차축에서 1/2, 하우징이 1/2 정도의 하중을 지지하는 차축 형식(차량 하중의 1/2을 차축이 지지)이다.

오답해설

① 전부동식: 후륜 구동 방식 자동차에서 안쪽은 차동 사이드 기어와 스플라인으로 결합되고, 바깥쪽은 차축 허브와 결합되어 차축 허브에 브레이크 드럼과 바퀴가 설치되는데, 바퀴 또는 허브를 탈거하지 않고 액슬축을 탈거할 수 있는 차축 형식이다. 버스, 대형 트럭에 사용된다.

② 3/4 부동식: 차축 바깥 끝에 차축 허브를 두고 차축 하우징에 1개의 베어링을 두어 허브를 지지하는 방식이다. 3/4 부동식은 차축이 차량 하중의 1/4을 지지한다.

24　정답 ②

정답해설

충전 용량＝15A×10시간＝150[Ah]

방전 용량＝25A×3시간＝75[Ah]

$$\therefore 효율＝\frac{방전\ 용량}{충전\ 용량}×100＝\frac{75}{150}×100＝50[\%]$$

25　정답 ②

정답해설

예비분사란 주분사 전에 연료를 분사해 연소가 원활히 되도록 하기 위한 것으로 소음과 진동을 줄일 수 있다. 연료 압력이 최솟값(100bar) 이하인 경우에 중단하게 된다.

> **The 알아보기　예비분사 중단조건**
> - 예비분사가 주분사를 너무 앞지른 경우
> - 연료 분사량이 너무 적은 경우
> - 주분사를 할 때 연료 분사량이 충분하지 않은 경우
> - 연료 압력이 최솟값(100bar) 이하인 경우
> - 기관 회전속도가 규정(3,200rpm) 이상인 경우
> - 엔진 중단에 오류가 발생한 경우

제3과목: 자동차정비

01	02	03	04	05	06	07	08	09	10
③	④	④	②	③	④	①	①	①	①

11	12	13	14	15	16	17	18	19	20
②	①	①	④	③	③	③	③	④	①

21	22	23	24	25					
③	④	②	②	①					

01 정답 ③

정답해설

타이어의 구동력은 스톨 테스트로는 알 수 없다.

오답해설

스톨 테스트(Stall Test)로 알 수 있는 사항에는 토크 컨버터의 작동상태, 엔진 출력, 클러치의 미끄러짐, 라인 압력의 저하, 브레이크의 미끄러짐 등이 있다.

02 정답 ④

정답해설

수온 센서(WTS, CTS)는 엔진의 냉각수 온도 변화에 따라 저항 값이 변화하는 부 특성(NTC) 서미스터이다. 냉각수 온도가 상승하면 저항 값이 낮아지고, 냉각수 온도가 낮아지면 저항 값이 높아진다.

오답해설

① 공기 유량 센서(AFS): 칼만와류 방식, 맵센서 방식, 베인식, 핫와이어 방식, 핫필름 방식 등 5가지 종류가 있다. 이 가운데 칼만와류 방식만 펄스제어 방식이고 나머지는 모두 전압검출 방식이다. 즉, 칼만와류 현상을 전기적 디지털 신호로 바꾸어 ECU로 보내면 ECU는 흡입공기량 신호와 엔진 회전수를 이용해 연료의 기본 분사량과 시간을 결정하도록 하는 중요한 센서이다.
② 대기압 센서: ECU에 내장되어 있으며, 대기 압력에 따라서 연료 분사시기의 설정 및 연료 분사량을 보정한다.
③ 산소 센서(O₂ Sensor): 배기가스 중의 산소 농도를 측정하여 이를 전압값으로 변환시키는 센서로서 흔히 λ센서라고도 하며, 이론 공연비에 가깝도록 연료 분사량을 보정하는 피드백 제어를 한다. 산소 농도를 전압으로 변환하

03 정답 ④

정답해설

토크 스티어링(Torque Steering)

출발 또는 가속을 하려고 액셀러레이터를 밟을 때 차가 한쪽으로 쏠리는 현상이다.

오답해설

① 오버 스티어링(Over Steering): 선회 조향 시 앞바퀴에 발생하는 코너링 포스가 커지면 조향각이 작아져서 회전 반경이 작아지는 현상이다.
② 언더 스티어링(Under Steering): 자동차가 주행하면서 선회할 때 조향각도를 일정하게 유지하여도 선회 반지름이 커지는 현상이다.
③ 리버스 스티어링(Reverse Steering): 최초 동안은 언더 스티어로 주행되다가 급선회로 인하여 갑자기 오버 스티어의 형태로 변하는 현상이다.

04 정답 ②

정답해설

축전지 용량은 완전 충전된 축전지를 일정한 전류로 계속 방전시켰을 때 단자 전압이 규정의 방전 종지 전압이 될 때까지 사용할 수 있는 총 전기량을 뜻한다.

05 정답 ③

정답해설

압력 $P = \dfrac{F}{A}$

($\because$ F: 작용하는 힘, A: 단면적)

$\therefore P = \dfrac{170}{5} = 34[\text{kgf/cm}^2]$

06

정답해설

스마트 크루즈 컨트롤(SCC) 장치란 앞차와의 거리를 일정하게 유지해 운전자가 설정한 속도로 부분 자율주행을 해주는 기능으로 운전자보조시스템(ADAS)의 주요 기술 중 하나이다.

오답해설

① ECS 장치는 전자제어 현가장치이다.

② 4WD 장치는 4륜 구동장치이다.

③ ABS 장치는 제동력 자동 조절장치이다.

07

정답 ①

오답해설

② 센터 베어링: 앞 추진축과 뒤 추진축의 중간을 지지하는 것으로, 스플라인 축을 잡고 있는 베어링을 말한다.

③ 리테이너: 볼 베어링이나 롤러 베어링에서 볼이나 롤이 언제나 같은 간격을 유지하도록 끼워져 있는 부품을 말한다.

④ 유니버설 조인트: 두 축이 비교적 떨어진 위치에 있는 경우나 두 축의 각도가 큰 경우에, 이 두 축을 연결하기 위해 사용되는 축이음의 일종이다.

08

정답 ①

정답해설

전기자에 해당하는 설명이다.

The 알아보기 교류(AC)발전기와 직류(DC)발전기의 비교		
기능	교류(AC)발전기	직류(DC)발전기
작동 원리	플레밍의 오른손 법칙	
전류 발생	스테이터	전기자
AC → DC로 정류 작용	실리콘 다이오드	정류자, 브러시
역류방지	실리콘 다이오드	컷 아웃 릴레이
여자형성	로터	계자
여자방식	타여자식 (외부전원)	자여자식 (잔류자기)

09

정답 ①

오답해설

② 플랭크: 밸브 리프터가 접촉되는 구동의 옆면이다.

③ 리프터: 기초원과 노즈까지의 거리이다.

④ 로브: 밸브가 열려서 닫힐 때까지의 거리이다.

10

정답 ①

정답해설

가솔린·가스 엔진은 전기 점화방식(인화)으로 점화장치가 필요하지만, 디젤 엔진은 압축착화방식(발화)이므로 점화장치가 필요하지 않다.

11

정답 ②

정답해설

시크니스 게이지(Thickness Gauge)

간극이나 틈새를 측정하는 게이지로, 자동차의 밸브·접점 간극, 기계를 조립할 때 부품 사이의 틈새, 기계 부품의 좁은 홈이나 폭을 측정한다.

12

정답 ①

정답해설

제동거리 $S = \dfrac{V^2}{2g\mu}$

($\because$ S: 제동거리, V: 속도, g: 중력가속도 μ: 마찰계수)

$$\therefore S = \frac{(54\text{km/h})^2}{2 \times 9.8\text{m/s}^2 \times 0.5} = \frac{\left(54 \times 1,000 \times \dfrac{1}{3,600}\right)^2}{2 \times 9.8 \times 0.5}$$

$$= \frac{225\text{m}^2/\text{s}^2}{9.8\text{m/s}^2} = 22.959 \cdots \fallingdotseq 23[\text{m}]$$

13 정답 ①

정답해설

머플러를 교체할 때 분해 전에 촉매의 온도가 충분히 떨어지게 한 후에 해야 한다.

14 정답 ④

정답해설

'실린더의 배기량＝행정체적'이 된다.

$$\therefore \varepsilon = \frac{연소실\ 체적 + 행정체적}{연소실\ 체적} = \frac{250 + 1,250}{250} = \frac{1,500}{250} = 6$$

15 정답 ③

정답해설

휠 얼라인먼트 중에서 캠버와 킹핀 경사각은 조향 핸들의 조작력을 가볍게 한다.

16 정답 ③

정답해설

실린더 벽 온도를 높게 유지한다.

> **The 알아보기 디젤기관의 노크 방지 대책**
> • 세탄가가 높은 연료 사용
> • 압축비를 높게 함
> • 엔진의 회전 속도를 빠르게 함
> • 연료의 분사시기를 알맞게 조정
> • 실린더 벽 온도를 높게 유지
> • 흡입 공기의 온도를 높게 유지
> • 착화 지연 기간 중에 연료의 분사량을 적게 함

17 정답 ③

정답해설

전조등의 밝기에 영향을 미치는 요소로는 발전기 충전 불량, 전조등 반사경 렌즈의 불량 및 이물질 유입, 배터리 성능 저하, 전조등 규격 미달, 전조등 회로 접촉저항 과대 등이 있다.

18 정답 ③

정답해설

발전기 전압 조정기에는 제너 다이오드가 주로 사용된다.

오답해설

포토 다이오드를 사용하는 센서는 오토에어컨의 일사량 감지 센서, 배전기의 NO.1TDC 센서, 배전기의 크랭크각 센서, 조향 휠 각도 센서, 헤드라이트 하향등 전환장치, 미등·번호등 자동 점등 장치 등이 있다.

> **The 알아보기 포토 다이오드**
> 다이오드에 역방향 전압을 가하여도 전류는 흐르지 않으나 PN 접합면에 빛을 대면 에너지에 의해 전류가 흐르는 현상을 이용한 것이다.

19 정답 ④

정답해설

댐퍼의 마모는 소음과 관련이 없다.

> **The 알아보기 수동변속기 변속 시 소음이 발생하는 원인**
> • 클러치를 완전히 밟지 않았을 때
> • 클러치의 오일 부족
> • 클러치 마스터 실린더 불량
> • 클러치 릴리스 실린더 불량
> • 변속케이블 조정 불량
> • 클러치 디스크 과다 마모
> • 싱크로나이저 불량

20 정답 ①

정답해설

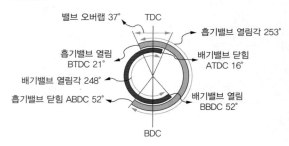

• 흡기밸브 열림각: $21° + 180° + 52° = 253°$
• 밸브 오버랩: $21° + 16° = 37°$

21

정답 ③

정답해설

유체클러치 오일은 비중이 크고 응고점이 낮아야 한다.

오답해설

① 유체클러치는 힘의 전달매체로 오일을 사용하여 엔진으로 펌프를 회전시키면 그 속에 들어 있는 오일의 흐름에 의하여 기계적 연결 없이 터빈이 회전하여 동력을 전달한다. 유체클러치는 자동변속기 오일의 유체 운동에너지를 이용하여 엔진의 동력을 변속기로 전달하는 역할을 하며 토크 변환율은 1:1이다.

② 조작이 쉽고 클러치 조작기구가 필요 없으며, 과부하를 방지하고 충격을 흡수한다.

④ 가이드 링은 펌프와 터빈 날개에 중간에 링 형태로 조립되어 토크 컨버터 내의 오일의 유동저항을 감소시키는 역할을 한다.

22

정답 ④

오답해설

① 배기 소음기는 기관에서 배출되는 배기가스의 온도와 압력을 낮추어 배기 소음을 감쇠시키는 장치이다.

② 배기다기관에서 배출되는 가스는 고온이면서 고압으로 인해 급격한 팽창이 유발되면서 폭발음이 발생한다.

③ 배기다기관은 엔진의 각 실린더에서 배출되는 가스를 한곳으로 모으는 통로 역할을 한다.

23

정답 ②

정답해설

유압이 높아지는 원인은 유압 조절 밸브(릴리프 밸브)의 스프링 장력이 클 경우, 윤활 계통의 일부가 막힌 경우, 저온으로 인한 오일의 점도가 높은 경우, 크랭크축의 오일 간극이 작은 경우 등이 있다.

24

정답 ②

정답해설

디스크 브레이크는 자기 작동작용이 없어 고속에서 반복적으로 사용해도 제동력의 변화가 적다.

> **The 알아보기   디스크 브레이크**
> - 마스터 실린더에서 발생한 유압을 캘리퍼로 보내어 바퀴와 함께 회전하는 디스크를 양쪽에서 패드로 압착시켜 제동작용을 하는 장치이다.
> - 디스크가 노출되어 있으므로 열 경화(페이드) 현상이 적고 브레이크 간극이 자동 조정되는 브레이크 형식이다.
> - 디스크 브레이크의 장단점
>   - 디스크가 노출되어 열 방출능력이 크고 제동성능이 우수하다.
>   - 자기 작동작용이 없어 고속에서 반복적으로 사용하여도 제동력 변화가 적다.
>   - 평형성이 좋고 한쪽만 제동되는 일이 없다.
>   - 디스크에 이물질이 묻어도 제동력의 회복이 빠르다.
>   - 구조가 간단하고 부품 수가 적어 자동차의 무게가 경감되며, 점검 및 정비가 용이하다.
>   - 마찰면적이 적어 패드의 압착력이 커야 하므로 캘리퍼의 압력을 크게 설계해야 한다.
>   - 자기 작동작용이 없기 때문에 페달 조작력이 커야 한다.
>   - 패드의 강도가 커야 하며 패드의 마멸이 크다.
>   - 디스크가 노출되어 이물질이 쉽게 부착된다.

25

정답 ①

정답해설

전기자동차 및 플러그인 하이브리드자동차의 1회 충전 주행거리 산정방법
- 복합 1회 충전 주행거리[km]＝0.55×도심주행 1회 충전 주행거리＋0.45×고속도로주행 1회 충전 주행거리
- 도심주행 1회 충전 주행거리＝0.7×FTP-75 모드에서 시가지동력계 주행시험계획(UDDS)에 따라 반복 주행하면서 구한 1회 충전 주행거리
  (단, 플러그인 하이브리드자동차는 CD모드의 최초 시험 시작 지점에서 자동차의 엔진에 시동이 걸린 지점까지를 1회 충전 주행거리로 본다.)
- 고속도로주행 1회 충전 주행거리＝0.7×HWFET 모드를 반복 주행하면서 구한 1회 충전 주행거리
  (단, 플러그인 하이브리드자동차는 CD모드의 최초 시험 시작 지점에서 자동차의 엔진에 시동이 걸린 지점까지를 1회 충전 주행거리로 본다.)

FINAL 실전

한눈에 보는
현대문학사
+
사자성어 150

현대문학사

⊕

사자성어 150

한눈에 보는 현대문학사

01 갑오개혁 이후 가장 크게 나타난 문학 현상: 구어체(=일상용어체, 대화체) 문장

① 언문일치 시작(1900년대): 유길준의 「서유견문」
② 언문일치 발전(1910년대): 이광수의 「무정」
③ 언문일치 완성(1920년대): 김동인의 「약한 자의 슬픔」

02 1900년대(1894~1908)

① 창가가사
  ㉠ 개화가사와 찬송가의 영향
  ㉡ 형식: 초기에 '3·4, 4·4조'에서 후기에 '6·5, 7·5, 8·5조'로 발전함
  ㉢ 내용: 계몽(독립신문), 항일(대한매일신보)
  ㉣ 최초의 7·5조 작품: 최남선의 「경부철도가」
② 신소설(원래 뜻은 '고소설'의 반대 개념)
  ㉠ 내용: 개화, 계몽, 신교육
  ㉡ 개념: 고대 소설에서 근대 소설로의 과도기
  ㉢ 창작 신소설: 일반적인 의미의 신소설
    • 이인직: 「은세계」, 「치악산」, 「귀의 성」, 「혈의 누」
    • 이해조: 「빈상설」, 「구마검」, 「자유종」
    • 안국선: 「금수회의록」
    • 최찬식: 「안의성」, 「추월색」
  ㉣ 번안 신소설: 조중환의 「장한몽」(이수일과 심순애 등장)
  ㉤ 개작 신소설: 이해조의 「역할」
    • 「춘향전」 → 「옥중화(獄中花)」
    • 「흥부전」 → 「연(燕)의 각(却)」
    • 「토끼전」 → 「토(兎)의 간(肝)」
    • 「심청전」 → 「강상련(江上蓮)」

2

③ 역사 전기 소설
　　㉠ 내용: 민족주의적 역사의식, 자보 · 자강, 항일구국의 이념
　　㉡ 대표작품: 신채호의 「을지문덕」
④ 신문
　　㉠ 한성순보: 최초 신문, 순한문(1883)
　　㉡ 독립신문: 최초 민간, 본격 신문의 시초(1896)
　　㉢ 매일신문: 최초 일간
　　㉣ 제국신문: 대중 및 부녀자 대상 최초
　　㉤ 황성신문: 장지연의 「시일야방성대곡」 실림
　　㉥ 만세보: 이인직의 「혈의 누」 연재, 대한신문으로 개칭
⑤ 국어 문법서
　　㉠ 이봉운의 『국문정리』: 최초 음운 문법서
　　㉡ 지석영의 『신정국문』: 국어 전용 주장, 상소문
　　㉢ 주시경
　　　　• 『국어문전음학』, 『국어문법』, 『말의 소리』, 『말모이』, 『대한국어문법』 등을 쓴 어문 민족주의자
　　　　• 기난갈(품사론), 짬듬갈(문장론) 등의 용어 사용
　　　　• 9품사(임-체언, 엇-형용사, 움-동사, 겻-조사, 잇-접속 조사, 언-관형사, 억-부사, 놀-감탄사, 끗-종결 어미) 설정
　　　　• 호는 한힌샘, 일백천, 태백산

03 1910년대(1908~1919): 2인 문단 시대

① 2인: (육당) 최남선, (춘원) 이광수
② 신체시
　　㉠ 최초 작품: 최남선의 「해에게서 소년에게」
　　㉡ 이광수의 신체시 「우리 영웅」
③ 근대 최초 장편 소설: 이광수의 「무정」(1917)
④ 근대 최초 단편 소설: 이광수의 「어린 희생」(1910), 김동인의 「약한 자의 슬픔」(1919)
⑤ 최초의 근대 자유시: 주요한의 「불놀이」(1919)
⑥ 최초의 순 문예 동인지: 『창조』(1919)
⑦ 최초의 시 전문 동인지: 『장미촌』(1921)
⑧ 최초의 월간 종합지: 『소년』(1908)
⑨ 김억이 최초로 서구의 상징시를 수용한 잡지: 『태서문예신보』(1918)

① 1920년대 3대 동인지: 『창조』, 『폐허』, 『백조』
② 낭만주의 3대 동인지: 『백조』, 『폐허』, 『장미촌』
③ 시
   ㉠ 민요시 운동: 홍사용, 이상화, 김억, 김소월
   ㉡ 시조부흥운동을 주도한 단체: 국민문학파
   ㉢ 낭만적·감상적 경향 위주: 홍사용, 이상화, 황석우, 박종화
④ 소설: 사실주의 유행(김동인, 현진건, 이효석 등 3대 단편 작가)
⑤ 문단의 대립기: 절충 − 『문예공론』

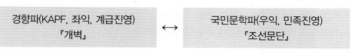

| 경향파(KAPF, 좌익, 계급진영)
『개벽』 | ↔ | 국민문학파(우익, 민족진영)
『조선문단』 |

  ▶ 동반자 작가: 좌익 노선에 동조하는 힘없는 지식인(이효석, 유진오, 채만식, 박화성)
⑥ 신경향파 그룹

염군사(1922, 이념 위주) + 파스큘라(1923, 예술 위주)
⬇
KAPF(1925)

⑦ 작가와 작품

구분	호	이름	작품
시	송아	주요한	불놀이, 아름다운 새벽
	안서	김억	오다가다, 비, 봄은 간다
	상아탑	황석우	벽모(碧毛)의 묘(猫)
	상화	이상화	나의 침실로, 빼앗긴 들에도 봄은 오는가
	소월	김정식	진달래꽃
	만해	한용운	님의 침묵
소설	금동	김동인	감자, 약한 자의 슬픔, 배따라기
	빙허	현진건	운수 좋은 날, 빈처
	횡보	염상섭	표본실의 청개구리, 삼대, 만세전
	도향	나빈	물레방아, 벙어리 삼룡이, 뽕
	늘봄	전영택	화수분, 소
	여심	주요섭	사랑손님과 어머니

시	순수시파(1930)	주지시파(1934)	생명파(1936)	자연파(1939)
	시문학	자오선	시인부락, 생리	문장
	김영랑, 박용철	김광균, 김기림	서정주, 유치환	박목월, 박두진, 조지훈
	음악성, 치밀한 기교, 언어 조탁	이미지, 지성, 화학성	생명 의식	자연 회귀

소설	• 장편 소설: 염상섭의 「삼대」, 「만세전」(발표 당시 제목은 「묘지」), 「두 파산」 • 역사 소설: 김동인의 「운현궁의 봄」, 「젊은 그들」, 현진건의 「무영탑」, 박종화의 「금삼의 피」 • 풍자 소설: 채만식의 「태평천하」, 「레디메이드 인생」, 「탁류」, 「치숙」, 「소년은 자란다」 • 해학 소설: 김유정의 「동백꽃」, 「봄봄」, 「만무방」, 「따라지」, 「땡볕」, 「소낙비」, 「금 따는 콩밭」 • 농촌계몽소설: 브나로드(Vnarod) 운동과 관련 例 심훈의 「상록수」, 박화성의 「한귀」, 이무영의 「제1과 제1장」, 박영준의 「모범경 작생」, 김정한의 「사하촌」
수필	전문 수필가의 등장(김진섭, 이하윤)
희곡	극예술 연구회(1931) 창립
평론	순수비평(김환태)과 주지비평(최재서)

① 문학의 공백기: 창작, 출판의 부재(不在)
② 저항 시인(앙가주망, 참여시인)
  ㉠ 이육사(남성적, 의지적, 대륙적, 선비 정신): 「절정」, 「청포도」, 「광야」, 「교목」, 「꽃」
  ㉡ 윤동주(자아 성찰, 순수): 「자화상」, 「참회록」, 「십자가」, 「간」, 「또 다른 고향」, 「서시」, 「별 헤는 밤」, 유고 시집 『하늘과 바람과 별과 시』

① 시

    ㉠ 김수영(모더니즘에서 1960년대 이후 참여시로 전환): 「풀」, 「폭포」, 「눈」

    ㉡ 송욱: 「하여지향」

    ㉢ 김춘수('존재와 본질 탐구'에서 '무의미 시'로 전환): 「꽃」, 「꽃을 위한 서시」, 「처용단장」

② 소설

    ㉠ 동시 묘사법: 김성한의 「5분간」

    ㉡ 광복 당시 분열상의 비극적 국면 묘파: 선우휘의 「불꽃」

    ㉢ 한 인격적 주체가 겪는 도덕적 갈등: 장용학의 「요한시집」

    ㉣ 소외된 인간상을 피학적 어조로 묘사: 손창섭의 「잉여인간」

    ㉤ 당시 빈곤상과 삶의 관계: 이범선의 「오발탄」

    ㉥ 농어촌 서민의 애환: 오영수의 「갯마을」

    ㉦ 삶의 부조리를 인식하고 극복함: 유주현의 「장씨 일가」, 「신의 눈초리」

    ㉧ 민족의 기개 형상화: 정한숙의 「금당벽화」

    ㉨ 토속적 삶의 간고함: 전광용의 「흑산도」

    ㉩ 지식인의 변절적 순응주의: 전광용의 「꺼삐딴 리」

    ㉪ 세속적 삶의 모순을 소설화: 박경리의 「암흑시대」

사자성어 150

■ 가담항설(街談巷說) 거리나 항간에 떠도는 소문

■ 각주구검(刻舟求劍) 융통성 없이 현실에 맞지 않는 낡은 생각을 고집하는 어리석음을 이르는 말 (㊀ 수주대토)

■ 간난신고(艱難辛苦) 몹시 힘들고 어려우며 고생스러움

■ 간담상조(肝膽相照) 서로 속마음을 털어놓고 친하게 사귐

■ 갈이천정(渴而穿井) 미리 준비하지 않고 있다가 일이 지나간 뒤에는 아무리 서둘러 봐도 아무 소용이 없음 (㊀ 목이 말라야 비로소 샘을 판다)

■ 감언이설(甘言利說) 귀가 솔깃하도록 남의 비위를 맞추거나 이로운 조건을 내세워 꾀는 말

■ 감탄고토(甘呑苦吐) 달면 삼키고 쓰면 뱉는다는 뜻으로, 자신의 비위에 따라서 사리의 옳고 그름을 판단함

■ 갑론을박(甲論乙駁) 여러 사람이 서로 자신의 주장을 내세우며 상대편의 주장을 반박함

■ 개세지재(蓋世之才) 세상을 뒤덮을 만큼 뛰어난 재주. 또는 그 재주를 가진 사람

■ 거두절미(去頭截尾) ① 머리와 꼬리를 잘라 버림
② 어떤 일의 요점만 간단히 말함

■ 거안사위(居安思危) 편안할 때에도 위험과 곤란이 닥칠 것을 생각하며 잊지 말고 미리 대비해야 함

■ 건곤일척(乾坤一擲) 주사위를 던져 승패를 건다는 뜻으로, 운명을 걸고 단판걸이로 승부를 겨룸

■ 격화소양(隔靴搔癢) 신을 신고 발바닥을 긁는다는 뜻으로, 성에 차지 않거나 철저하지 못한 안타까움을 이르는 말

■ 견강부회(牽强附會) 이치에 맞지 않는 말을 억지로 끌어 붙여 자기에게 유리하게 함

■ 견문발검(見蚊拔劍) 모기를 보고 칼을 뺀다는 뜻으로, 사소한 일에 크게 성내어 덤빔

■ 결자해지(結者解之) 맺은 사람이 풀어야 한다는 뜻으로, 자기가 저지른 일은 자기가 해결하여야 함

- 결초보은(結草報恩) 죽은 뒤에라도 은혜를 잊지 않고 갚음
- 계란유골(鷄卵有骨) 달걀에도 뼈가 있다는 뜻으로, 운수가 나쁜 사람은 모처럼 좋은 기회를 만나도 역시 일이 잘 안됨
- 계명구도(鷄鳴狗盜) 비굴하게 남을 속이는 하찮은 재주 또는 그런 재주를 가진 사람
- 고립무원(孤立無援) 고립되어 구원받을 데가 없음
- 고복격양(鼓腹擊壤) 태평한 세월을 즐김
- 고식지계(姑息之計) 우선 당장 편한 것만을 택하는 꾀나 방법 (윤 미봉책, 동족방뇨)
- 고육지계(苦肉之計) 자기 몸을 상해 가면서까지 꾸며 내는 계책이라는 뜻으로, 어려운 상태를 벗어나기 위해 어쩔 수 없이 꾸며 내는 계책
- 고장난명(孤掌難鳴) ① 외손뼉만으로는 소리가 울리지 아니한다는 뜻으로, 혼자의 힘만으로 어떤 일을 이루기 어려움
  ② 맞서는 사람이 없으면 싸움이 일어나지 않음
- 과유불급(過猶不及) 정도를 지나침은 미치지 못함과 같음 (윤 과여불급)
- 괄목상대(刮目相對) 눈을 비비고 상대편을 본다는 뜻으로, 남의 학식이나 재주가 놀랄 만큼 부쩍 늚
- 교각살우(矯角殺牛) 소의 뿔을 바로잡으려다가 소를 죽인다는 뜻으로, 잘못된 점을 고치려다가 그 방법이나 정도가 지나쳐 오히려 일을 그르침
- 교언영색(巧言令色) 아첨하는 말과 알랑거리는 태도 (윤 감언이설)
- 구밀복검(口蜜腹劍) 입에는 꿀이 있고 배 속에는 칼이 있다는 뜻으로, 말로는 친한 듯하나 속으로는 해칠 생각이 있음 (윤 면종복배, 표리부동)
- 구상유취(口尙乳臭) 입에서 아직 젖내가 난다는 뜻으로, 말과 행동이 매우 유치함
- 귤화위지(橘化爲枳) 회남의 귤을 회북에 옮겨 심으면 탱자가 된다는 뜻으로, 환경에 따라 사람이나 사물의 성질이 변함
- 근묵자흑(近墨者黑) 먹을 가까이하는 사람은 검어진다는 뜻으로, 나쁜 사람과 가까이 지내면 나쁜 버릇에 물들기 쉬움 (윤 근주자적)
- 금의야행(錦衣夜行) ① 비단 옷을 입고 밤길을 다닌다는 뜻으로, 자랑삼아 하지 않으면 생색이 나지 않음
  ② 아무 보람이 없는 일을 함
- 금의환향(錦衣還鄕) 비단옷을 입고 고향에 돌아온다는 뜻으로, 출세하여 고향에 돌아가거나 돌아옴

- 난형난제(難兄難弟) 누구를 형이라 하고 누구를 아우라 하기 어렵다는 뜻으로, 두 사물이 비슷하여 낫고 못함을 정하기 어려움 (㊌ 난백난중, 막상막하, 백중지간)
- 낭중지추(囊中之錐) 주머니 속의 송곳이라는 뜻으로, 재능이 뛰어난 사람은 숨어 있어도 저절로 사람들에게 알려짐
- 낭중취물(囊中取物) 주머니 속에서 물건을 꺼내듯이 아주 손쉽게 얻을 수 있음
- 노마지지(老馬之智) ① 연륜이 깊으면 나름의 장점과 특기가 있음
  ② 저마다 한 가지 재주는 지녔다는 말
- 누란지세(累卵之勢) 층층이 쌓아 놓은 알의 형세라는 뜻으로, 몹시 위태로운 형세
- 능소능대(能小能大) 모든 일에 두루 능함
- 단기지계(斷機之戒) 학문을 중도에서 그만두면 짜던 베의 날을 끊는 것처럼 아무 쓸모 없음을 경계한 말
- 단사표음(簞食瓢飮) 대나무로 만든 밥그릇에 담은 밥과 표주박에 든 물이라는 뜻으로, 청빈하고 소박한 생활을 이르는 말
- 당구풍월(堂狗風月) 서당에서 기르는 개가 풍월을 읊는다는 뜻으로, 그 분야에 대하여 경험과 지식이 전혀 없는 사람이라도 오래 있으면 얼마간의 경험과 지식을 가짐
- 당랑거철(螳螂拒轍) 제 역량을 생각하지 않고, 강한 상대나 되지 않을 일에 덤벼드는 무모한 행동거지를 비유
- 도탄지고(塗炭之苦) 진구렁에 빠지고 숯불에 타는 괴로움이라는 뜻으로, 백성이 가혹한 정치로 심한 고통을 겪음을 비유
- 동량지재(棟梁之材) 기둥과 들보로 쓸 만한 재목이라는 뜻으로, 한 집안이나 한 나라를 떠받치는 중대한 일을 맡을 만한 인재
- 득롱망촉(得隴望蜀) 농(隴)을 얻고서 촉(蜀)까지 취하고자 한다는 뜻으로, 만족할 줄을 모르고 계속 욕심을 부리는 경우를 비유
- 등고자비(登高自卑) ① 높은 곳에 오르려면 낮은 곳에서부터 오른다는 뜻으로, 일을 순서대로 하여야 함
  ② 지위가 높아질수록 자신을 낮춤
- 등하불명(燈下不明) 등잔 밑이 어둡다는 뜻으로, 가까이에 있는 물건이나 사람을 잘 찾지 못함

- 마부위침(磨斧爲針) 도끼를 갈아서 바늘을 만든다는 뜻으로, 아무리 이루기 힘든 일이라도 끊임없이 노력하면 반드시 이룰 수 있음
- 막역지우(莫逆之友) 서로 거스름이 없는 친구라는 뜻으로, 허물이 없이 아주 친한 친구 (유 막역지간)
- 망년지교(忘年之交) 나이에 거리끼지 않고 허물없이 사귄 벗
- 망양보뢰(亡羊補牢) 양을 잃고 우리를 고친다는 뜻으로, 이미 어떤 일을 실패한 뒤에 뉘우쳐도 아무 소용이 없음
- 망운지정(望雲之情) 자식이 객지에서 고향에 계신 어버이를 생각하는 마음
- 맥수지탄(麥秀之嘆) 기자(箕子)가 은나라가 망한 뒤에도 보리만은 잘 자라는 것을 보고 한탄하였다는 데서 유래한 것으로, 고국의 멸망을 한탄함
- 면종복배(面從腹背) 겉으로는 복종하는 체하면서 내심으로는 배반함
- 멸사봉공(滅私奉公) 사욕을 버리고 공익을 위하여 힘씀
- 명경지수(明鏡止水) ① 맑은 거울과 고요한 물
  ② 잡념과 가식과 헛된 욕심 없이 맑고 깨끗한 마음
- 명실상부(名實相符) 이름과 실상이 서로 꼭 맞음
- 명약관화(明若觀火) 불을 보듯 분명하고 뻔함
- 명재경각(命在頃刻) 거의 죽게 되어 곧 숨이 끊어질 지경에 이름 (유 풍전등화, 일촉즉발, 초미지급, 위기일발)
- 목불식정(目不識丁) 아주 간단한 글자인 '丁' 자를 보고도 그것이 '고무래'인 줄을 알지 못한다는 뜻으로, 아주 까막눈임 (유 낫 놓고 기역자도 모른다)
- 목불인견(目不忍見) 눈앞에 벌어진 상황 따위를 눈 뜨고는 차마 볼 수 없음
- 묘두현령(猫頭懸鈴) 쥐가 고양이 목에 방울을 단다는 뜻으로, 실행할 수 없는 헛된 논의
- 무불통지(無不通知) 무슨 일이든지 환히 통하여 모르는 것이 없음 (유 무소부지)
- 무소불위(無所不爲) 하지 못하는 일이 없음
- 무위도식(無爲徒食) 하는 일 없이 놀고먹음
- 문일지십(聞一知十) 하나를 듣고 열 가지를 미루어 안다는 뜻으로, 지극히 총명함
- 박이부정(博而不精) 널리 알지만 정밀하지는 못함
- 반목질시(反目嫉視) 서로 미워하고 질투하는 눈으로 봄 (유 백안시)

- 반포보은(反哺報恩) 까마귀 새끼가 자라서 늙은 어미 까마귀에게 먹이를 물어다 주어 보답한다는 뜻으로, 자식이 자라서 어버이의 은혜에 보답함으로써 효를 행함 (⑨ 반포지효)

- 발본색원(拔本塞源) 좋지 않은 일의 근본 원인이 되는 요소를 완전히 없애 버려서 다시 는 그러한 일이 생길 수 없도록 함

- 방약무인(傍若無人) 곁에 사람이 없는 것처럼 아무 거리낌 없이 함부로 말하고 행동하 는 태도

- 백골난망(白骨難忘) 죽어서 백골이 되어도 잊을 수 없다는 뜻으로, 남에게 큰 은덕을 입었을 때의 고마움

- 백년하청(百年河淸) 중국의 황허강(黃河江)이 늘 흐려 맑을 때가 없다는 뜻으로, 아무 리 오랜 시일이 지나도 어떤 일이 이루어지기 어려움

- 백중지세(伯仲之勢) 서로 우열을 가리기 힘든 형세 (⑨ 난형난제, 막상막하, 백중지간)

- 부화뇌동(附和雷同) 줏대 없이 남의 의견에 따라 움직임

- 불립문자(不立文字) 불도의 깨달음은 마음에서 마음으로 전하는 것이므로 말이나 글에 의지하지 않는다는 말 (⑨ 이심전심)

- 불문가지(不問可知) 묻지 않아도 알 수 있음

- 불치하문(不恥下問) 손아랫사람이나 지위나 학식이 자기만 못한 사람에게 모르는 것을 묻는 일을 부끄러워하지 않음

- 빙탄지간(氷炭之間) 얼음과 숯의 사이라는 뜻으로, 서로 맞지 않아 화합하지 못하는 관계

- 사면초가(四面楚歌) 아무에게도 도움을 받지 못하는, 외롭고 곤란한 지경에 빠진 형편

- 사상누각(沙上樓閣) 모래 위에 세운 누각이라는 뜻으로, 기초가 튼튼하지 못하여 오래 견디지 못할 일이나 물건

- 사필귀정(事必歸正) 모든 일은 반드시 바른길로 돌아감

- 상산구어(上山求魚) 산 위에 올라가 물고기를 구한다는 뜻으로, 도저히 불가능한 일을 굳이 하려 함을 비유 (⑨ 연목구어)

- 상전벽해(桑田碧海) 뽕나무밭이 변하여 푸른 바다가 된다는 뜻으로, 세상일의 변천이 심함을 비유

- 새옹지마(塞翁之馬) 인생의 길흉화복은 일정하지 않아 예측할 수 없음

- 설망어검(舌芒於劍) 혀가 칼보다 날카롭다는 뜻으로, 말로 남을 해칠 수 있음

- 수구초심(首丘初心) 여우가 죽을 때 머리를 자기가 살던 굴 쪽으로 둔다는 뜻으로, 고향을 그리워하는 마음

- 수불석권(手不釋卷) 손에서 책을 놓지 아니하고 늘 글을 읽음

- 수어지교(水魚之交) 물이 없으면 살 수 없는 물고기와 물의 관계라는 뜻으로, 아주 친밀하여 떨어질 수 없는 사이를 비유

- 숙맥불변(菽麥不辨) 콩인지 보리인지를 구별하지 못한다는 뜻으로, 사리 분별을 못 하고 세상 물정을 잘 모름

- 순망치한(脣亡齒寒) 입술이 없으면 이가 시리다는 뜻으로, 서로 이해관계가 밀접한 사이에 어느 한쪽이 망하면 다른 한쪽도 그 영향을 받아 온전하기 어려움

- 식소사번(食少事煩) 먹을 것은 적은데 할 일은 많음

- 십벌지목(十伐之木) 열 번 찍어 베는 나무라는 뜻으로, 열 번 찍어 안 넘어가는 나무가 없음

- 십시일반(十匙一飯) 밥 열 술이 한 그릇이 된다는 뜻으로, 여러 사람이 조금씩 힘을 합하면 한 사람을 돕기 쉬움

- 아전인수(我田引水) 자기 논에 물 대기라는 뜻으로, 자기에게만 이롭게 되도록 생각하거나 행동함

- 애이불비(哀而不悲) ① 슬프지만 겉으로는 슬픔을 나타내지 않음
② 슬프기는 하나 비참하지는 않음

- 양두구육(羊頭狗肉) 양 머리를 걸어 놓고 개고기를 판다는 뜻으로, 겉보기만 그럴듯하게 보이고 속은 변변하지 않음

- 언중유골(言中有骨) 말 속에 뼈가 있다는 뜻으로, 예사로운 말 속에 단단한 속뜻이 들어 있음

- 염량세태(炎涼世態) 세력이 있을 때는 아첨하여 따르고 세력이 없어지면 푸대접하는 세상인심을 비유

- 오매불망(寤寐不忘) 자나 깨나 잊지 못함

- 오월동주(吳越同舟) 서로 적의를 품은 사람들이 한자리에 있게 된 경우나 서로 협력하여야 하는 상황을 비유적으로 이르는 말. 중국 춘추 전국 시대에, 서로 적대시하는 오나라 사람과 월나라 사람이 같은 배를 탔으나 풍랑을 만나서 서로 단합하여야 했다는 데에서 유래

- 온고지신(溫故知新) 옛것을 익혀서 그것을 미루어 새것을 앎 (⊛ 법고창신)

- 우공이산(愚公移山)　어떤 일이든 끊임없이 노력하면 반드시 이루어짐 (㊦ 마부작침, 적소성대, 적토성산)
- 유비무환(有備無患)　미리 준비가 되어 있으면 걱정할 것이 없음
- 이구동성(異口同聲)　입은 다르나 목소리는 같다는 뜻으로, 여러 사람의 말이 한결같음
- 인과응보(因果應報)　전생에 지은 선악에 따라 현재의 행과 불행이 있고, 현세에서의 선악의 결과에 따라 내세에서 행과 불행이 있는 일
- 인지상정(人之常情)　사람이면 누구나 가지는 보통의 마음
- 일어탁수(一魚濁水)　한 마리의 물고기가 물을 흐린다는 뜻으로, 한 사람의 잘못으로 여러 사람이 피해를 입게 됨
- 임갈굴정(臨渴掘井)　목이 말라야 우물을 판다는 뜻으로, 평소에 준비 없이 있다가 일을 당하여 허둥지둥 서두름
- 자가당착(自家撞着)　같은 사람의 말이나 행동이 앞뒤가 서로 맞지 아니하고 모순됨
- 자강불식(自强不息)　스스로 몸과 마음을 가다듬어 쉬지 않음
- 적수공권(赤手空拳)　맨손과 맨주먹이라는 뜻으로, 아무것도 가진 것이 없음
- 전전반측(輾轉反側)　누워서 몸을 이리저리 뒤척이며 잠을 이루지 못함
- 전화위복(轉禍爲福)　재앙과 근심, 걱정이 바뀌어 오히려 복이 됨
- 정문일침(頂門一鍼)　정수리에 침을 꽂는다는 뜻으로, 따끔한 충고나 교훈을 이름
- 조령모개(朝令暮改)　아침에 명령을 내렸다가 저녁에 다시 고친다는 뜻으로, 법령을 자꾸 고쳐서 갈피를 잡기가 어려움
- 조삼모사(朝三暮四)　간사한 꾀로 남을 속이거나, 눈앞에 보이는 차이만 아는 어리석음
- 좌정관천(坐井觀天)　우물 속에 앉아서 하늘을 본다는 뜻으로, 사람의 견문(見聞)이 매우 좁음 (㊦ 정중관천, 정저지와)
- 주마가편(走馬加鞭)　달리는 말에 채찍질한다는 뜻으로, 잘하는 사람을 더욱 장려함
- 주마간산(走馬看山)　말을 타고 달리며 산천을 구경한다는 뜻으로, 자세히 살피지 아니하고 대충대충 보고 지나감
- 중구난방(衆口難防)　뭇사람의 말을 막기가 어렵다는 뜻으로, 막기 어려울 정도로 여럿이 마구 지껄임
- 지기지우(知己之友)　자기의 속마음을 참되게 알아주는 친구

- **지록위마(指鹿爲馬)** ① 사슴을 가리켜 말이라고 한다는 뜻으로, 윗사람을 농락하여 권세를 마음대로 함
  ② 모순된 것을 끝까지 우겨서 남을 속이려는 짓을 비유

- **창해일속(滄海一粟)** 넓고 큰 바닷속의 좁쌀 한 알이라는 뜻으로, 아주 많거나 넓은 것 가운데 있는 매우 하찮고 작은 것 (㊤ 구우일모)

- **천우신조(天佑神助)** 하늘이 돕고 신령이 도움. 또는 그런 일

- **천재일우(千載一遇)** 천 년 동안 단 한 번 만난다는 뜻으로, 좀처럼 만나기 어려운 좋은 기회

- **청출어람(靑出於藍)** 쪽에서 뽑아낸 푸른 물감이 쪽보다 더 푸르다는 뜻으로, 제자나 후배가 스승이나 선배보다 나음을 비유 (㊤ 후생가외)

- **초미지급(焦眉之急)** 눈썹에 불이 붙었다는 뜻으로, 매우 급함

- **촌철살인(寸鐵殺人)** 한 치의 쇠붙이로도 사람을 죽일 수 있다는 뜻으로, 간단한 말로도 남을 감동하게 하거나 남의 약점을 찌를 수 있음

- **침소봉대(針小棒大)** 작은 일을 크게 불리어 떠벌림

- **타산지석(他山之石)** 다른 산의 나쁜 돌이라도 자신의 산의 옥돌을 가는 데에 쓸 수 있다는 뜻으로, 본이 되지 않은 남의 말이나 행동도 자신의 지식과 인격을 수양하는 데에 도움이 될 수 있음을 비유

- **토사구팽(兎死狗烹)** 토끼가 죽으면 토끼를 잡던 사냥개도 필요 없게 되어 주인에게 삶아 먹히게 된다는 뜻으로, 필요할 때는 쓰고 필요 없을 때는 야박하게 버리는 경우

- **평지풍파(平地風波)** 평온한 자리에서 일어나는 풍파라는 뜻으로, 뜻밖에 분쟁이 일어남을 비유

- **풍수지탄(風樹之歎)** 효도를 다하지 못한 채 어버이를 여읜 자식의 슬픔

- **하로동선(夏爐冬扇)** 여름의 화로와 겨울의 부채라는 뜻으로, 격이나 철에 맞지 않음

- **하석상대(下石上臺)** 아랫돌 빼서 윗돌 괴고 윗돌 빼서 아랫돌 괸다는 뜻으로, 임시변통으로 이리저리 둘러맞춤

- **학수고대(鶴首苦待)** 학처럼 목을 길게 빼고 간절히 기다림

- **한우충동(汗牛充棟)** 짐으로 실으면 소가 땀을 흘리고, 쌓으면 들보에까지 찬다는 뜻으로, 가지고 있는 책이 매우 많음

- **해로동혈(偕老同穴)** 살아서는 같이 늙고 죽어서는 한 무덤에 묻힌다는 뜻으로, 생사를 같이하자는 부부의 굳은 맹세

- 허심탄회(虛心坦懷) 품은 생각을 터놓고 말할 만큼 아무 거리낌이 없고 솔직함
- 형창설안(螢窓雪案) 반딧불이 비치는 창과 눈에 비치는 책상이라는 뜻으로, 어려운 가운데서도 학문에 힘씀을 비유 (⊕ 형설지공)
- 호가호위(狐假虎威) 남의 권세를 빌려 위세를 부림. 여우가 호랑이의 위세를 빌려 호기를 부린다는 데에서 유래
- 호구지책(糊口之策) 가난한 살림에서 그저 겨우 먹고 살아가는 방책
- 호사유피(虎死留皮) 호랑이는 죽어서 가죽을 남긴다는 뜻으로, 사람은 죽어서 명예를 남겨야 함
- 호사토읍(狐死兔泣) 여우의 죽음에 토끼가 슬피 운다는 뜻으로, 같은 무리의 불행을 슬퍼함을 비유
- 화룡점정(畫龍點睛) 무슨 일을 하는 데에 가장 중요한 부분을 완성함을 비유적으로 이르는 말. 용을 그리고 난 후에 마지막으로 눈동자를 그려 넣었더니 그 용이 실제 용이 되어 홀연히 구름을 타고 하늘로 날아 올라갔다는 고사에서 유래
- 혼정신성(昏定晨省) 밤에는 부모의 잠자리를 보아 드리고 이른 아침에는 부모의 밤새 안부를 묻는다는 뜻으로, 부모를 잘 섬기고 효성을 다함
- 흥진비래(興盡悲來) 즐거운 일이 지나가면 슬픈 일이 닥쳐온다는 뜻으로, 세상일은 순환됨 (⊕ 고진감래)

현재 나의 실력을 객관적으로 파악해 보자!

모바일 OMR
답안분석 서비스

도서에 수록된 모의고사에 대한 객관적인 결과(정답률, 순위)를 종합적으로 분석하여 제공합니다.

OMR 입력

성적분석

채점결과

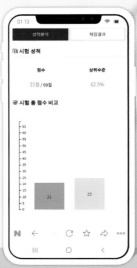

※OMR 답안분석 서비스는 등록 후 30일간 사용 가능합니다.

 참여방법

 도서 내 모의고사 우측 상단에 위치한 QR코드 찍기 → LOG IN 로그인 하기 → '시작하기' 클릭 → '응시하기' 클릭 → 나의 답안을 모바일 OMR 카드에 입력 → '성적분석 & 채점결과' 클릭 → 현재 내 실력 확인하기

군무원 차량직·전차직
FINAL 실전
봉투모의고사